우리가 몰랐던 한국 문화의 진실들

인문학 이야기

이복규 지음

교우미디어

인문학 이야기 –우리가 몰랐던 한국 문화의 진실들–

초판발행 2017년 09월 05일

지은이 이복규 / **펴낸이** 오상훈
펴낸곳 교우미디어
주 소 서울시 동대문구 약령시로 8 교우빌딩 1층 교우미디어
전 화 02-925-2861, 02-925-2866 / **팩 스** 02-925-2860, **편집부** 02-925-2825
홈페이지&북스토어 www.kyowoo.co.kr / **이메일** kyowoo@kyowoo.co.kr

등 록 2011년 2월 7일 제305-2011-000007호
ISBN 979-11-85417-19-6 (93810)

Published by Kyowoomedia Printed in Korea

교우미디어는 보다 혁신적이고 참신한 도서를 다양하게 기획하고 있습니다.
책으로 펴내고자 하는 아이디어나 원고는 메일로 보내주세요.
교우미디어는 전과정을 책임지고 최선을 다하겠습니다.

값 15,000원

교우미디어는 (주) 교우의 Imprint 사입니다.
수학정원·과학정원은 (주) 교우의 새로운 브랜드명입니다.

잘못된 책은 구입하신 서점에서 교환해 드립니다.

머리말

인문학의 위기라고도 하지만 인문학에 대한 관심도 높은 요즘입니다. 내가 근무하는 대학에서도 '인문학 콘서트'라는 새로운 교양 과목이 생겼습니다. 나더러 맡으라기에 강의해 보니 재미있습니다. 고전문학이 전공이지만, 궁금한 게 있으면 잠 못 자는 성미라, 이 분야 저 분야 신나게 넘나든 덕분이 아닌가 합니다.

학자이다 보니, 주로 직접 연구해 발견한 사실을 강의하고 싶은 욕망이 커서, 인문학 콘서트 강의도 그렇게 합니다. 그 동안 30여 년간 연구해 논문으로 발표하거나 책으로 낸 것 가운데에서 학생들과 나누고 싶은 것을 추려서 강의했습니다. 교재 없이, 출처만 알려주고 진행하다 보니 학생들이 불편해 했습니다.

그러던 중 서울시에서 시행중인 대학연계 시민대학 프로그램이 있다는 걸 알아, 동료 교수들과 참여하기로 하면서, 나는 시민들에게 무엇을 강의할 수 있을까 궁리했습니다. 아니, 시민들이 필요로 하는 게 무엇일까 고민해 봤습니다. 다른 대학 교수들이 제공했던 주제들을 살펴보니, 고민하지 않아도 되었습니다. 그 동안 우리 학생들에게 강의한 것이면 시민들도 만족하리라는 확신이 생겼습니다.

우리 학생들의 인문학 콘서트 강의 교재로도 쓰고, 인문학에 관심을 가진 시민들의 읽을거리로도 제공하기 위해 이 책을 펴냅니다. 이미 발표한 내 논문이 130여 편, 단독 저서가 36종인데, 그 가운데에서 일반 시민과 함께 나눌 수 있는 것은 많지 않았습니다. 그래도 12꼭지 정도를 건져 올려 이 책을 엮으니 행복합니다. 거의 다 내가 연구한 것들이지만 '한국문화의 특징들'(제2부 제6강)은 여러 학자의 글에서 발췌해 정리한 것임을 밝혀 둡니다.

2017년 8월 15일

이복규

차례

제1부 : 우리가 몰랐던 한국 문학(文學)의 진실

제2부 : 우리가 몰랐던 한국 문화(文化)의 진실

제1부

우리가 몰랐던 한국 문학(文學)의 진실

제1강

왕명으로 불태워진 <설공찬전>의 발견

Ⅰ. 머리말

1997년에 고소설 <설공찬전>의 한글본이 필자에 의해 발굴되었다. 1500년대 중종 때 난재 채수에 의해 상주 쾌재정에서 한문으로 창작되고 한글로도 번역되어 광범위하게 읽혔으나 그 내용이 문제가 되어, 전량 수거되어 불태워졌다고 『조선왕조실록』에 기록되어 있는 소설의 원문이 발견된 것이다. 이 소설의 작자 처벌 문제를 두고, 무려 4개월간이나 갑론을박 논쟁이 이어졌는바 이는 조선왕조 역사에서 유례가 없는 일이다. <금오신화>, <홍길동전>, <구운몽>, 연암 박지원의 소설 그 어느 것도 『조선왕조실록』에서 거론된 적이 없다. 그만큼 이 <설공찬전>이 지닌 영향력이 지대하였다는 것을 우리는 짐작할 수 있다.

이 발굴로, 이 작품에 대한 궁금증이 많이 해소되고, 작자 채수에 대한 관심도 제고되어, 우리 초기소설사를 새롭게 기술할 수 있게 되었다. 필자 개인적으로도 더욱 고무되어 후속 연구를 계속해 오고 있으며, 관련 지역인 상주와 순창에서도 각각 <설공찬전>과 채수를 소재로 삼아 문화콘텐츠화하려는 노력을 기울이고 있다.

이 글은 그간 본격적인 조명이 이루어지지 않은 난재 채수의 사상과 <설공찬전>간의 상관관계를 알아보는 데 초점을 맞추고자 한다. 하지만 예비 작업을 겸해 <설공찬전>의 발굴 경위와 작품의 이모저모에 대하여 발굴자로서 간략히 서술하고, 아울러 그간의 연구성과도 종합해 <설공찬전>의 가치가 무엇인지 제시하고자 한다.

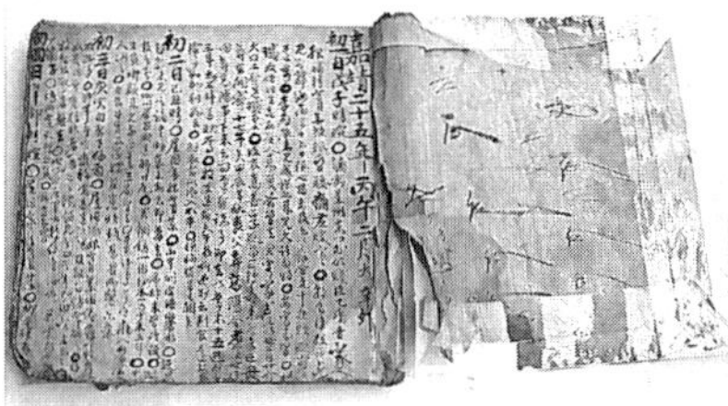

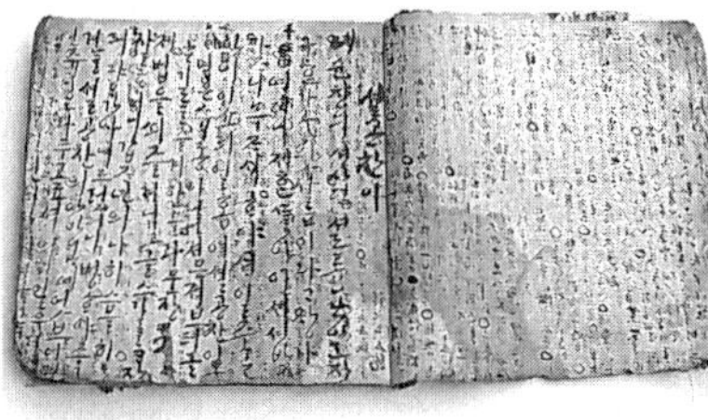

II. <설공찬전>의 발굴 경위와 작품의 이모저모

1. <설공찬전>의 발굴 경위

<설공찬전> 한글본은 성주 이씨 묵재공파 문중에서 소장하고 있는 『묵재일기』라는 한문 일기책의 이면에 필사되어 있다. 필자는 국사편찬위원회 초서연수과정 1기 수료생으로서, 1995년 2월에 수료하여, 1996년 봄에 처음 이 일기에 접근할 수 있었다. 초서연수과정을 다니지 않았다면 불가능한 인연이었다.

필자는 1990년 초에 <임경업전>으로 박사학위 논문을 쓰면서, 한문초서본들을 더러 만나 애를 먹었다. 초서 공부의 필요성을 절감하였다. 하지만 초서를 가르치는 데는 어디에도 없었다. 계속 두리번거리다가 마침 국사편찬위원회에서 국비로 연수생을 가르치려 입시를 치른다는 보도를 알아 응시해 천행으로 합격, 1년 과정을 다 마치기에 이르렀다. 우리가 수료하자, 1995년에 수집해 왔다는 초서본

이 일기를 우리 1기 수료생에게 맡겨 정자로 바꾸는 탈초 작업을 의뢰하였다.

여러 동료와 탈초 작업을 진행하던 어느 날이었다. 나 혼자 연구실에서 그 일기의 복사본을 한 장 한 장 미리 넘겨보던 중 이상한 점을 발견했다. 한문만 보여야 하는데, 어떤 부분에 이르러서는 한글이 보이는 게 아닌가! 처음에는 편지 연습한 것이려니…… 이렇게만 생각하여 대수롭지 않게 여겼다. 하지만 더 넘겨보니 '왕시전', '왕시봉전' 등 ,또렷한 소설 제목이 보이는 게 아닌가!

그렇다면, 그 앞에서 편지로 여긴 부분도 소설의 일부일 수 있다는 생각이 들어, 한 글자씩 입력해 나가는 과정에서, '공찬'이란 이름을 발견하였다. 그 이름을 보는 순간, 1511년 중종의 명으로 불태워졌다는 <설공찬전>의 국문본임을 금세 알아차렸다. <홍길동전>보다 100년도 더 이른 시기에 한글로 번역되어 읽혔다는 그 소설을 발견하다니! 하지만 첫 대목도 안 보이고 뒷 부분도 안 보이고, 오직 일부만 보여, 원전을 보아야만 했다.

국사편찬위원회에서는 마이크로필름으로 촬영한 다음 원본은 이미 원 소장처인 괴산의 성주 이씨 묵재공파 집안으로 되돌려 보낸 뒤였다. 사정을 하여 몇 달 후에야 다시 온 원본을 일일이 확인해 작품의 서두부터 확보하기에 이르렀다. '셜공찬이'라는 제목 아래 국문으로 베껴쓴 것이었다. 구체적으로 말하면, 예전의 관행을 따라, 한지를 반으로 접어서 제본한 일기책에, 누군가가 그 접은 부분을 째고 한글로 번역한 <설공찬전>을 베껴 적은 후 다시 풀칠을 해서 봉했던 것이, 세월이 흘러 그 풀칠한 부분이 일부 열려 내 눈에 띄었던 것이다. 원본을 보면 일부는 아직도 봉해져 있어서, 아랫 부분을 들추고 봐야만 베껴 적은 내용이 보인다.

아무튼 필자는 원본을 보면서 자세히 연구한 다음, 이듬해인 1997년 4월 한남대에서 열린 한국고소설학회 학술대회에서 발표하고, 중앙일보 특집기사를 통해서도 세상에 알렸다.

사라진 지 486년 만에 세상에 이 작품이 등장한 것은 극적인 일이었다. 성주 이씨 문중에서도 이 일기는 소중히 여겨 보관도 하고 참고도 하였지만 한글기록은 낙서로만 알았다고 하는데, 고소설 전공자인 필자의 눈에 띔으로써 비로소 세상에 다시 나오게 된 것이었다.

중앙일
1997년4월27일 일요일 단기 음력 4330년 3월21일 己亥
THE JOONG-ANG I

最古 한글소설 '설공찬傳' 발견

中宗때 蔡壽작품… '홍길동傳' 보다 100년 앞서

국사편찬委, 괴산 門中문고서 찾아

지금까지 최초의 한글소설로 알려진 허균(許筠)의 '홍길동전'보다 무려 1백여년 앞서는 새로운 한글소설이 발견돼 학계를 흥분시키고 있다.

국사편찬위원회(위원장 이원순)는 세종탄신 6백주년을 맞아 전국의 한글 고서를 수집하는 과정에서 지금까지 기록으로만 알려졌던 채수(蔡壽·1449~1515)의 '설공찬전(薛公瓚傳)'을 찾아냈다고 26일 밝혔다. <관계기사 3면>

이 소설은 '조선왕조실록' '패관잡기' 등에 중종때 내용이 문제가 돼 왕명으로 불태워진 것으로 기록돼 있어 영원히 사라진 것으로만 알려졌는데 거의 5백년만에 그 모습을 드러낸 것.

이 소설은 당시 승정원 승지를 지낸 이문건(李文楗·1494~1567)이 1535~67년 쓴 생활일기 '묵재일기(默齋日記)'의 낱장 속면마다 기록돼 있었으며 '설공찬이'란 제목의 필사상태로 총13쪽 4천여자 분량이다.

보존상태는 양호한 편이며 충북 괴산 성주 이씨 문중의 문고에서 나왔다.

현재 학계에서는 1618년작으로 추정되는 '홍길동전'이 실제 허균 작품인지, 원래 한글본이었는지 등으로 논란이 계속되고 있으나 '설공찬전'은 중종실록(1511년)에 "한문으로 필사하거나 국문으로 번역해 유포되고 있다"고 기록돼있어 '홍길동전'보다 1백여년 앞선 한글소설임을 확인할 수 있다.

성종때 성균관 대사성과 호조참판을 지낸 채수는 폐비 윤씨를 옹호하다 왕의 노여움을 사 벼슬에서 물러났으며 연산군 시기에 외직으로 돌다 중종 이후 병을 핑계로 경상도 상주에 은거해 있던중 이 소설을 썼다.

소설 내용은 당시 건국공신과 신흥 사대부의 갈등이 본격화하는 정치상황에서 '저승'을 다녀온 설공찬이라는 주인공이 당시 정치적 인물들에 대한 염라대왕의 평가를 전하는 형식으로 전개되고 있다.

국편(國編)의 의뢰로 이 소설을 정밀 분석한 서경대 이복규(국문학)교수는 "저자와 저작 연대등의 기록이 이처럼 명확한 고대 소설은 없다"며 "우리나라에서 가장 오래된 한글소설임이 입증된다"고 평가했다. <김창호 학술전문기자>

한글표기 또렷 최초의 한글소설로 확인된 '설공찬전'의 시작 부분. 조선 중종때 학자 이문건의 일기 낱장 속면에 필사한 상태로 돼있는데 '설공찬이'라는 한글식 표기가 눈길을 끈다.

中 원로 彭眞 사망

[베이징=문일현 특파원] 중국 공산당 혁명원로인 펑전(彭眞·95)이 27일 사망했다고 중국관영 신화통신이 27일 보도했다.

김현철-박경식씨 청문회 대질

與 반대… 野도 소극적

여당쪽 특위위원들중 일부도 의결을 조건으로 "양자간 대질신문의 실익이 없다"며 "여당측의 반대도 반대지만 특위차원에서 더이상 진상규명을 하기는 역부족"이라는 의견을 제시했다.

2. <설공찬전>의 이모저모

(1) 줄거리

① 순창에서 살던 설충란에게 남매가 있었는데, 딸은 결혼하여 바로 죽고, 아들 공찬도 장가들기 전에 죽는다.
② 공찬이 죽은 후, 설충란은 신주를 모시고 3년간 제사지내다 무덤 곁에 신주를 묻는다.
③ 설충란의 동생 충수의 집에 공찬 누나의 귀신이 나타나 사촌동생 공침의 몸에 들어가 병들게 한다.
④ 충수가 주술사 김석산을 불러다 퇴마를 시도하자, 남동생 공찬을 데려오겠다며 물러간다.
⑤ 공찬의 혼령이 와서 공침의 몸에 들어가 수시로 왕래하기 시작한다.
⑥ 충수가 아들의 병을 낫게 하려고 김석산을 불러다 조치를 취하자, 공찬이 공침을 극도로 괴롭게 하고, 충수가 그러지 않겠다고 하자, 원래 모습으로 회복시켜 준다.
⑦ 공찬이 동생과 윤자신을 불러오게 한 다음, 저승 소식을 전해 준다.
- 저승의 위치는 바닷가에 있으며 순창에서 40리 거리임.
- 저승 나라의 이름은 단월국임.
- 저승 임금의 이름은 비사문천왕임.
- 저승 심판의 양상은, 책을 살펴서 명이 다하지 않은 영혼은 그대로 두고, 명이 다해서 온 영혼은 연좌로 보냄.
- 저승에 있는 영혼들의 존재 양상은, 이승에서 선하게 살았으면 저승에서도 잘 지내고, 악하게 살았으면 고생하며 지내거나 지옥으로 떨어짐.
- 염라왕이 있는 궁궐의 모습은, 아주 장대하고 위엄이 있음.
- 지상의 나라와 염라국 간의 관계는, 사람을 죽이고 살리는 것은 염라왕의 고유한 권한이라 지상의 황제도 개입할 수 없음.

3. <설공찬전>에 대한 각계의 반향

사라졌던 작품이 발견되었기 때문에 학계와 일반의 반향은 컸다. 그 내용을 소개하면 다음과 같다.

(1) 학계의 반향

첫째, 우리나라에서 소설을 국역한 첫 사례는 중국소설의 번역이 아니라 우리 소설인 <설공찬전>의 국역이다(한국외국어대 민관동 교수).

둘째, 최초의 국문소설은 한문소설을 발판으로 하여 이를 정음으로 번역함으로써 성립되었던 것으로 믿어진다. 그 사례로 중종 때 <설공찬전>을 들 수 있다(단국대 황패강 교수).

셋째, <설공찬전>의 실물이 추가됨으로써 우리 초기 소설사의 실체에 더욱 가까이 갈 수 있게 된 셈인데, 초기 번역의 형태이긴 하나 국문소설의 존재가 <홍길동전> 이전에 존재했음을 실물로 확인할 수 있게 된 점이 중요하다(서울대 김종철 교수).

(2) 일반의 동향

첫째, 신문방송 매체의 적극적인 보도이다. 중앙일보 1997년 4월 28일자 1·3면 특집기사로 소개되는 것을 시작으로 거의 모든 일간신문에서 <설공찬전> 발견 사실을 보도하였다. <주간한국>을 비롯해 잡지에서도 다루었으며, 여러 방송에서 이 작품 및 작자 채수를 소재하여 다큐멘터리 혹은 교양·오락물을 제작하여 방영하였다.

가장 먼저 다룬 방송물은 KBS 1TV의 <TV 조선왕조실록 : 조선 최초의 금서 '설공찬전'> (1997.8.26)이었다. 그 다음으로 나온 것은 SBS의 <깜짝스토리랜드 : 역사속의 비화 '설공찬전'>(2002.8.13), 지역 민영방송인 전주방송(JTV)에서 제작한 <500년 만에 다시 보는 설공찬전>(2002.3.23), KBS 위성방송인 KBS KOREA의 <시간여행 역사속으로 : 금서>(2003.1.20) 등이었다.

둘째, 연극화도 시도되었다. 2003년 5월 15일에서 25일까지, 이해제 각색·연출로 극단 신기루만화경에서 서울 연극실험실 혜화동 1번지에서 공연한 <지리다도파도파 설공찬전>이 그것이다.

셋째, 중고등학교와 대학교 교육현장에서의 수용이다. 한국 고소설에 대해 수업하면서 새로 발견된 이 작품에 대해서 소개하는 것은 물론, '최초의 국문소설' 문제를 쟁점으로 삼아 토론하게 되었다.

넷째, 지방자치단체의 관심이다. 이 작품의 배경지인 순창에서는 이 작품의 존재를 주민들에게 알리기 위해 발굴자인 필자를 초청해 강연을 실시한 바 있으며, 이 작품을 문화콘테츠화하기 위해 노력하고 있는 것으로 알고 있다. 이 작품 작자의 만년의 거주지이자 이 작품의 창작지인 상주 및 경북에서도 쾌재정의 문화재화 및 채수기념관 건립에 초점을 두고 일정한 노력을 계속 기울이고 있는 것으로 안다.

이 밖에도 인터넷을 검색해 보면, 계속해서 관련 기사가 오르고 있는 것을 볼 수 있다. 그만큼 사람들이 관심을 가지고 있다는 증거이겠다. 그 중심에, 최초의 국문소설 문제가 있다. <홍길동전>이냐 <설공찬전>이냐를 두고 의견이 나뉘어 있기 때문이다.

III. 난재 채수의 사상

채수의 문집에 있는 글 가운데에서 사상을 담은 글은 4편의 책문(策文)밖에 없다. 강함과 부드러움을 겸비해 시의에 적절하게 대처해야 한다는 것을 피력한 <강유지도(剛柔之道)>, 음양(陰陽)의 이치에 따라 백성을 이롭게 해 주려던 귀신론, 풍수지리설이 후세에 이단사설로 왜곡되어 폐단이 되고 있는 현실을 비판한 <귀신무격복서담명지리풍수(鬼神巫覡卜筮談命地理風水)>, 국방을 튼튼하기 위해 유능한 장수를 양성하고 여진족과 왜를 철저히 경계해 세력이 확대되지 않도록 해야 한다고 주장한 <問保邦備邊>, 백성을 잘 기르고 세금을 균등하게 하며 도둑을 줄이기 위해서는 중국의 이상적인 전례를 참고해 우리의 폐단을 해결해야 한다고 주장한 <양민균부미도(養民均賦弭盜)> 등이 그것이다.

이것만으로는 <설공찬전>을 창작할 수 있는 사상적인 유기적 관련성을 말하기가 곤란하다. 따라서 필자는 채수의 행적에서 보이는 채수의 사상 또는 지향가치까지 포착해 제시하겠다. 철학사상, 정치사상, 문학사상으로 구분해서 보이면 다음과 같다.

1. 철학사상

난재 채수의 철학사상으로 들 수 있는 것은 귀신에 대한 생각이다. 고려시대 사람들이 귀신을 액면 그대로 믿은 데 비해, 성리학이 도입된 이래 사대부들에 의해 귀신을 인격성을 지닌 존재로 인정하지 않으려 하였다. 음기(陰氣)와 양기(陽氣)의 이합취산(離合聚散) 작용일 따름이라고 보았다.

다만 방외인이었던 김시습의 경우에는 약간의 예외를 두어, 제 명에 죽지 못한 사람의 기운은 일정 기간 동안(그 한이 풀리기까지) 해체되지 않고 존재하여 살아있는 사람에게 나타나 영향을 미칠 수 있다고 보았으니, 이것을 작품화한 것이 <금오신화>이다.

채수는 책문 즉 과거시험 답안지로 제출한 <귀신무격복서담명지리풍수(鬼神巫覡卜筮談命地理風水)>에서는 당대의 통념을 따라, 귀신무격을 배격하고 있다. 하지만 <연보>와 그 사위 김안로의 『龍泉談寂記』는 다른 진실을 말해주고 있다. 채수가 17세 때 귀신을 경험한 사건이 그것인바, 채수는 이 체험 때문에 귀신의 실제를 믿었던 듯하다. 말하자면 명목상의 무신론자, 실제적 유신론자였다고 보인다. 이렇게 말하는 근거는 무엇인가?

채수의 귀신체험을 전하는 〈연보〉의 기록을 먼저 인용하면 다음과 같다.

> 선생의 나이 17세 : 판서였던 아버지를 따라 慶山의 부임지로 갔다. 그때 밤에 희끄무레한 것이 있어 둥글기가 마치 수레바퀴와 같았는데, 거기 닿았다 하면 죽음을 당하였다. 선생이 마침 밖에 나갔다가 이것을 보았는데 그 요귀가 방으로 들어가는 것이었다. 그러자 선생의 막내동생이 갑자기 놀라서 일어나 아프다고 울부짖다가 죽었다. 그렇지만 선생은 접촉되었어도 아무런 해를 입지 않아 사람들이 이상하게 여겼다.

채수의 사위 金安老가 쓴 『龍泉談寂記』에도 같은 내용이 기술되어 있다. 김안로는 채수한테 직접 들은 내용을 기술했을 것이니만큼 이 자료의 증거력은 크다고 생각한다.

> 내 장인 襄靖公이 어릴 적에 아버지를 따라서 慶山에 있을 때, 두 아우와 관사에서 누워자다가 갑자기 변이 마려워서 옷을 입고 방 밖으로 나가보니 흰 기운이 火圓鏡[확대경] 같이 五色이 현란하게 공중에서 수레바퀴처럼 돌아 먼 곳에서 차차 가까워오는 것이 바람과 번개 같았다. 양정공이 놀라 바삐 방으로 들어오는데, 겨우 문턱을 넘어서자, 그것이 방안으로 따라 들어오는 것이었다. 조금 있다가 막내동생이 방구석에서 자다가 놀라 일어나 뛰며 아프다고 울부짖으며, 입과 코에서 피를 흘리며 죽었는데, 양정공은 조금도 상한 데가 없었다.

이상의 자료가 의미하는 바는 무엇일까? 채수의 귀신 체험은 채수만 알고 있는 비밀이었을 것인데, <연보>와 『龍泉談寂記』에 전하는 것은, 필시 채수 본인이 다른 사람들에게 이 사실을 증언했다고 보아야 한다. 허무맹랑한 일이라고 여겼다면 아예 말하지도 않았을 것이며, 이 두 기록에 사실처럼 남아있지도 않았을 것이다. 분명한 사실이라고 전언했기에 이 두 기록에 귀신 체험 사실이 생생하게 전하고 있는 것이라 판단된다.

채수가 젊었을 때, 아직 유교적인 세계관이 확립되어 있지 않았을 시기에 유교에서 배격해 마지않는 귀신 현상을 직접 목격한 사실은 채수에게는 충격적이었을 것으로 여겨진다. 꿈속에서 경험한 것도 아니고, 생시에, 그것도 귀신의 출현 결과 어린 동생이 피를 토하며 죽어 자빠지는 장면을 보았을 때 그 충격은 적지 않았다고 해야 할 것이다. 그러다 보니, 조선조 사회에서 과거에 합격해 활동하기 위해서는 그 시대가 요구하는 답을 써냈지만, 내심으로는 인격성을 지닌 전래의 귀신을 인정하는 이중적인 사고를 가졌다고 여겨진다.

2. 정치사상

채수의 정치사상으로 두 가지를 들 수 있다. 소통하는 정치를 강조한 점, 어질지 못한 임금이라도 끝까지 보좌하는 것이 신하의 도리라는 생각 이 두 가지다.

첫째, 채수는 소통하는 정치를 강조하였다. 신하 특히 언관은 임금에게 직언을 하여야 하고, 임금은 어떤 직언이든지 하게 해 들어야만 여론을 알아 바른 정치를 할 수 있다고 믿었다. 이는 실록 도처에서 발견할 수 있다. 한 가지 사례만 인용해 보이면 다음과 같다.

> 성종실록 14권, 성종 3년 1월 5일 임인 12번째 기사 1472년 명 성화(成化) 8년 야대에서 검토관 채수가 신하의 직언의 중요성을 말하다.
>
> 야대(夜對)에 나아갔다. ≪정관정요(貞觀政要)≫를 강(講)하다가, '관인(官人)이, 9인 중에서 4인은 도적이 아니라는 것을 아는 자가 있었으나, 양제(煬帝)가 이미 참결(斬決)하게 하였으므로, 드디어 집주(執奏)하지 못하고 아울러 죽었다.'고 하는 데에 이르러, 임금이 말하기를,
>
> "양제(煬帝)는 진실로 무도(無道)하였다. 그러나 당시의 인신(人臣)이 그 아닌 것을 알면서도 말하지 않았으니, 어찌 죄가 없다고 할 수 있느냐?"
>
> 하니, 시독관(侍讀官) 정휘(鄭徽)가 대답하기를,
>
> "겉이 바르면 그림자가 곧고, 임금이 밝으면 신하가 충성스러운 것인데, 배구(裵矩)의 충녕(忠佞)이 족히 명감(明鑑)이 될 만합니다."

하고, 검토관(檢討官) 채수(蔡壽)는 대답하기를,

"그 임금이 비록 직언(直言) 듣기를 싫어하더라도 신하로서는 마땅히 끓는 기름 가마[鼎鑊]라도 피하지 않고 감히 말하는 것이 옳습니다. 하증(何曾) 처럼 물러나 집에서 말하는 것이 어찌 신하의 도리이겠습니까? 그러나 인군(人君)이 그의 잘못을 듣기 좋아하지 않으면 사람마다 다투어 아첨하게 되어 절함(折檻)을 하거나 견거(牽裾)를 하는 자는 드물 것입니다."

하였다.

채수가 이와 같은 생각을 가진 것은, 채수가 생애의 대부분을 언관으로 지냈다는 것과 연관된다. 34세라는 비교적 이른 나이에 대사헌으로 발탁된 데에서도 드러나듯, 채수는 사헌부와 홍문관을 중심으로 언관으로서의 역할을 성실히 수행하였다. 임사홍의 전횡을 규탄하는 상소를 거듭 올리다가 파직당하기에 이르고, 폐비 윤씨를 동정하는 계를 올렸다가 왕의 노여움을 사서 국문을 받고 파직당하기에 이르는 등 채수는 언관으로서의 길을 똑바로 걸어갔던 것을 도처에서 확인할 수 있다. <설공찬전>에서 주인공 설공찬의 입을 빌어 소개한 저승 소식 가운데, "이싱애셔 비록 흉죵ᄒᆞ여도 님금긔 튱신ᄒᆞ면 간ᄒᆞ다가 주근 사ᄅᆞᆷ이면 뎌싱애 가도 죠ᄒᆞᆫ 벼슬ᄒᆞ고(〈설공찬전〉 국문본 제 10면)" 같은 대목은 다분히 작자가 언관으로서의 의식을 드러낸 것으로 보인다. 이는 채수가 조정에서 임금께 바른 말을 하다가 자주 파직을 당하거나 귀양살이를 한 것과 연관지어 볼 때, 의미심장한 발언이라고 하겠다.

둘째, 채수는, 비록 어질지 못한 임금이라도 임금이니 신하는 끝까지 보좌하여 현군을 만들어야 한다는 생각을 가진 것으로 보인다. 이는 중종반정의 현장에서 보인 채수의 반응 및 중종반정 이후 함창에 은거해 버린 데에서 확인할 수 있다. 동아시아 한자문화권의 정치사상 가운데는 이런 주장도 있었다. 이른바, 군신의 관계가 "부자(父子)

관계의 성향을 띠는 형태"로서, 군신관계를 부자관계로 설정하여 각각 그 도리를 다하는 군신관계의 유형이 그것이다. 필자가 보기에, 김종직의 <조의제문>도 이런 류에 속하는 입론에서 씌어진 글이라 할 수 있다. 부모가 악을 저질렀더라도 자식이 부모를 버릴 수 없듯이, 임금이 임금 노릇을 못한다 하더라도 버리거나 혁명을 일으켜 새로운 임금으로 바꿀 수 없다는 입장이라 하겠다.

채수는 중종반정을 사실상 반대한 인물이다. 연산군이 축출되는 쿠데타 현장에서, "이게 어찌 할 짓인가! 이게 어찌 할 짓인가!" 반복해서 절규했다고 전해지는바, 이것이 무엇을 의미하는지는 분명하다. 연산군이 패륜적인 왕이라 하더라도 신하가 내칠 수는 없다, 끝까지 도와서 어진 임금이 되도록 노력해야 한다는 생각이 그렇게 나타난 것으로 보아야 한다.

중종반정 이후 인천군으로 봉해졌는데도 즉시 사직하고 함창에 은거해 버린 것도 채수의 이같은 생각을 강하게 증명한다. 폭군이라도 잘 보필해서 바른 길로 인도해야지, 혁명을 일으켜 교체하는 것은 바람직하지 않은 것으로 여겼던 것이라 생각된다.

3. 문학사상

채수의 문학사상으로 시문학에 대한 사상과 산문 또는 서사문학에 사상 두 가지로 구분해 거론할 수 있다. 시문학에 대한 사상은 안수정에 의해 한차례 다뤄진 바 있다.

채수는 문헌설화집인 『촌중비어(村中鄙語)』를 책을 저술한 일이 있는바, 이는 채수가 서사문학에 대한 관심과 애호가 대단하였다는 사실을 보여준다. 주지하다시피 소설은 서사문학사의 마지막 단계에서 등장한 갈래이다. 오랫 동안 구비서사인 설화의 단계를 거쳐 중세후기에 이르러 등장한 갈래가 소설이다, 첫 작품인 김시습의 <금오신화>의 뒤를 이어 채수가 소설 <설공찬전>을 창작한 데에는 김시습의 소설이나 중국 소설의 영향도 있겠지만, 국내적으로는 우리 서사

문학 경험이 토대가 되었다고 보아야 한다. 그렇게 보았을 때, 채수의 『촌중비어(村中鄙語)』 편찬 사실은 시사하는 바 크다.

성현의 서문을 통해서 볼 때 『촌중비어』는 서거정의 『태평한화골계전』이나 강희맹의 『촌담해이』 등과 같은 문헌설화집이다. 소설이란 갈래 역시 서사 갈래로서, 구비적이고 유동적인 설화에 작자의 창작의식이 가미되고 문체적인 수식이 더해지며 독립적인 형태로 유통된 갈래이다.

IV. 난재 채수의 사상과 설공찬전의 관계

앞 장에서 난재의 사상을 세 가지 분야로 구분해 지적해 보았다. 이 장에서는, 이들 사상과 소설 작품 〈설공찬전〉이 어떤 상관 관계를 가지는지 검토해 보기로 한다. 문학 연구에서는 작가론과 작품론이 하나로 통합되어야 마땅한바, 여기에서 그 작업을 해보려는 것이다.

첫째, 철학사상인 귀신관과의 관련을 말할 수 있다. 채수의 〈설공찬전〉은 달리 표현하면 귀신 이야기라고도 할 수 있는바, 채수가 이 귀신 이야기인 〈설공찬전〉을 창작하는 데, 17세 나이에 겪은 이 신비체험은 중요한 동인으로 작용했으리라고 여겨진다.

채수는 〈문귀신무격복서담명지리풍수(問鬼神巫覡卜筮談命地理風水)〉란 책문에서 "귀신이란 음양이 행하는 것(鬼神者, 陰陽之所以行也)", "신이란 양의 영이요, 귀란 음의 영(神者, 陽之靈也, 鬼者陰之靈也)"이라 하여, 민간에서 믿는 인격적인 존재로서의 귀신을 부정하고 있다. 하지만 이는 어디까지나 과거시험 답안지였기 때문에 당시의 공식적인 귀신관을 진술한 것이지 채수의 생각을 그대로 노출한 것은 아니라고 보인다. 이른바 이중적인 태도를 지니고 살았다 하겠다. 생존을 위해서는 무신론으로, 실제로는 유신론을 견지했다 하겠다.

채수의 귀신체험 기록은 작품 내용과 구체적으로 대응되고 있어 작가와 작품간의 긴밀한 상관관계를 증명해 준다. 〈설공찬전〉 국문본에서 귀신이 출현하는 대목을 원문으로 소개하면 다음과 같다.

> 고ᄋᆞᆫ 겨집이 공듕으로셔 ᄂᆞ려와 춤추거ᄂᆞᆯ 기 동이 ᄀᆞ장 놀라 졔 지집의 계유 드려가니 이옥고 튱쉬 집의셔 짓궐소릐 잇거ᄂᆞᆯ 무ᄅᆞ니 공팀이 뒷가니 갓다가 병 어더 다히 업더려다가 ᄀᆞ쟝 오라게야 인긔ᄅᆞᆯ ᄎᆞ려도 긔운이 미치고 ᄂᆞᆷ과 다ᄅᆞ더라(<설공찬전> 국문본 제 3면)

작품에서의 귀신 출현 양상과 채수의 귀신체험 내용에서 공통적인 점은 다음 네 가지이다. ① 귀신이 출현한 장소 면에서의 공통성이다. 모두 집안에서 이루어진다. ② 귀신이 출현하는 시기 면에서의 공통성이다. 모두 뒷간에 갈 무렵에 출현한다. ③ 귀신의 운동 방향이다. 모두 하늘(공중)에서 내려온다는 점에서 동일하다. ④ 귀신 출현의 결과 면에서의 공통성이다. 귀신과 접촉한 주요 인물이 병을 얻거나 즉사하거나 하여 해를 입는다.

이와 같은 점을 고려해 볼 때 〈설공찬전〉의 창작에는 작자인 채수가 젊었을 적에 겪은 귀신체험이 중요 동인으로 작용했다고 생각한다. 단순히 독서를 통한 간접경험만이 아니라 직접 경험을 바탕으로 작품을 창작한 점은 이 작품의 독창성과 개성을 인정하게 한다.

둘째, 정치사상과의 관련을 들 수 있다. 쿠데타로 왕권을 탈취하는 데 대한 채수의 반감은 <설공찬전>에서 당나라의 왕을 죽이고 양나라를 창건한 주전충에 대해 비판한 대목에 잘 드러나 있다. "비록 예셔 님금이라도 쥬젼튱ᄀᆞ툰 사ᄅᆞᆷ이면 다 디옥의 드렷더라(〈설공찬전〉 국문본 제 10면)"라는 발언이 그것이다.

정치사상과 관련하여, 한 가지 더 든다면, 소통하는 정치의 중요성에 대한 인식도 <설공찬전>과 연관지을 수 있다. 생애를 마감하는 시점에서, 굳이 이 작품을 쓴 것은, 어쩌면 조정에 대한 자신의 간언을 소설 형식을 빌어 표현한 것이라 해석할 수 있기 때문이다. 언관으로서의 사명을 이 작품을 통해 수행했다 하겠다. 이렇게 본다면, 평소의 지론이 이 작품을 창작하게 한 동인이라 할 수 있다.

셋째, 문학사상과의 관련을 들 수 있다. 서사문학에 대한 채수의 애정과 관심과 실천이 소설 <설공찬전>으로 결실했다 할 수 있다. 『촌중비어』 단계의 준비 과정이 있어서 <설공찬전>이란 결과가 가능했다고 여겨진다. 실제로 <설공찬전>은 기존의 서사물 중 '저승경험담' 또는 '환혼담'을 차용하여 소설화한 것으로 볼 수 있어 그럴 가능성을 높여주고 있다. 다만 종래 또는 일반적인 '저승경험담'이나 '환혼담'이 주인공이 살아나서 저승의 경험을 진술하는 것과는 달리, 잠시 그 혼령이 지상에 나와 남의 몸에 들어가 메시지를 전하는 것으로 변형되어 있기는 하나, 기본적으로 전통 서사물을 소재로 활용하고 있어, 설화의 소설화 양상을 보여주고 있다는 것은 확실하다.

V. 맺음말 : <설공찬전>의 가치를 곁들여

이상 난재 채수의 사상과 <설공찬전>의 관계를 알아보았다. 난재 채수의 사상을 검토한 것은 그 자체로서 가치가 있는 게 아니라 작품 <설공찬전>을 이해하기 위한 수단으로서 검토한 것이었다. 이상의 서술을 종합하되, 몇 가지는 추가하여, <설공찬전>의 가치가 무엇인지 정리해 보면 다음과 같다.

첫째, 철학사상적 가치는, 귀신관과 내세관(저승관) 면에서의 새로움을 들 수 있다. 귀신관의 경우, 사람이 죽으면 그 몸은 흙으로 돌아가지만, 그 영혼은 혼령 즉 귀신이 되어 존속한다는 사고는, 민간의 사고이면서 조선조 유교 사대부들의 일반적인 인식과는 다른 것이다. 공식적으로는 무신론자라는 것을 표명한 채수이지만, 젊은 시절의 귀신 체험을 계기로 실제적인 유신론자로 살았고 이를 문학작품을 통해 형상화했다는 점에서 의의가 있다. 귀신관과 아울러 내세관 면에서도 새로운 인식을 보여준다. 죽은 사람의 영혼이 가는 곳을 채수의 <설공찬전>에는 '저승'이라고 서술하고 있는바, 이 역시 내세를 인정하지 않았던 조선조 유교 사대부들의 인식과는 다른 점이다. 민간의 저승관과 상통하는 듯하면서도, 저승에서 다시 악인을 위한 '지옥', 명이 다한 영혼을 위한 '연좌'라는 특별 영역을 상정하고 있다는 점에서 구분된다.

한 가지 더 주목할 것이 있다. 이승과 저승과의 관계에 대한 특별한 인식이다. 이른바 이승과 저승은 연속적이기도 하고 불연속적이기도 한 관계를 지니고 있다는 것을 채수는 보여준다. 이승에서 어진 재상이었으면 저승에서도 재상으로 지낸다든지 이승에서 남의 원한을 살 만한 일을 하지 않으면서 존귀히 지낸 사람은 저승에서도 존귀하게 지내고, 이승에서 사납게 다니고 특별한 공덕을 쌓은 게 없으면 저승에서 그 자손까지 사납게 살더라고 하는 서술에서는, 이승과 저승간에는 연속성이 있다는 것을 보여준다.

불연속성을 보여주는 서술도 있다. 이승과는 달리 저승에서는 여성이라도 글을 잘하면 어떤 소임이든 맡아서 잘 지내며, 이승에서 임금께 충간을 하다가 비명횡사했더라도 저승에서는 좋은 벼슬을 하고, 이승에서 임금을 했더라도 주전충처럼 반역하여 왕위에 오른 자는 지옥에 들어가 있으며, 적선을 많이 한 사람은 이승에서 천하게 살았더라도 저승에서는 존귀하게 지내고, 이승에서 존귀하게 살았더라도 악을 쌓았으면 수고롭고 불쌍하게 지낸다는 설명이 그것이다.

둘째, 정치사상적 가치는, 군신관계를 부모와 자식 간의 관계처럼 여겨, 어떤 경우에라도 임금은 내쳐서는 안되며 끝까지 보좌하여 어진 군왕이 되도록 해야 한다는 주장을 펼친 점이다. 맹자의 역성혁명 이론과는 구별되면서, 나름대로의 근거를 가진 주장으로서 뚜렷한 차별성을 지닌 견해라 하겠다. 채수의 경우, 실제로 그 생각을 실천을 통해 보여주었다는 점에서 더욱 주목할 만하다 하겠다. 아울러 여성의 사회 참여를 인정한 점은 당대의 통념에 비추어 볼 때 파격적일 만큼 진보적인 것이라 하겠다. 허균이 서얼차대를 반대하여 <홍길동전>을 창작하되 남성들의 해방을 위해 그런 데 비해, 이보다 100여년 앞선 시대에 채수는 여성 해방의 필요성을 제기했다 하겠다. 한국 페

미니즘의 역사에서 주목할 만한 사례라고 본다.

셋째, 국문학적 가치로 다섯 가지를 들 수 있다. ① 김시습의 <금오신화>(1470년 경)의 뒤를 이어 두 번째로 씌어진 소설로서, 그 다음에 나온 <오륜전전>(1531)과 <기재기이>(1553) 사이의 교량 역할을 한 작품이다. ②한글로 읽힌 최초의 소설(넓은 의미의 최초 국문소설)이라는 점, ③실화 소설의 효시라는 점, ④우리나라를 배경으로 삼은 소설의 효시를 보인 김시습의 <금오신화>를 계승한 작품이라는 점, ⑤ 상층 사대부(집권층)의 소설이라는 점, ⑥소설의 사회적 영향력을 입증한 작품이라는 점 등이다.

①의 경우, 원작은 한문으로 지어졌으나 인기를 끌어 바로 한글로 번역되어 널리 퍼짐으로써 각처에서 읽힘으로써, 우리나라 역사상 세종대왕이 한글을 창제한 이래, 처음으로 소설작품이 다수의 독자들에게 읽힌 첫 사례가 되었다. 이른바 소설의 대중화가 처음 이루어진 경우인바, 그만큼 이 작품이 상하층 모두의 관심을 끌 만한 내용이었다는 사실을 보여준다. 이 작품보다 먼저 나온 김시습의 <금오신화>는 그렇지 못하였다. <설공찬전>의 한글 번역은 서양에서, 일부 고급 독자만 볼 수 있었던 라틴어 성경을 독일인 누구나 읽을 수 있는 독일어로 번역해 출판 유통시킴으로써 종교개혁이 성공했던 일과 비견될 만하다. 구텐베르크의 금속활자로, 자국어로 번역한 성경을 인쇄해 유통시킴으로써 종교개혁을 성공하게 했다. <설공찬전>의 한글 번역본이 그런 역할을 하였다. 비록 인쇄본이 아니라 필사본 형태였지만 한글로 번역됨으로써, 양반 사대부만 즐기는 소설을 일반 민중도 즐기고 그 내용을 알게 한 것이다. 조정의 탄압을 받아 불태워지고 말았지만, 그때의 독서 경험과 기억이 그 뒤의 창작 한글소설 작품(〈오륜전전〉, 〈홍길동전〉)의 출현에 도화선 역할을 한 것이라 평가한다. 과문한 탓인지는 모르나, 우리 문학의 역사에서, 시가와 산문을 통틀어, 기록문학 작품의 대중화를 처음으로 보여준 사례가 바로 이 <설공찬전> 한글본의 필화 사건이라 생각한다.

②의 경우, 족보를 분석한 결과, 주요 등장인물인 설공찬과 설공침 및 설공찬의 누이가 모두 실존인물이었을 가능성이 매우 크므로, 실화에서 유래한 작품으로 규정할 수 있는바, 이 역시 우리 소설의 역사에서 첫 사례이다.

③의 경우, 우리나라 배경의 고소설이 절대적으로 적은 현실을 고려하면 소중하다고 생각한다. 채수가 이럴 수 있었던 것은 실화를 바탕으로 이 작품을 지었던 것이 가장 큰 원인이라 할 수 있다. 실화에서 소재를 가져왔다 해도 얼마든지 중국 배경으로 할 수도 있었을 테지만 실제 지명대로 한 것은, 혹시라도 필화가 있을 경우 면피하려는 책략 아래 그런 것이리라.

④는 방외인 즉 당대 사회에서 권력의 주변부에서 주로 전국을 방황하다 생을 마감한 김시습과는 달리, 국정을 맡은 고위 관료 출신인 채수가 소설을 쓴 것은 지식인 사회에 충격을 줄 만한 일이었다. 실제로 이 소설은 당대 사회에 일대 파란을 일으켰는바, 후대에 허균, 김만중 같은 권력담당층이 소설을 창작하여 소설의 위상을 높이는 데 기여하기 훨씬 전에 채수가 이미 그런 선례를 마련한 셈이다.

⑤의 경우, 우리나라에서는 김만중의 '국문문학론', 연암 박지원의 글들에 대해 내려진 정조의 문체반정 파동을 비롯하여 일련의 금서 조치 사례에서 확인할 수 있다. 하지만 소설로 한정해 보았을 때, 그 사회적 파급력이 크다는 사실을 확인시켜 준 사례로는 이 <설공찬전> 필화사건이 그 처음이다. 한 편의 소설이 사회에 지대한 영향력을 미칠 수 있다는 사례는 미국 역사에서도 실증된 적이 있다. 미국의 남북전쟁이 끝난 후 링컨 대통령이 <톰 아저씨의 오두막(엉클 톰스 캐빈)>의 작자 스토우 부인을 만나 치하한 일이 그것이다. 처음에 수세에 있던 북군이 승리한 데에는 이 소설 작품의 감동력이 크게 기여했다는 사실을 링컨이 알고 감사를 표했던 것이다.

앞에서 언급했듯, 난재 채수의 <설공찬전>도 당시에 그런 존재였다. "채수가 설공찬전을 지었는데 내용이 모두 화복(禍福) 윤회한다는 이야기로 매우 요망합니다. 나라 곳곳에서 현혹되어 믿고서 한문으로 베끼거나 한글로 번역하여 전파함으로써 민중을 미혹시킵니다. 사헌부에서 명령을 내려 거두어들여야 하겠지만, 혹 나중에 발견되면 죄로 다스림이 마땅합니다."(중종실록, 1511년 9월 2일조) 이 기록이 이를 증명한다. 한 편의 소설이 민중을 미혹할 수 있다고 조정에서는 판단해 철퇴를 내렸던 것이다. 실제로 <설공찬전>이 그때 남긴 충격은 그 다음의 국문소설의 출현에 불씨 역할을 했다고 여겨지고, 그 작품에서 내비친 여성의 사회 참여 담론은 오늘날에 와서 실현되고 있다고 볼 때, 소설이 지닌 사회적 영향력을 확인할 수 있다 하겠다. <설공찬전>의 이 사례는, 문화를 강조하고 콘텐츠를 중시하는 현 시점에서 더욱 시사하는 바가 크다 하겠다.

• 참고자료 • 국문소설의 개념(이복규, 우리 고소설 연구, 역락, 2005)

1. 제1 개념의 국문소설('창작국문소설' 혹은 '원작이 국문으로 지어진 게 확실한 소설')과 해당 작품

국문소설의 제1차적 개념은 창작국문소설이다. 창작 당시에 작가가 국문으로 지은 소설, 이른바 창작국문소설을 가리킨다. 다시 말해서 원작(원본)이 국문으로 되어 있는 소설을 가리킨다. 얼핏보기에 아주 명쾌한 개념규정인 것처럼 여겨진다. 그러나 막상 특정 작품이 국문소설인지 아닌지 판별하기란 그렇게 쉬운 일이 아니다.

왜 그럴까? 현재 전하는 고소설 작품 가운데에서 원작(원본)이 전하는 경우는 전무하기 때문이다. 작자가 직접 쓴 원고 즉 원본은 없다. 그러니 그 작품이 창작 당시에 국문으로 지어졌는지 한문으로 지어졌는지 알 수 없다. 국문소설로 알려진 <사씨남정기>도 원본은 전하지 않는다. 김만중의 종손자(從孫子)인 김춘택의 증언을 믿어서, 김만중이 <사씨남정기>를 국문으로 지었다고 믿고 있을 따름이지 국문 원본이 있는 것은

아니다.

그렇다고 국문소설과 한문소설이 내용상 확연히 구분되느냐 하면 그렇지도 않다. 내용만 보아서는 그것이 한문소설인지 국문소설인지 판별하기 어렵다. <임경업전>도 보통 국문소설이라고들 하지만, 그 원전이 전하지 않으므로 과연 그게 한문소설인지 국문소설인지 명백하게 규명하기 어려운 실정이다. 이윤석 교수는 한문소설로 출발했다 하고 필자는 국문소설로 출발했을 가능성이 높다 하여 의견이 대립되어 있다. <홍길동전>도 그렇고 <구운몽>도 원작의 표기문자 문제를 놓고 논란이 끊이지 않고 있는 게 학계의 현실이다. 한문소설과 국문소설이 내용면에서 근본적인 차이가 있다면, 이 문제를 두고 학자들이 계속 대립하는 일은 없을 것이다. <사씨남정기>도 국문소설이라지만 김만중의 원작은 전하지 않고, 종손 김춘택이 한역(漢譯)한 것을 다시 국문으로 번역한 것(국문본)들이 현전할 따름인데, 한문본 <사씨남정기>만을 볼 경우, <사씨남정기>가 국문소설임을 알아내기는 거의 불가능하다고 필자는 생각한다.

최근 들어, 한문으로 창작된 소설이 국문으로, 국문으로 창작된 소설이 한문으로 바뀌는 사례가 빈번하였다는 사실이 계속 밝혀지고 있다. 16세기 초에 지어진 채수의 <설공찬전>이 창작과 동시에 국역되어 유포된 것은 물론, 17세기에 18세기 초엽에 이르러, <주생전>·<운영전>·<강로전> 등 16세기 말에서 17세기 초에 창작된 한문소설들의 국역, 17세기 후반에 창작된 <창선감의록>·<사씨남정기>·<설소저전> 등의 국문소설이 한역된 것이 그 사례이다. <구운몽>에 국문본과 한문본이 거의 같은 비중으로 공존하는 것도 한문소설과 국문소설의 상호전환이 매우 활발하였던 사정을 증거하고 있다. 국문과 한문이라는 표기수단은 절대적인 것이 아니며, 독자의 요구에 호응해서 수시로 전환이 가능했음을 보여준 것이 문학사의 실상이라 하겠다. 이런 사정을 고려하고 보면, 고소설의 유형을 표기문자에 따라 분류할 때 그 원작의 표기문자만 가지고 구분하는 것이 얼마나 조심스럽고 제한적인 의미만 지니는지 절감하게 된다.

이 제1 개념의 국문소설에 해당하는 작품이 무엇이냐 하는 문제와 관련하여 필자는 낙서거사의 <오륜전전서>(1531)를 눈여겨 보아야 하다고 생각한다. 이 글의 6절 및 제3부 제1장에서 자세히 논증하겠지만, 결론부터 밝히자면, 거기 나오는 국문본 <오륜전전> 및 <이석단>·<취취>야말로 우리 소설사에서 국문으로 만들어져 유통된 최초의 작품들이라고 본다.

2. 제2 개념의 국문소설('번역체 국문소설' 혹은 '비국문 원작을 국문으로 번역한 것이 확실한 소설')과 해당 작품

다음으로 제2 개념의 국문소설을 생각해 볼 필요가 있다. 제2의 개념은 번역체 국문소설(혹은 '비국문 원작을 국문으로 번역한 소설')이다. 원작은 한문이지만, 이것을 국문으로 번역한 것도 국문소설의 일종으로 보게 하는 용어이다. 창작국문소설을 좁은 의미의 국문소설이라고 한다면, 번역체 국문소설은 넓은 의미의 국문소설이라 할 수 있다. 이 개념을 도입함으로써 초기 국문소설로서 새롭게 주목한 작품들이 몇 가지 있다. 한글 창제와 허균의 <홍길동전> 사이에는 170여 년의 공백이 있다는 데 의문을 가지고, <홍길동전> 이전에 나온 한문서사물의 언해본을 '넓은 의미의 국문소설'로 보자고 한 선배 학자들에 의해서 그 작품들이 제시되었다. 예컨대 사재동 교수는 세종·세조 대의 국문불서류에 실린 <안락국태자전>이나 <목련전> 등을 (형성기) '국문소설'로 규정하였으며, 황패강 교수는 명종 때의 승려 보우의 <왕랑반혼전> 국문본을 '최고(最古)의 국문소설'로 규정한 바 있다. 학계의 반응을 보면, 이들이 국내 창작물이 아닌 데다 소설로 볼 수 없기에 인정하기 어렵다는 것이 중론임을 알 수 있으나 여전히 고소설 논저 중에는 이들 작품을 포함시켜 다루는 경우가 많다. 그런데 <설공찬전>은 어떤가? 분명히 원작이 우리 작가의 손으로 창작되었으며, 소설임이 분명하다. 그러므로 불경언해류까지를 국문소설로 인정하는 견해에서 본다면, <설공찬전> 국문본은 자격 요건을 확실하게 갖추고 있는 국문소설인 셈이다.

우리 고소설의 역사에서, 현전하는 기록을 통해서 보았을 때, 이 번역체 국문소설이야말로 '독자에게 국문으로 읽히고 들려진 최초의 소설'이다. 김시습의 <금오신화>는 최초의 소설임에는 분명하지만 한문표기였기에 국문만 아는 민중에게는 그림의 떡에 불과하였고 상층 사대부만이 향유할 수 있었다. 한문이기에 읽어준다 해도 어순이 우리말과 달라 민중은 수용할 수가 없었다. 그러나 1511년경에 이루어져 광범위하게 유통된 <설공찬전> 국문본은 한글을 아는 사람이라면 누구든지 읽을 수 있었고, 우리말을 아는 사람이라면 그 낭독하는 것을 들어 충분히 수용이 가능했던 작품이라는 점에서 소중한 가치를 지닌다. 이는 마치 서구에서, 라틴어 성경만 존재하던 중세에는 일부 사제계급만이 성경을 읽고 들을 수 있다가, 마르틴 루터가 독일어로 성경을 번역함으로써 비로소 독일 민중 모두가 성경 내용을 직접 읽고 들어 종교개혁의 속도가 가속화되었던 것과도 같다. 비록 원작이 한문이지만 국문만 아는 우리 나라 민중이 소설을 접한 최초의 경험은, 현전 기록으로는 <설공찬전> 국문본이지, 40여년 이전에 창작된 김시습의 한문소설 <금오신화>도 아니고, 채수의 창작한문소설인 <설공찬전> 한문 원작도 아니다, <설공찬전> 국문본을 통해서 이루어졌다. 다음 절에서 언급하겠지만, 일반 민중이 창작국문소설을 접하는 것은 <설공찬전> 국문본 이후 20년이 지난 1531년경의 <오륜전전>에 가서야 가능하였다. 그때까지는 우리 민중은 번역체 국문소설만 접할 수 있었다. 한글만 아는 독자의 견지에서는, 이 번역체 국문소설이야말로 최초의 소설로 받아들여졌고 기능을 했다고 보아도 무방하리라 생각한다.

그런데 번역체 국문소설이라는 것도, 개념상으로는 명확한 것 같지만, 원작이 한문이라는 확증이 있는 상태에서만 사용이 가능한 말이다. 하지만 앞에서 거론한 것처럼, 고소설 유통의 실제를 들여다보면, <한문→국문→한문>, <국문→한문→국문>과 같이, 소설 상호간에 빈번한 교류와 전환이 이루어졌기에, 지금 우리가 대하는 특정 이본의 원작이 어느 단계의 것인지, 한문이었을지 국문이었을지 확증할 수 없으므로, 특정 작품을 번역체 국문소설이라고 말하기는 매우 조심스러운 일이다.

3. 제3 개념의 국문소설('국문본소설' 혹은 '이본의 표기문자가 국문인 소설')과 해당 작품

여기에서 국문소설의 제3의 개념을 상정할 필요가 있다. 이는 필자가 새롭게 제안하는 것으로서, 이본중심, 독자중심으로 접근하는 개념이다. 이본중심으로 보았을 때 국문소설이란, 원작이 어떤 형태의 글이었든, 창작본에서 파생되었든 번역본에서 파생되었든, 우리 눈앞에 있는 이본들의 표기문자를 보아, 국문으로 되어 있으면 국문소설(혹은 국문본소설)이다. 이렇게 보면 헛갈릴 게 전혀 없다. 원작이 전하지 않는 고소설의 현실을 충실하게 반영하는 실사구시적인 태도이기도 하다. 독자중심으로 보자면, 독자에게 국문으로 읽혀진 소설이 국문소설이다. 그 원천이 그 어떤 형태의 것이었는 상관없이, 특정 독자에게 실제로 읽혀진 그 이본의 표기형태가 국문이었다면 국문소설로 보자는 것이다.

독자는 어떤 작품을 읽을 때 그것이 원작인지 아닌지 따지지 않는다. 요즘말로 말해서 초판인지 재판인지 1쇄인지 60쇄인지는 별로 고려하지 않는다. 마찬가지로 고소설의 독자들도 자기가 읽는 작품이 원작인지 이본인지, 한문소설인지 국문소설인지 따지지 않고 읽는다고 보아야 한다. 예컨대 <설공찬전>의 경우, 국문본을 읽는 하층민들은 그 원작인 한문본 <설공찬전>에 대해서는 전혀 의식하지 않고 읽었을 것이다. 마치 요즘 우리가 국문 성경책을 읽으면서, 원작인 헬라어나 히브리어 성경책을 의식하는 일은, 일부 성서신학자를 제외하고는 없는 것과 같은 이치이다.

이 제3의 개념과 동일한 방식으로 소설을 분류하는 시도가 학계에서 실제로 이루어진 바 있다. 최근에 김흥규 교수팀에 의해서 이루어진 한국한문소설목록 작성 작업 결과를 보면, 원작이 국문소설로 알려진 작품일지라도, 특정 이본이 한문으로 표기되어 있으면, 이들 모두를 '한문소설'로 보아 그 목록에 포함하고 있다. 필자가 보기에 바람직한 처리라 생각한다. 이른바 창작한문소설만 선택하려고 했다면, 그 작업은 아마 아직도 이루어지지 못했거나, 실증적 연구를 통해서 확증된 극히 일부의 작품만 가지고 목록을 작성하고 말았을 것이다. 하지만 이본의 표기문자를 기준으로, 과감하게 처리했기에 그 목록이 완성되었다고 생각한다. 김흥규 교수팀의 발상을 한국국문소설목록 작성 작업에 적용한다면, 당연히 원작이 어떤 형태의 것이었든, 이본이 국문본으로 존재하면 모두 국문소설로 분류해 목록에 올려야 마땅하다.

이상에서 세 가지 경우의 국문소설 개념을 상정해 보았다. 이중 어느 것 하나만이 절대적인 의의를 지니는 것은 아니다. 그 어느 것으로도 설명하기 어려운 것이 우리 고소설의 실상이기 때문이다. 따라서 그때 그때의 필요에 따라 이들 개념 중에서 취사선택 혹은 절충하는 융통성을 발휘하는 게 현명하다고 생각한다. 이제부터는 원작이 한문인지 국문인지 밝혀지지 않았거나 밝힐 수 없으면서도, 아주 자명한 것인 양 특정 작품을 창작한문소설이나 창작국문소설로 명명하고 그 가치까지 규정하려는 태도를 지양했으면 하는 바람이다. 원작이 국문소설임이 명백하게 밝혀진 경우만 제1 개념의 국문소설로 규정하고, 비국문 원작이 선행하고 이를 국문으로 번역한 게 밝혀진 것은 제2 개념의 국문소설로, 여타 불분명한 것들은 모두 제3 개념의 국문소설 중의 하나로 규정해서 다루는 것이 바람직하다고 생각한다.

제 2 강

윤동주의 이른바 '서시'의 진실

- 시가 아니라 머리말 -

Ⅰ. 머리말

1999년 3월 1일에 초판이, 2002년에 증보판이 나온『사진판 윤동주 자필 시고전집』(민음사)(이하 '시고전집'으로 약칭함)은 윤동주 연구를 정상화하며 심화시킬 수 있는 계기를 마련해 주었다. 이 책이 나온 후, 이를 토대로 새로운 연구성과가 속속 제출되고 있다. 그 중에서도 <이런 날>이란 작품의 제목이 원래는 '矛盾(모순)'이었다가 고친 흔적에 주목해, 윤동주의 시대인식의 맹아 시기를 용정 광명중학교 시절까지 인상시킨 권오만 교수의 보고는 이 '시고전집'의 가치를 웅변한 것이라 할 만하다. 필자의 이 글도 이에 감발 받아 이루어졌다.

이른바 '서시'는 윤동주의 대표작으로 인정되고 있다. 이 작품만을 다룬 논문도 여러 편 나와 있다. 그럼에도 불구하고 아직 논의할 여지가 있다는 게 필자의 판단이다. 특히 제목에 대해서 그렇다.

우리가 알고 있는 이른바 '서시'의 제목이 원전과 다르다는 사실은, 오오무라 마스오에 의해 가장 먼저 제기된 바 있다. "<서시>라는 제목은 나중에 누군가가 붙인 것이고, 원래는 제목이 없었다."고 지적하였다. 그 뒤를 이어 홍장학과 박종찬도 이 사실을 강조하면서, 윤동주의 본의와는 달라진 것이라고 했다. 그간의 통념을 재고하게 하는 중요한 지적들인데, 현상만 지적했을 뿐 더 이상의 논의는 펼치지 않았다.

이 글에서는 오로지 이 문제, 이른바 '서시'의 제목이 윤동주의 '자필시고'에서는 어떻게 적혀 있는지 직접 사진을 제시하며 확인해 보고, 그 현상이 머금고 있는 의미가 무엇인지 해석해 보겠다. '자필시고'에 실린 이른바 '서시'의 원형이 윤동주 사후 모두 4차에 걸쳐 거듭 출판되면서 어떤 변형이 가해져 오늘에 이르고 있는지도 사진을 통해 추적하기로 하겠다. 이 작업을 통해, 윤동주가 제목도 없이 적은 글이 출판본의 판차를 거듭하면서 제목을 가지게 되고, 마침내 독립적인 시로 독자들에게 인식되는 과정이 드러나리라 기대한다. 이른바 '서시'의 제목 문제만 분리해 집중적으로 논의하는 것은 이 글이 처음이다.

II. 『윤동주 자필 시고전집』에서의 이른바 '서시' 제목의 원형

1. 이른바 '서시' 제목의 원형

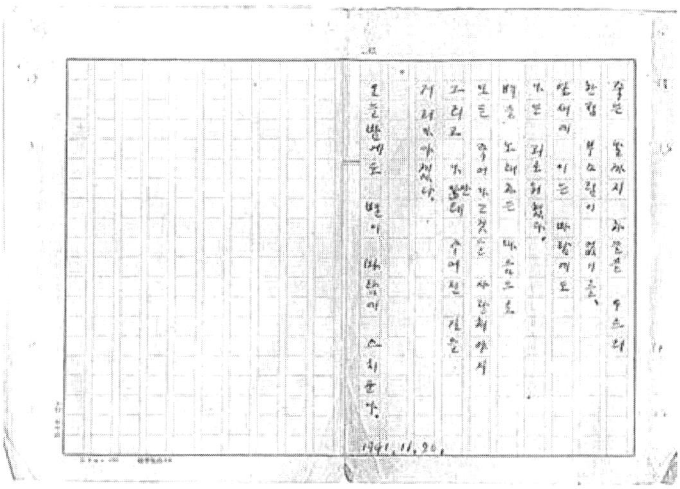
죽는 날까지 하늘을 우러러
한점 부끄럼이 없기를,
잎새에 이는 바람에도
나는 괴로워했다.
별을 노래하는 마음으로
모든 죽어가는 것을 사랑해야지
그리고 나한테 주어진 길을
걸어가야겠다.

오늘밤에도 별이 바람에 스치운다.

1941. 11. 20.

〈윤동주 '자필시고'에서의 이른바 '서시'의 원형〉

사진에서 보는 바와 같이, '자필시고'에서는 이른바 '서시'로 알려진 글에 아무런 제목도 달려 있지 않다. 이와는 달리 그 뒤에 바로 이어지는 시 <자화상>의 경우에는 명백하게 제목이 달려 있다. 요즘 우리가 원고지 쓰는 것과 마찬가지로, 제1행을 비우고 제2행의 한 가운데에 제목 '自畵像(자화상)'이라 쓰고, 다시 한 행을 비우고, 제4행에서부터 시의 본문을 적고 있다.

'자필시고'에 수록된 시들을 살펴보면, 모든 시가 예외없이 이런 식으로 적혀 있다.

> "동주는 시를 함부로 써서 원고지 위에서 고치는 일이 별로 없었다. 즉 한 편의 시가 이루어지기까지는 몇 달 몇 주일 동안을 마음 속에서 소용돌이치다가 한 번 종이 위에 적혀지면 그것으로 완성되는 것이었다."는 정병욱의 증언, "조용히 열흘이고 한달이고 두달
>
> 이고 생각하여서 한편 詩를 탄생시킨다. 그때까지는 어느 누구에게도 그 詩를 보이지를 않는다. 이미 보여주는 때는 흠이 없는 하나의 玉이다."라고 한 강처중의 증언을 보거나 '자필시고'의 필사 양상을 살펴보면, 윤동주는 이 글의 제목을 실수로 빠뜨릴 인물이 아니다. 더욱이 이 자필시고는 출판할 목적으로 정서한 것이니 더욱 그렇다.

제목을 미처 정하지 못해 그런 것일까? 그것도 아니다. 그랬다면 서두의 몇 행을 비워 놓았어야 한다. 하지만 윤동주는 명백하게 제1행부터 꽉 채워서 적었다. 원고지 여백이 부족한 것도 아니다. 날짜를 적은 다음 면이 공백으로 남아 있으므로, 제목을 적어도 충분하건만 윤동주는 이 글에 제목을 달지 않았다. 이 점을 주목해야 한다. 이 현상이 머금고 있는 의미는 무엇일까?

2. 이른바 '서시'에 제목이 없는 현상에 대한 해석

(1) 序의 전통으로 본 이른바 〈서시〉의 정체

주지하듯, 동양에서는 대부분의 책의 앞에 序(서)를 붙였다. 본문과는 구별되는 머리말로서, 전통적인 구분으로는 書序(서서)라고 하는데, 원래는 남이 쓰는 게 관례였다. 시집에도 마찬가지로 序(서)가 실리는 게 일반적이었다. 물론 스승이나 친분이 있는 사람한테 청탁하여 실었지 자기가 쓰지는 않았다.

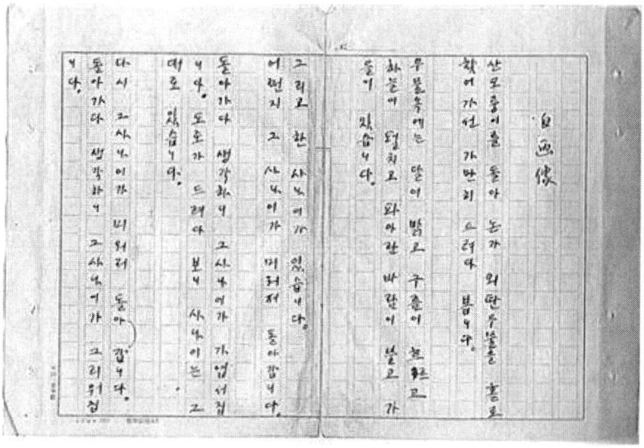

〈윤동주 '자필시고'에 실린 시 '자화상'의 원형〉

근대에 들어서면 양상이 달라진다. 남이 쓴 序(서)와 함께 自序(자서)가 새로 등장한다. 필자가 확인한 바로는, 근대 시집 가운데에서의 自序(자서)는 1924년에 나온 정독보의 시집 『혈염곡』, 1925년에 나온 김동환의 서사시집 『국경의 밤』, 1934년에 나온 황순원의 시집 『방가』, 1937년에 나온 박세영의 시집 『산제비』 및 이찬의 시집 『분향』, 1939년에 나온 이광수의 시집 『춘원시가집』, 이해문의 시집 『바다의 묘망』, 김기림의 시집 『태양의 풍속』 등에서 보인다. 윤동주가 이른바

'서시'를 지은 1941년 이전의 것들이다. 他序(타서)이든 自序(자서)이든 시집의 앞 부분에, 본문의 작품들과는 구분되어, 序(서)가 붙는 문학관습의 존재, 이것을 우선 주목할 필요가 있다.

윤동주도 이 관습을 알았을 것이다. 윤동주가 책을 아주 좋아하여, "방학 때마다 짐 속에서 쏟아져 나오는 수십 권의 책으로 한 학기의 독서의 경향을 알 수 있었습니다. (…중략…) 이리하여 집에는 근 팔백권의 책이 모여졌"다는 윤일주의 회고를 보면, 여러 책을 섭렵했을 윤동주가 序(서)의 전통을 몰랐을 리가 없다. 자필시고의 <부록>에, 박세영, 유치환, 이찬, 이용악 관련 자료가 수록되어 있는 점을 보아도 더욱 그렇게 여겨진다. 이들 시인들은 윤동주가 자필시고를 만들기 이전에 시집을 출판한 이들로서, 모두 序(서)가 붙어 있다. 이 셋 중에서 박세영, 유치환, 이찬의 시집은 自序이고, 이용악의 시집은 他序(타서)이다.

序(서)의 전통을 알았을 윤동주가, 자신의 시 가운데에서 일부를 선별하여 시집으로 출판하려는 계획을 세웠을 때, 문학관습을 따라 序(서)를 붙이는 것은 아주 자연스러운 일이다. 그래서 지은 것이 이른바 '서시'로 불리는 글이라고 필자는 생각한다. 이와 관련하여 앞에 든 정병욱의 진술을 주목할 필요가 있다. "이로 보아 알 수 있듯이 <별 헤는 밤>을 완성한 다음 동주는 자선 시집을 만들어 졸업 기념으로 출판하기를 계획했었다. <서시>까지 붙여서 친필로 쓴 원고를 손수 제본한 다음 그 한 부를 내게다 주면서 시집의 제목이 길어진 이유를 <서시>를 보이면서 설명해 주었다(밑줄 표시 : 필자)."는 진술이 그것인데, '<서시>까지 붙여서'라는 표현에 유의해야 한다. 정병욱도 이른바 '서시'를 독립작품으로서가 아니라 기존의 序로 인식했다는 것을 보여주는 표현이라 보이기 때문이다. 그렇다. 모든 序(서)의 본질은 '덧붙여진 것'이다. 한용운이 자신의 시집 『님의 침묵』의 序(서)를 '군말'이라고 달리 명명한 것과 같이, 정병욱도 이른바 '서시'를 序(서)로 본 게 틀림없다.

그랬기에 다른 시 작품들과는 달리, 제목이 붙어 있지 않은 것이라고 해석한다. 序(서)는 序(서)이되 그간의 관례와는 달리 산문이 아니라 시 형식으로 썼다. 산문이 아니라 시로 쓰다 보니, 글 쓰는 데에서 결벽한 윤동주로서, 전통적인 序(서), 다시 말해 산문 형식으로 된 序(서)의 관례에서 벗어난 자신의 그 글에다 '序(서)'나 '머리말'이라 명명할 수는 없었을 것이다. 또한 우리 독자들은 시집의 첫머리에는 대부분 序(서)가 실린다는 사실을 잘 알고 있으므로 굳이 序라고 제목을 달지 않아도 그 글을 序(서)로 인식하리라 판단해 그러지 않았을까?

이른바 '서시'를 독립작품이 아니라 序(서)로 쓴 게 윤동주의 의도였으리라는 점을 방증해 주는 또 하나의 근거가 있다. 이른바 '서시'의 내용은, 다른 작품들과는 달리, 독자적인 구조와 의미를 가지기보다는, 序(서) 일반이 그런 것처럼, 해당 시집에 수록된 작품들을 창작한 시인의 지속적이고 공통적인 관심 및 다짐을 드러내고 있기 때문이다. 이 글에 나오는 '하늘', '바람', '별', '시(노래)', '부끄럼', '괴로움', '죽음', '사랑' 등 8가지 주요 사항은 윤동주가 선택해 놓은 18편의 작품은 물론이고 윤동주의 다른 시들에 이미 숱하게 많이 등장한 어휘들이라는 게 밝혀져 있다. 자기 시의 지속적인 제재이자 테마가 이들 8가지 항목이며, 이들이 이루는 세계가 자신의 시이며, 시를 쓰는 작업을 계속해 나가겠노라 다짐한 것이 이른바 '서시'의 내용이라 하겠다. 아울러 序(서)에서 이렇게, 자신의 관심사 또는 다짐을 피력하는 일은 아주 흔한 일이다. 다만 윤동주는 이를 시의 형식을 빌어 표현했을 따름이다.

(2) 윤동주의 시 창작 관행으로 본 '이른바 〈서시〉'의 정체

윤동주의 자필시고를 면밀히 검토해 보면, 윤동주의 관행 두 가지가 확인된다.

첫째, 작품의 제목을 다는 데 철저하다. 예전의 시인들은 특별한 제목이 떠오르지 않으면 <무제(無題)>, <실제(實題)>, <유소사(有所思)>, <유감(有感)> 등 다소 모호하거나 제목이랄 것도 없는 제목을 달기 일쑤였는데, 윤동주는 다르다. 자칭 '습작기'에서부터 철저하게 모든 작품에 제대로 된 제목을 달고 있다. 시는 물론이고 산문에도 그렇게 하였다. 어떤 것들은 제목을 달았다가도 마음에 안 들었는지 수정한 흔적을 보여주고 있다. 이런 관행을 보이는 윤동주이기에, 이른바 '서시'에 제목을 달지 않았다는 것은 의미심장하다. 이 글을 독립된 시 작품으로 여기지 않았기에 그런 게 아닐까?

둘째, 앞에서 보인 <자화상>에서 보듯, 윤동주는 원고지에 시를 적을 때, 첫 칸을 절대 비워놓지 않고 꽉 채워 적는다. '자필시고'에 실린 다른 17편의 작품도 예외없이 그렇다. 그런데 이른바 '서시'는 그렇지 않다. 첫 칸을 모두 비워놓고 있다. 왜 그랬을까? 다른 18편의 시 작품들과는 구분하고 싶어서, 달리 말해, 이른바 '서시'를 독립된 시 작품으로 오인하지 말라는 표시로 그랬던 것이 아닐까? 필자는 그렇게 생각한다.

3. 원형을 반영한 시비(詩碑)의 사례

윤동주의 이른바 '서시'를 새긴 시비 가운데 '자필시고'의 원래 모습대로 처리한 예는 연세대학교와 일본 동지사대학의 것이다. 먼저 연세대의 시비부터 보자.

연세대의 윤동주 시비는 1968년 11월 2일 연세대 학생회와 문단 및 친지 등이 모금한 성금으로 연희전문학교 시절 윤동주가 기거하던 기숙사 건물 앞에 건립한 것인데, 윤동주의 자필원고 그대로 새긴 것 같으나, 자세히 보면 그렇지 않다. 제1행에서 '우르러'를 '우러러'로, 제8행의 '거러가야겠다'를 '걸어가야겠다'로 바꾼 것이 첫 번째 지적할 점이다. 맨 끝의 발표 시기 부분도 원전과 다르다. 아라비아숫자로 적은 원전과는 달리 한자로 바꾸어 적었으며, 맨 끝에 '東柱(동주)'라는 두 글자까지 적어 놓았기 때문이다. 원형을 모르는 독자들이 이 시비 만 볼 경우, 윤동주가 이 글을 쓸 때 한자로 발표시기를 적고 나서 자필 서명을 한 것으로 오해할 소지가 있게 해 놓았다.

그 다음으로 일본 동지사대학 교정에 세워진 <윤동주시비>를 보자. 이는 1995년 2월 16일 윤동주가 일본 유학시절 공부했던 동지사대(同志社大)에 세운 것이다.

〈연세대학교 교정에 세워진 윤동주시비〉

사진에서 보는 것처럼, 동지사대 교정의 윤동주시비는, 맨 오른쪽에 한자로 '尹東柱詩碑'라 새기고, 검은 바탕 위에 이른바 '서시'의 원문을 '자필시고'처럼 종서로 새기고, 왼쪽에 일본어 번역문도 함께 새겨 놓았다. 동지사대 윤동주시비는 자필시고 그대로 새겨, 일정 부분 변형을 가한 연세대의 것과 구별된다.

제1행의 '우르러', 제8행의 '거러가야겠다'는 표기가 그것을 가장 먼저 증명한다. 발표 시기도 자필시고처럼 횡서로 '1941.11.20'이라 아라비아숫자로 원전처럼 적어 놓았으며, 맨 끝의 서명도 없다. 원전을 최대한 존중한 시비라 하겠다.

〈일본 동지사대학 교정의 윤동주시비〉

III. 출판본 『하늘과 바람과 별과시』에서의 이른바 '서시'의 변형

1. 정음사본 제1판에서 제4판까지의 변형 양상

(1) 제1판(정음사, 1948년)의 경우

연희전문 졸업기념으로 '하늘과 바람과 별과 시'란 시집을 출판하려 한 윤동주의 희망은 이루어지지 못하고, 그 사후에 동생인 윤일주와 후배인 정병욱에 의해 1948년 1월 30일에 『하늘과 바람과 별과 시』 제1판이 발행되었다. 그런데 이 제1판은 원래 윤동주의 의도와 비교하면 세 가지 면에서 변형이 가해진 것이다.

첫째, 수록 작품 수가 늘어났다. 윤동주가 원래 실으려고 선별해 놓은 것은 18편의 작품이었는데, 이 제1판에는 12편의 작품이 추가되어 있다. 18편만을 대상으로 그 시집 제목을 '하늘과 바람과 별과 시'라고 명명하고자 했던 게 윤동주의 생각이었으므로, 이를 존중한다면 마땅히 18편만 출판했어야 하지 않을까? 12편의 작품을 추가하여 출판할 경우에는 그 제목을 달리했어야 하지 않을까? 예컨대 『윤동주 시집』이라고 해야 마땅하지 않았을까? 그렇게 하고 나서, 내용으로 들어가, 하나의 편명으로 '하늘과 바람과 별과 시'라고 했어야 하지 않았을까?

둘째, 본문에 들어가기 전에 쓴 문제의 그 글(이른바 '서시')에 원래는 제목이 없었는데, 제목을 부여하였다. 사진에서 보듯, 비록 괄호를 씌워 놓았지만 제목을 부여한 게 사실이다. 그 밑에는 "하늘과 바람과 별과 시"라는 제목을 또 하나 달아 놓았는데, 이도 ' 자필시고'에는 없던 것이다.

셋째, 윤동주의 이른바 '서시' 앞에 타인의 서문이 추가되었다. 윤동주는 남에게 부탁해 서문을 실으려는 생각이 없었다. 오로지 자신의 생각을 담은 自序(자서)만, 그것도 제목 없이 붙여 놓으려 했다. 그런데 제1판을 출판하면서 정지용의 序(서)를 받아다 수록하였으니 이것도 윤동주의 의사와는 무관한 일이라 할 수 있다.

넷째, 이른바 '서시'의 본문에서 몇몇 구절을 원형대로 하지 않았다. '나안테'를 '나한테'로, '거러가야겠다'를 '걸어가야겠다'로 바꾼 것이 그것이다. 표준어로 바꾼 것이라면 제1행의 '우르러'도 '우러러'로 바꿔야 할 텐데 '우르러'는 원전대로 하였다.

왜 이런 변형을 가했던 것일까? 세 가지 사항 중에서, 제목을 부여한 데 대해서만 추론해 보기로 하자. 제목이 없던 그 글에, 필자가 보기로는 序(서)인 그 글에다 왜 '序詩(서시)'라는 제목을 부여했던 것일까? 거기에는 윤일주의 주장이 작용한 듯하다. 윤일주가 쓴 「윤동주의 생애」란 글에서 "1941년 12월 연희전문을 졸업하고 새로 맞춘 곤색 더블 신사복을 입고 집에 돌아왔을 때 19편으로 된 자선 시집 '하늘과 바람과 별과 시'의 원고를 갖고 왔었다. 원고용지에 정서하여 제본한 것의 첫장을 넘기면 '서시(序詩)'란 제목이 확실히 있었고(지금 서울에 있는 서시 원고에는 제목이 없다)"라고 한 것을 보면, 제1판을 낼 때, 강력하게 이 사실을 주장했을 가능성이 높다. 그렇지만 윤동주가 따로 보관했다는 '자필시고'의 실물이 없는 상태에서 윤일주의 주장을 액면 그대로 받아들일 수 없어 고육책으로 나온 게 괄호 처리를 하여, '(序詩)'라 적는 것이지 않았을까?

(序 詩)

"하늘과 바람과 별과 詩"

죽는 날까지 하늘을 우러러
한점 부끄럼이 없기를,
잎새에 이는 바람에도
나는 괴로워했다.
별을 노래하는 마음으로
모든 죽어가는것을 사랑해야지
그리고 나한테 주어진 길을
걸어가야겠다.

오늘밤에도 별이 바람에 스치운다.

(1941. 11. 20)

〈제1판(1948년)에서의 이른바 '서시'의 변형〉

그런데 그 밑에 따로 달린 "하늘과 바람과 별과 시"란 제목은 어떻게 해서 나온 것일까? 이 문제는 이 시집의 원래 제목이 '病院(병원)'이었다는 사실과 연관된다고 본다. 정병욱의 관련 회고는 이렇다.

> "이 자선 시집에 실린 19편의 작품 중에서 제일 마지막에 쓴 시가 〈별 헤는 밤〉으로 1941년 11월 5일자로 되어 있다. 그리고 〈서시〉를 11월 20일에 쓴 것으로 되어 있다. 이로 보아 알 수 있듯이 〈별 헤는 밤〉을 완성한 다음 동주는 자선 시집을 만들어 졸업 기념으로 출판하기를 계획했었다. 서시까지 붙여서 친필로 쓴 원고를 손수 제본을 한 다음 그 한 부를 내게다 주면서 시집의 제목이 길어진 이유를 서시를 보이면서 설명해 주었다. 그리고 처음에는(서시가 되기 전) 병원이라고 붙일까 했다면서 표지에 연필로 '병원'이라고 써 주었다. 그 이유는 지금 세상은 온통 환자투성이이기 때문이라 하였다. 그리고 병원이란 앓는 사람을 고치는 곳이기 때문에 혹시 이 시집이 앓는 사람들에게 도움이 될 수 있을지도 모르지 않겠느냐고 겸손하게 말했던 것을 기억한다(정병욱, 「잊지 못할 윤동주의 일들」, 『나라사랑』 23, 외솔회, 1976. 6. 140쪽)."

정병욱의 회고에 의하면, 윤동주는 18편의 시를 모아서 내려고 한 이 시집의 제목을 '病院(병원)'이라고 달려고 했는바, '병원'은 본문에 수록된 개별 작품의 제목이기도 하다. 이렇게 시집에 수록된 작품 가운데에서 한 편의 제목을 골라, 이를 그 시집의 제목으로 삼는 일도 문학계에서는 흔한 일이다. 윤동주가 이 시집을 내려고 했던 1941년 11월 이전에 나온 것들만 적어도, 서정주의 『화사』, 이하윤의 『물레방아』, 김광섭의 『동경(憧憬)』, 윤곤강의 『만가(輓歌)』, 장정심의 『금선(琴線)』, 김소월의 『진달래꽃』, 정지용의 『백록담』등이 그 예이다. 그러므로 윤동주가 이런 관례를 따라 이미 쓴 작품 중에서 하나를 골라 시집명으로 겸용하려고 한 것은 자연스러운 일이다.

그랬다가 생각이 바뀌어 이른바 '서시'를 썼고, 정병욱의 회고대로 "<서시>까지 붙여서 친필로 쓴 원고를 손수 제본한 다음 (…중략…)

시집의 제목이 길어진 이유를 <서시>를 보이면서 설명"했다. 왜 시집 제목이 '하늘과 바람과 별과 시'인지 이른바 '서시'를 들어 설명했다는 것이다. 이른바 '서시'에 나오는 '하늘', '바람', '별', 그리고 '노래'라는 말을 발췌하여, 시집 제목을 삼았다는 사실을 설명했다는 말일 것이다. 이런 과정을 잘 알고 있었기에, 정병욱은 '병원'이란 시집 제목이 독립작품인 <병원>의 겸용인 것과 마찬가지로, 이른바 '서시'에서 시집 제목인 '하늘과 바람과 별과 시'가 나왔다면, 이른바 '서시'의 제목도 <하늘과 바람과 별과 시>라고 하는 게 타당하다고 여겼으리라.

하지만 그 글이 독립적인 시 작품은 아니고 序(서)라는 사실을 알고 있기에, 윤일주의 주장을 반쯤 받아들여 '(序詩)'라고 하되, 그 밑에 작은 글자로 "하늘과 바람과 별과 시"라고 적어 놓은 것이리라. 序를 적으면서 '序'라고 하지 않고 따로 제목을 달아두는 전례가 있다는 것도 알아 그렇게 했으리라. 또한 (序詩)라는 표현을 했지만 이때 강조점은 '序(서)'에다 두고 썼으리라. '序'시라는 의미로 썼던 것이리라. '序詩(서시)'라는 용어는, 이 글이 산문으로 썼다면 마땅히 序(서)나 序文(서문)이라 적어야 하겠지만 명백히 詩로 썼기에, 序文과 대비되는 개념을 찾다 보니 선택된 것이었으리라.

(2) 제2판(정음사, 1955년)의 경우

제1판이 나온 지 7년 만에, 윤동주 10주기를 기념하여 89편의 시와 4편의 산문을 엮어 제2판이 출판되었다. 이때는 제1판에 실렸던 정지용의 서문과 강처중의 발문이 제외되었다. 두 사람이 좌익 인사였기에 6·25를 막 겪고 난 상황에서 불가피한 일이었다. 차례가 맨 뒤로 옮겨지는 변화도 일어났다. 지금은 거의 모든 책의 차례가 앞에 오지만, 그 당시에는 뒤에 놓이기도 했으니 특별한 의미를 지니는 변화는 아니라 할 수 있다. 제1판과는 달리 앞 에 윤동주의 사진이 실리는 변화도 있었다. 학생복 차림의 사진과 학사모를 쓴 사진 등 두 장이 실렸다.

제2판에서 일어난 가장 큰 변화는 이른바 '서시'가 제1판에서는 '(序詩)'라고 괄호 처리한 다음 그 밑에 "하늘과 바람과 별과 시"라는 별도의 제목(부제)을 달아주고 전체에 점선으로 둘러싸 놓았으나, 괄호를 벗겨내 '序詩'라고 하면서 "하늘과 바람과 별과 시"라는 부제도 삭제해 버렸으며, 이 글 전체를 둘러쌌던 점선도 없앴다. 제1판인 1948년판을 모르는 사람들이 이 제2판을 볼 경우, 윤동주가 원래부터 이 글의 제목을 '序詩'라고 달아서 발표한 줄로 오인할 소지가 마련되었다 하겠다. 이른바 '서시'가 독자들에게 독립작품으로 인식되기 시작한 단초가 이 제2판에서부터 비롯되었다는 게 필자의 판단이다. 윤동주의 본의는 이 글을 序로 쓴 것인데, 편집자에 의해, '序詩'란 제목이 붙고, 글을 싸고 있던 점선도 사라지면서, 序詩에서 序의 의미보다는 詩에 더 무게중심이 실려 인식되는 변화가 초래되기 시작했다고 생각한다.

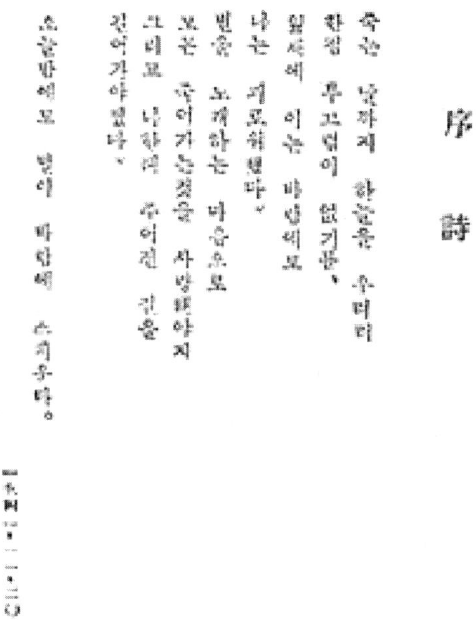
序詩

죽는 날까지 하늘을 우러러
한점 부끄럼이 없기를,
잎새에 이는 바람에도
나는 괴로워했다.
별을 노래하는 마음으로
모든 죽어가는것을 사랑해야지
그리고 나한테 주어진 길을
걸어가야겠다.

오늘밤에도 별이 바람에 스치운다.

一九四一·一一·二〇

〈제2판(1955년)에서의 이른바 '서시'의 변형〉

또 하나의 변화는 원전이나 제1판과는 달리, 제1행의 '우르러'를 '우러러'로 바꾼 것이다. 표준어로 바꾸는 원칙을 일관되게 적용해 일어난 변화라 하겠다. 본문의 표기는 이 제2판의 것이 그 다음의 판에도 계속 이어진다.

(3) 제2판의 중판(1967년)의 경우

1967년 2월, 백철, 박두진, 문익환, 장덕순의 글을 1955년판의 말미에 수록하고 판형을 바꾸어 새로 간행하였다. 위에 든 4인의 글이 첨가된 것 외에, 시 본문을 비롯하여 다른 것은 제2판과 동일하다.

(4) 제3판(정음사, 1976년)의 경우

1976년 7월 15일, 그 동안 게재 유보했던 시 작품 23편을 추가하여 새로 간행하였다. 사진도 여러 장이 추가되었다. 북간도의 명동 소학 시절, 연희전문 시절, 평양숭실중학교 시절, 연희전문 시절 강화도에서 농구 경기를 끝내고, 서시의 친필 원고, 고향에 돌아와서 친척들과 함께 찍은 마지막 모습, 중학시절의 습작집, 연희전문 시절의 습작집, 연세대 캠퍼스에 세워진 윤동주 시비 등의 사진 자료가 그것이다.

하지만 이른바 '서시'를 비롯해 다른 사항은 제2판 및 제2판의 중판과 동일하다.

(5) 제4판(정음사, 1983년)의 경우

1983년 10월 10일 '개정판'이란 이름으로, 몇 장의 사진 자료를 추가하였다. 연희전문 시절 졸업 무렵 정병욱과 함께, 윤동주가 읽던 영어 성경, 윤동주 묘비, 일제의 판결문, 자선시고집 표지, 1948년도 초판 및 1955년도판 시집의 표지, 최초의 작품과 마지막 작품의 사진, 윤동주가 옥사한 후쿠오까 형무소 1950년대 사진 등의 자료가 그것이다. 윤동주 연보도 일부 수정하였다. 작품 수 면에서는 1976년판과 동일하나, 모두 6부로 되어 있던 제3판과는 달리 7부로 재편성하여,

제1부의 '하늘과 바람과 별과 시'만 그대로 두고, 나머지는 일정한 원칙에 입각해 배열을 달리 하고 있다.

이 제4판에서는 처음으로 '편집의 의도'라는 항목을 첫머리에 두어, 편집 원칙을 밝혀 이 개정판을 이해하는 데 도움을 주고 있다. 그런데 그 서두에서 "제1부는 고인이 1941년말, 연희전문학교 졸업기념으로 출간하려다 뜻을 이루지 못한 자선(自選)시고집 '하늘과 바람과 별과 시'를 그대로 실은 것이다. 다만 <서시>는 책 머리에 옮겼다."라고 하였는데, 문제가 있는 서술이다. 여기에서 자선시고집이란 말할 것도 없이 정병욱 교수가 소장하고 있던 텍스트일 텐데, '그대로 실은 것'이라면 이른바 '서시'에 제목이 없었다는 사실을 알렸어야 하지만 그렇게 하지 않았다. 또 하나, 이른바 '서시'를 "책 머리에 옮겼다"고 했는데, 자필시고집 자체에서부터 책머리에 놓여 있던 것인데, 새삼스럽게 '옮겼다'고 함으로써, 독자로 하여금, 원래는 본문에 들어 있던 시 작품인데, 편집자가 이를 본문에서 빼어다 책 머리에 옮겨놓은 것으로 오인하게 만들었다.

이상, 정음사에서 낸 판본 네 가지는, 수록 작품의 수가 점차 늘어나는 변화는 보이지만, <서시>에 관한 한 공통된 편집 원칙을 고수하고 있어 주목된다. 본문의 시들과는 구별해, 따로 맨 앞에 두며, 이를 차례에도 보인다는 점이다.

제1판인 48년도 본에서는 위에 보인 것처럼 아예 테두리를 둘러서 본문의 시들과는 성격이 다르다는 것을 보였고, 제2판인 55년본에서는 <서시> 다음의 페이지를 백면 처리하되 '1'이란 숫자를 적어 놓아, 거기에서부터 제1부가 시작된다는 것을 표시했다. 제3판인 76년본에서는 <서시> 다음 페이지는 비워두고 그 다음에 차례를 실어 본문과 구분하게 해 놓았다. 그렇게 함으로써, 독자들이 이 글을 본문의 다른 작품들과는 달리, '序'시, 그야말로 독립작품은 아닌, 이 시집의 첫머리에 놓이는 序로서의 시 또는 서문 구실을 하는 시로 이해하기를 바랐던 것으로 여겨진다.

하지만 후술하겠거니와, 정음사가 아닌 다른 출판사의 것들은 이 원칙을 무시하는 경우가 많다. <서시>를 본문의 시들과 구분하지 않고, 섞어 놓고 있다. 결과적으로, 독자들이 <서시>를 독립작품으로 오해할 소지를 만들었다 하겠다.

2. 정음사 출판본의 판차와 연구자들의 이른바 '서시' 인식과 이 관련 양상

앞에서, 정음사에서 낸 판본들의 양상을 자세히 살폈는데, 각 판본이 이른바 '서시'를 어떻게 편집해 실었는가가 독자는 물론 윤동주 연구자들에게 밀접한 영향을 미쳤다고 필자는 판단한다. 그 점에 대해 논의하고자 한다.

제1판인 1948년본에서는 이른바 '서시'를 '(序詩)'라고 처리하는 한편 "하늘과 바람과 별과 시"라는 부제까지 다는가 하면, 그것도 모자라 그 글 전체에 점선을 둘러놓아, 그 글이 본문의 시들과는 구분된다는 사실을 표시해 놓았다. 최대한 원전을 존중하려 노력한 것이다.

그 노력의 결과일까? 제1판에 실린 정지용의 序를 보면, 윤동주의 시사적 가치에 대해 발언하면서 이른바 '서시'는 일체 언급하지 않고 있다. 다만 <쉽게 씌어진 시>, <십자가>, <팔복>, <소년>, <사랑스런 추억>이 다섯 작품만 거론하고 있다. 정지용이 보기에, 이른바 '서시'는 독립작품 즉 시로 여기지 않았기 때문이 아닐까? 序로 본 것이 아닐까?

정지용에 이어, 윤동주의 시를 다룬 고석규의 평론이 1953년 9월에 발표되는데, 이 글에서도 이른바 '서시'는 언급되지 않는다. <소년>, <병원>, <무서운 시간>, <새벽이 올 때까지>, <간>, <별 헤는 밤>, <또 다른 고향>, <돌아와 보는 밤>과 함께 습작기의 작품인 <못 자는 밤>, <거리에서>까지 모두 10편이나 다루면서도 끝내 <서시>에 대해서는 침묵하고 있다. 왜 그럴까? 고석규 역시 제1판에 근거하여 이른바 '서시'를 독립 작품으로 여기지 않았던 게 아닐까? 더욱이 고석규는 앞에서 지적한 대로 다른 육필 원고들도 열람한 인물이므로 자필시고를 보았을 가능성이 큰바, 그렇다면 제목이 없다는 사실도 알았을 터이니 시 작품으로 거론할 리가 만무하였으리라.

이 대목을 조금 부연해 보자. 고석규가 제1판 『하늘과 바람과 별과 시』는 물론 중학시절의 원고인 『나의 습작기의 시 아닌 시』(〈못 자는 밤〉, 〈돌아와 보는 밤〉, 〈거리에서〉) 및 『산문집』(〈종시〉)에 이어, 낱장 상태로 보관되어 온 유학 이전의 습유작품들(〈못 자는 밤〉)까지 보았다는 것을 이 글을 통해 알 수 있는바 매우 흥미로운 사실이다. 그간 일본인 오오무라 마스오가 자필시고를 처음 열람한 인물로 알려져 있는데, 고석규가 먼저였음을 알 수 있다. 『하늘과 바람과 별과 시』 제1판이 출판된 때가 1948년 1월인데, 같은 해 12월에 "윤동주의 누이 윤혜원이 윤동주의 중학시절 원고를 갖고 고향에서 서울로 이주하"였고, 고석규의 글이 1953년 9월에 발표된 것을 보면, 그 어간에 고석규가 윤동주 가족의 배려 아래 세상에 아직 알려지지 않은 이들 원고들을 보았던 것으로 추정된다. 1986년에 일본인 오오무라 마스오가 보기 무려 30년 이전에 본 셈이다.

고석규에 이은 두 번째 윤동주론은 김용호의 글인데, 거기에서도 이른바 '서시'는 거론되지 않는다. <별헤는 밤>, <간>, <십자가>, <자화상>, <무서운 시간>, <병원>, 또 다른 고향> 등만 언급하고 있다. 왜 그럴까? 제1판만 유통되던 시기에 작성된 글이라 그랬던 것으로 필자는 이해하고 싶다.

그런데 제2판이 1955년에 출판되고, 거기에 백철, 박두진 등의 평설이 첨가된 1967년의 중판이 나오면서부터 양상이 달라진다. 1960년에 발표된 이상비의 평론 「시대와 시의 자세－윤동주론」에서 비로소 이른바 '서시'가 부각되기 시작한다. "내가 너무 가벼운 단언이라 싶지만 이 <서시>는 이미 그 속에 管略(관략)하게나마 시와 인간과 시인 전반에 대한 이야기가 함께 어울려 거의 완전하다할 明示(명시)가 들어있는 뒤쪽엔 이미 그의 숙명적인 短命(단명)이 재빠르게 등대하고 있었던 것이다. 이 <서시> 한 편으로 윤동주는 이미 시인으로서의 천명을 감수했고 그리고 그속엔 聖者的(성자적) 길에로의 뚜렷한 선택이 나타나 있다."라고까지 극찬하였다.

관심 밖에 있던 이른바 '서시'가 왜 갑자기 이상비에 와서 부각된 것일까? 제2판의 영향이 크게 작용했다고 본다. 이상비는 위의 글 서두에서 "1955년 3월 16일 발행의 정음사판 유고집 『하늘과 바람과 별과 시』가 없었던들"이라고 하여, 분명히 제2판을 텍스트 삼아 글을 썼다는 것을 보여주고 있다. 제1판과 달리 이른바 '서시'에 완전한 제목을 부여하여 출판한 제2판의 영향력이 독자 및 연구자에게 작용하기 시작했음을 시사하는 것이라 하겠다.

이상비 다음에 나온 것이 김열규의 「윤동주론」이다. 다른 작품 가운데 제2판에 처음 수록된 산문 <달을 쏘다>가 들어있는 것으로 미루어 김열규도 이상비와 마찬가지로 제2판 『하늘과 바람과 별과 시』를 텍스트로 삼은 게 분명한데, 이른바 '서시'의 서두를 인용한 후, "이 속에는 그의 지나친 결벽증의 이면이기도 한 죄업망상이 있다. 풀잎의 움직임 하나도 자기의 죄업의 그늘을 흔들어 놓는 것이다. 하늘과 바람과 별과 함께 풀잎도 그의 죄업의 그늘을 비치는 큰 눈망울인 것이다. 객관을 객관으로서는 더 이상 볼 수 없는 것이다."라고 해석하였다. 김열규 역시 제2판을 따라, 이 글을 독립작품으로 다루고 있는 셈이다.

이와 같은 양상은 박두진의 글에 오면 더 강화된다. 이른바 '서시'에 대한 적극적인 평가가 이루어진다. 이른바 '서시'의 전문을 인용한 다음, "어느 한 편을 따 보아도 그의 시에는 고고한 품격과 지순한 인간성, 강직한 지조, 투철한 지성의 번뜩임이 윤택한 서정에 싸여 생명적인 구상(具像)을 이루고 있다. 시와 사상, 사상과 지조, 그리고 시와 생애가 촌분의 괴리도 있을 수 없이, 그의 서정정신과 저항정신이 한 줄기 순절에의 희생으로 일철화(一徹化)함으로써 하나의 영원한 비극적 아름다움을 이루어 놓고 있다."고 하였다. 박두진은 <십자가>를 대표작으로 꼽고 있기는 하지만 이른바 '서시'에 대해서도 이렇게 높은 가치를 부여하고 있다. 이른바 '서시'를 독립작품으로 적극 평가한 사례라 하겠다. 박두진의 위상에 비추어 볼 때, 제2판의 중판에 실린 박두진의 '서시' 평가는 그 다음 사람들에게 상당한 영향을 미쳤으리라 예견되는데, 그 이후의 학자들은 이 글을 당연히 윤동주의 다른 시와 동질적인 시 작품의 하나로 인식하는 양상을 보이고 있다.

김윤식·김현의 『한국문학사』에서의 평가도 박두진의 글과 함께 뒤의 연구자들에게 일정한 영향력을 행사했으리라 여겨진다. "1941년의 일제치하에서 이런 각오의 시가 쓰여질 수 있다는 것은 하나의 기적이다."라 극찬하였기 때문이다. 그런데 그 각주를 보면 김윤식과 김현이 참고한 텍스트가 『하늘과 바람과 별과 시』의 제1판이 아니라 제2판(1955년)임을 알 수 있다. 제2판이 끼친 파장이 얼마나 큰지 다시 한번 확인할 수 있다 하겠다.

제1판에서 제4판까지, 편집자들은, 그 정도의 차이는 있지만, 이른바 '서시'를 '序로서의 시' 즉 '序'詩로 읽어주기를 바랐던 것이나, 독자들은 序보다는 '詩'에 더 무게중심을 두어 序'詩'로 읽고 이해하면서, 마침내 이른바 '서시'를 독립작품으로 인식되는 상황이 야기되었던 것이 아닌가 여겨진다. 이 과정에 대해 진지하게 검토할 기회가 없는 채 널리 회자되어 우리나라 사람들의 으뜸가는 애송시가 되어 오늘에 이른 것이라 하겠다.

3. 여타 출판사본들의 경우

정음사가 아닌 여타 출판사에서 낸 윤동주시집들에서 이른바 '서시'를 어떻게 다루고 있을까? 두 가지 유형으로 나누어진다. 시집의 첫 머리에 수록한 경우와 중간에 수록한 경우가 그것이다. 정음사판에서는 시집의 첫 머리에 수록하는 것을 원칙으로 삼았다는 것을 위에서 확인하였다. 제목에 괄호를 씌웠다가 벗겼다든지, 부제를 붙였다 떼었다 했다든지, 미묘한 차이를 보이기는 했으나, 어떻게 해서든 본문의 시들과는 구분할 수 있도록 배려한 것을 알 수 있다.

하지만 다른 출판사본들은 이 원칙을 어겼다. 이른바 '서시'를 맨 앞에 두는 경우라 하더라도 본문의 작품들과 구분된다는 어떤 표시도 해설도 달지 않은 채, 본문의 첫 작품으로 제시하고 있다. 예컨대 1979년 인물연구소에서 출판한『하늘과 바람과 별과 시』가 그렇다. 이 시집의 차례를 보면 다음과 같다.

일러두기

1. 하늘과 바람과 별과 시

 序詩(서시)

 自畵像(자화상)

 少年(소년)

 눈오는 地圖(지도)

이 책은 총 6부로 구성되어 있는데, 제1부에는 윤동주의 자선시집『하늘과바람과 별과시』를, 2부에는 동시, 3부에는 전기시(前期詩), 4부에는 중기시(中期詩), 5부에는 만년시(晩年詩)를 수록하고, 6부에는 산문을 실었다. 따라서 정음사에서 낸 체재를 따라 1부를 구성하되, 정음사본들과는 달리, 일반 시들과 동렬에 놓고 있다. 실제로 페이지도 바로 이어진다.

1994년 홍진문화사『윤동주시집』에서는 81편을 수록하였는데, 맨 처음에 <태초의 아침>을, <서시>는 41번째로 실려 있다. 편집 기준이 무엇인지 밝혀 놓지도 않았다. 창작 시기 순서도 아니다. 무책임한 편집이라 할 수 있다. <서시>가 독립작품화하여 있다.

표제를 '하늘과 바람과 별과 시'라고 단 경우에는 비록 서시를 본문과 구분하지는 않더라도 맨 첫 머리에 오게 하는데, 책 제목을 '하늘과 바람과 별과 시'라 하지 않고, 다른 제목으로 단 것들은 <서시>의 위치마저 옮겨 놓아, '서시'라는 제목을 무색하게 하고 있다. '서시'의 본래적인 뜻이 망각된 채 독립작품이란 인식이 널리 퍼졌음을 확인시켜 준다 하겠다. 『표준국어대사전』에서 '서시'를 풀이한 내용은 다음과 같다.

「1」 책의 첫머리에 서문 대신 쓴 시. ≒ 머리시 「2」 · 프롤로그02「1」.
「2」 긴 시에서 머리말 구실을 하는 부분. ≒머리시「3」.
「3」 윤동주가 1941년에 지은 시. 그의 시집인 ≪하늘과 바람과 별과 시≫에 실려 있다.

이 중 첫 번째와 두 번째가 '서시'의 원래 개념일 텐데, 윤동주의 시집은 서사시집이 아니므로 두 번째 개념도 해당되지 않는다. 오직 첫 번째 개념이 '서시'의 원래 개념이라 할 수 있다.

원본대조 윤동주전집 하늘과 바람과 별과 시(연세대학교 출판부, 2004)에서는 원본과 대조한 것인데도 아무런 설명도 없이 '서시(序詩)'라고 적고 있어 독자들이 오해할 소지가 있다.

이처럼, 제2판 이후, 이른바 '서시'는 더 이상 序로 씌어져 시집의 첫머리에 붙여진 글이 아니라, <십자가>나 <참회록>처럼 본문의 다른 시와 동질적인 작품으로 수용되고 있다. 일반 독자는 물론이고 전문 연구자들조차도 이에 대해 의심하지 않는 상황이다.

(2) 변형을 반영한 시비(詩碑)의 사례

서울 종로구 부암동에는 윤동주시인의 언덕이 조성되어 있다. 윤동주가 연희전문 시절 정병욱과 함께 이 동네에서 하숙하였던 것을 기념하여 만들었는데, 거기에 윤동주 시비가 건립되어 있고, 이른바 '서시'가 새겨져 있다.

앞에서 검토한 연세대나 동지사대 교정의 시비와는 달리 '서시'라는 제목을 달았고, 제1행에서 '우러러', 제8행에서 '걸어가야겠다'라고 적어 원전과는 다소 거리가 있다. 맨 끝의 집필시기 부분을 원전과 같이 아라비아숫자로 적어 놓았으나, '尹東柱(윤동주)'라고 적어 놓아, 마치 윤동주가 이 시 끝에 서명을 한 것으로 오인하게 되어 있다. 원전과는 몇 가지 면에서 다르다는 사실을 어딘가에 밝혀 놓았어야 마땅하며, 동지사대의 전례를 따라, 그 시비의 이름을 '윤동주시비'라고 적어 놓으면 그만인 것을, 굳이 작품 끝에다, 원래는 없던 서명을 넣은 것은 잘못이다.

한편 만주 용정중학교(옛 대성중학교)에도 윤동주 시비가 있다. 윤동주가 만주에서 살 때, 대성중학교에 다녔고, 지금은 용정중학교로 개명한 학교인데, 이곳 교정에 시비가 건립되어 있다. 시인의 언덕에 있는 시비와 마찬가지로 '서시'라고 제목이 들어가 있다.

연세대, 동지사대, 윤동주 시인의 언덕의 시비가 윤동주의 필적을 새긴 것과는 달리, 용정중의 시비는 다른 글자체로 새겼다. '우러러', '걸어가야겠다'라 적었으며, 집필 시기도 한자로 적고, 문장 부호를 전혀 찍지 않아, 원전과는 차이가 있다.

〈'윤동주 시인의 언덕'의 시비(전면)〉

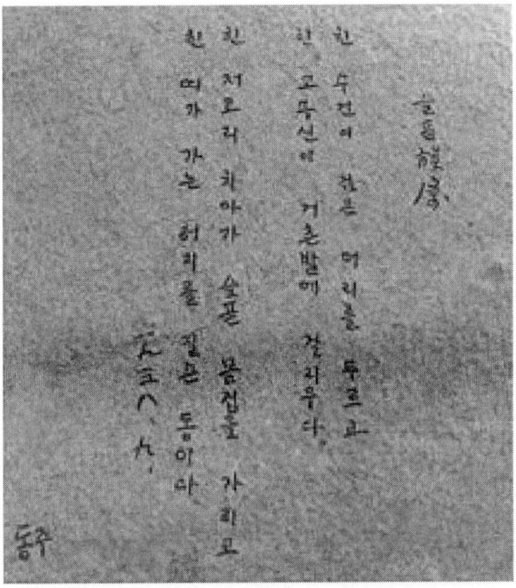

〈'윤동주 시인의 언덕'의 시비(후면)〉

〈만주 용정중학교 교정의 시비〉

IV. 맺는말

이상의 작업을 통해 얻은 성과를 요약하고 그 의의를 정리해 보면 다음과 같다.

첫째, 『사진판 윤동주 자필 시고전집』을 보면, 윤동주의 이른바 '서시'의 원형은 제목이 없는 것이었다. 위치, 칸 비우기 등을 고려할 때, '머리말'로 쓴 것인데 '시'가 되고 말아 '序(서)'라고 제목을 달지 못한 것이다. 윤동주다운 처리였다. 유고집으로 출판된 1948년의 『하늘과 바람과 별과 시』의 제1판에 와서 제목을 부여하려는 시도가 처음 나타났지만 괄호 처리를 하는 등 본문의 시들과는 구별하려 노력한 흔적이 보인다. 이때까지는 아무도 이른바 '서시'를 거론하지 않았다. 1955년의 제2판에 와서 괄호를 벗겨내는 등 큰 변화가 일어남으로써, 독립작품으로 인식할 수 있는 소지가 마련되었고, 비로소 윤동주 논의에서 이른바 '서시'가 거론되기 시작해 오늘에 이르고 있다.

둘째, 윤동주의 이른바 '서시'는 序(서)로 쓴 시가 본문의 시보다 인기를 모은 경우로서 매우 이례적이라 할 수 있다. 편집의 영향력 또는 작품이 작자의 의도와 무관하게 수용될 수 있다는 점을 보여주는 사례라 하겠다. 필자의 이 글에서 밝힌 게 타당하다면, 이제부터는 이른바 '서시'를 싣거나 거론할 때, 원래는 제목이 없었다는 것, 序(서)로 썼다는 사실을 밝혀주어야 할 것이다.

셋째, '만들어진 전통'이라는 홉스 봄의 말처럼, 윤동주의 '서시'는 만들어진 것이다. 원형대로 시집이 출판되었다면, 즉 제목이 없는 채로 출간되었다면, 다시 말해 머리말로서 세상에 나왔다면, 과연 이 글이 시로 대접받았을까? 불가능한 일이다. 하지만 무제의 머리말에다 '서시'라고 제목을 달아 인쇄해 출판함으로써, 시로 수용되어 퍼지게 되었다. 결과적으로 긍정적인 일이었다 평가할 수 있다. 머리말을 쓰려고 했으나 시가 되어 버린 이 글을, 편집자가 '서시'라는 매우 이례적인 용어(필자가 확인하기로는 심훈이 1932년에 내려고 했던 시집 '그날이 오면'이 효시)를 써서 제목으로 붙여 내었기에, 오늘까지 애송되고 있다는 점을 인정해야 한다. 원래는 산문인 머리말이었다는 진실과 함께 이 사실도 함께 기억해야 하리라 생각한다.

앞으로, 김수영의 <서시>를 비롯, 윤동주의 영향으로 출현한 여러

'서시'들에 대해서도 살펴보아야 한다. 아울러 '서시'가 우리나라 최고의 애송시가 될 수 있었던 여타 요인들도 알아보고, 윤동주 소장 도서 검토를 통한 영향관계 규명도 이루어져야 할 것이다.

제3강

시로 읽는 한국의 민담

1. 내 탓

시부모를 모시고 사는 며느리
빨래를 삶다 아차!
그만 태워먹었다
어머님 죄송해요 제가 해찰한 탓이에요

마실갔다 돌아온 시어머니가 말했다
아니다 내 탓이다 아기 너만 두고 마실 나간 내 탓이다
아니에요 제 탓이에요

서로 자기 탓이라 우기는데
장에 갔던 시아버지가 돌아와 말했다
내 탓이오 바닥 얕은 솥을 사다준 내 탓이오

자기 잘못이라며
셋이서 목소리 높이는데
나무하러 간 아들이 와서 하는 말
제 탓입니다 땔감을 너무 많이 해다 놓은 제 탓입니다

서로 자기 탓이라 우기던 네 식구
하하 호호 껄껄 …
집안 가득 동네 가득
웃음이 퍼졌습니다 행복이 퍼졌습니다.

2. 기도

동풍 불게 해 주세요
서촌 어부는 이렇게 기도하고

서풍 불게 해 주세요
동촌 어부는 이렇게 소원하고

남풍 불게 해 주세요
북촌 어부는 이렇게 간구하고

북풍 불게 해 주세요
남촌 어부는 이렇게 빌고

이 바람 불면 저 어부 울겠고
저 바람 불면 이 어부 울겠고

어지러우셔라, 우리 하느님…
그래서 부는 게 회오리바람이라지.

3. 꼽추 노파의 즐거움

높은 관리의 지방 행차 길
마른새우 같은
움막집 꼽추 노파를 만났다

그대에게도 즐거움이 있는고?
있습죠
이런 데 이리 살아도?

하늘은 제게

즐거움을
다섯 가지나 주셨습죠

여자라는 것
미천하다는 것
일한다는 것
꼽추병자라는 것
배고프고 춥나는 것입죠

그게 즐거움이라?

남정네는
식구 먹이느라 뼈 빠지나 쇤네는 그런 부담 없고
고관들은 자리 잃을까봐 바늘방석이나 쇤네는 잃을 게 없고
멀쩡한 몸으로 놀고먹는 건 벌 받을 일이나 쇤네는 일해 떳떳하고
성한 여자는 사내의 손 탈까 무서우나 쇤네는 꼽추라 일없고
배부르고 따뜻하면 욕심들 부리다 망하나, 기다리면 가을 오고 여름 오니 걱정 없습죠

그 관리
말에서 내려
허리 굽혀 그 노파에게 절하였다

4. 진짜 주인

도대체 이 두 사람 가운데 누가 진짜 소의 주인이지?
고민하던 원님이 분부했다.
소에 쟁기를 메워 몰아 보렷다.

가짜가 나섰다

힘껏 고삐를 당기며 이랴 고함쳤으나 요지부동
채찍으로 등짝을 때려도 요지부동

진짜가 나섰다
부드럽게 고삐를 쥐더니만
앞으로 가시지요 그러자 뚜벅뚜벅 걸어간다
그만 서시지요 그러자 멈추고,
우로 도시지요 그러자 오른쪽으로 돈다

소 방울만 해진 눈으로 놀라는 원님에게 이 사람이 말했다
소를 길들일 때 제 아비가 고삐를 잡고 있어
반말하는 게 영 외람스러워 공대했습죠,
입때껏 아버님 생각도 하며 이렇게 몰고 있습죠

5. 백정네 돼지고기

사계 김장생 집안, 그 윗대 어른의 제삿날
제수로 사다 걸어둔 백정네 돼지고기를
그 댁 개가 먹고 즉사했지요.

그 집의 남은 고기를 모두 사오너라
사계 선생의 부친, 백정을 잡아다 물고를 내기는커녕
사온 고기를 쥐도 새도 모르게 땅에 묻어버렸다지요
백정의 죄를 깊이 묻어버렸다지요.

백정은 한 마리 짐승이던 때
그냥 죽여도 그만인데 그랬다네요.

6. 안 보면

내시가 수랏상을 들고 가다가
기우뚱 사과 한 알이 굴러떨어지자
날름 혓바닥으로 핥아 감쪽같이 올려 놓았지요
그 모습을 본 임금님이 그 내시한테 물었지요
음식들이 어찌 이다지도 정갈한고?
거짓말하면 죽일 요량으로 물은 것인데
안 보면 깨끗한 법이옵니다 전하
그 대답에 임금님은 차마 못 죽였지요

티끌세상이라는 이 더러운 세상에서
어디, 음식만 그러겠어요?

7. 임금과 사주가 같아서

무수리 아들 영조대왕의 사주가 특별했지요.
갑술년 갑술월 갑술일 갑술시에 태어난
사갑술생(四甲戌生)이었으니까요.
임금자리에 오른 것이 오로지 사주 덕이라 믿기에
똑같은 사갑술생 백성은 어찌 살까 궁금해 찾아오라 했더니
강원도 산골에서 꿀벌 치는 노인이 불려왔지요.

"난 높고 귀한데 넌 어째서 낮고 천하게 사느냐?"
"저도 전하와 견줄 만한 복을 누리고 있지요.
8형제를 두었으니 전하의 팔도만 하고,
100여 개 벌통이 있으니 전하의 100여 고을과 견줄 만한데,
벌통에 드나드는 벌들 수는 전하의 백성 수보다 결코 아니 적사옵니다."

사주는 못 속인다면서
영조대왕이 큰 상을 주어 보냈다지요.

그런데,
어디 그 노인만 그러겠어요?
우리도 제각기 벌통 하나쯤은 치고 있잖아요?

8. 바늘 춤

소아마비에 걸린 바늘장수네 아들
하느님 미워요…

창호지 구멍에 바늘이나 넣어보자
방문 걸어 잠그고 날마다 던지고 던져
구멍들이 화경만 해지면서 백발백중

임진왜란이 터지면서 병이 나았는데 들려오는 소식 하나
왜국 장수 칼 앞에 조선과 명나라 장수와 병사들 떨고 있다네

맨주먹으로 나가 그 앞에 말없이 나비처럼 춤추던 이 아들
두 주먹 펼치자마자 어흐흐흑
골리앗처럼 얼굴 감싸쥐고 고꾸라지는 왜국 장수.
두 눈 깊숙이 그의 바늘이 박혀 있었다지요.
왜국 장수 칼을 뽑아 번개같이 목을 베었다지요

아하, 그때 소아마비 걸렸던 게
다 뜻이 있었던 게지요

9. 어떤 유언

여보게 사위
우리 죽어도
자네, 눈물 한 방울 떨구지 말게나

앞 못 보는 장모
걷지 못하는 장인
서른 해 동안 목욕시키며 거둬준 자네
그 정성으로 이미 충분하이

우리 때문에 싸우는 소리, 한 번쯤 날 법도 한데
끝내 듣지 못하고 잘 살게 해준 자네
내 딸이야 딸이니까 그렇다지만……

여보게 사위
우리 죽거들랑 자네
눈물 한 방울도 떨구어선 안 되네

* 카자흐스탄에 거주하는 고려인의 구전설화를 조사하던 중, 김로자 할머니로부터 들은 착한 그 남편의 이야기를 시로 표현한 것임. 우리 민중의 생애담 가운데에는 이렇게 감동적인 게 참 많음.

10. 토정비결 이야기

빌어먹을
내 사위의 팔자

이것으로라도 벌어먹어라

그래서 토정비결을 만들어 사위에게 주었다는데
그 사위 그것으로

남의 운수 일러주어
확 팔자를 고치긴 고쳤다는데

결국 고생할 팔자라면
일찌감치 죽는 게 낫지

이러면서 여기저기 목매는 사람이 생겨나
안 되겠다 그 책 없애라 지시하였다는데,

그 사위
산속 바위틈에 몰래 끼워놓은 탓에
비바람에 망가진 곳은 틀리고
성한 곳은 맞고
그렇게 되었다네요.
어쩌면 앞날 모르는 게 복일지도 모르는데…….

11. 낚시

선비 하나가 낚시하러 갔어요
미끼로 향내나는 고기를 썼지요
그러나 한 마리도 물지 않았지요

선비 옆의 할아버지는 잘 잡았어요
더러운 지렁이를 썼는데도 잘 물었어요

궁금해서 선비가 물었지요
물고기 많이 잡으려면 어떻게 해야 하는지…
물고기가 좋아하는 게 무언지 알아야 합죠
그것만 알면 누구나 많이 잡을 수 있습죠 네

12. 벼 한알

도둑 하나가
몰래 농부 집에 들어가
농부 내외가 잠들기를 기다리고 있었지요

여보 그만 일어나 미음이라도 드세요
아니 미음이라니? 우리 집에 쌀 한 톨도 없는데 미음이라니?
내가 낮에 남의 논바닥에 떨어진 벼 한 알 주워다 찧어서 쑤었지요.

그 벼 한 알 얻으려고 논임자가 얼마나 애썼는데 함부로 가져온단 말이오?
그 미음이라도 그 논에 도로 갖다 놓고 오세요.

평생 남의 것 훔쳐 먹고 살아온 도둑인데
내외의 말을 듣다 눈물을 흘렸지요
다시는 남의 것 훔치지 않겠다며 그 집에서 나왔지요.

—이복규, 이야기시집 『내 탓』(지식과교양, 2015)에서—

제4강

살인을 야기한 고소설 〈임경업전〉

I. 머리말 : 소설이 지닌 감동력

소설의 지닌 힘은 크다. 이 사실을 서포 김만중은 일찌감치 알았다.

> 『동파지림(東坡志林)』에 이르기를, "골목집에서 아이들이 천박하고 용렬하여, 그 집이 골치가 아프면, 돈을 주어 모아놓고 옛날이야기를 듣게 한다. 삼국의 일을 이야기할 때 유현덕(劉玄德)이 패한다는 말을 들으면, 아이들은 찡그리며 눈물을 흘리고, 조조(曹操)가 패한다고 하면, 기뻐서 즐겁다고 소리치기도 한다."라고 하였다. 이것이 나씨(羅氏)의 『삼국지연의』의 시원일 것이다. 이제 진수의 사전(史傳)이나 온공(溫公)의 통감(通鑑)을 가지고 여러 사람을 모아놓고 이야기를 하여도 반드시 눈물을 흘리는 사람은 없을 것이다. 이것이 통속소설을 짓는 까닭이다(서포만필 하).

이는 소설 <삼국지연의>가 수용자에게 주는 감동력을 강조한 말이다. 일반 역사책인 『삼국지』나 『통감』을 수용할 때는 눈물 흘리지 않는데, 같은 내용을 소설로 읽을 때는 그처럼 반응한다고 함으로써, 소설이 수용자에게 미치는 영향력을 지적하고 있다.

<사씨남정기>의 창작동기를 봐도 그렇다. 이규경의 『오주연문장산고』의 해당 대목을 보이면 다음과 같다.

> 남정기는 북헌(北軒)이 숙종의 비 인현왕후 민씨가 폐위된 것을 위해, 임금의 마음을 깨우치고자 하여 지은 것이라고 한다.

이에 의하면, 김만중이 <사씨남정기>를 창작한 동기는 인현왕후를 폐위시킨 숙종의 마음을 되돌리기 위한 것임을 알 수 있다. 이같은 김만중의 목적은 성공한 것으로 보인다. 숙종이 어느날 궁녀에게 소설을 읽어달라고 하자 마침 궁녀가 이 작품을 읽었고, 그때 숙종은 무죄한 사씨를 축출시킨 유한림을 가리켜 천하의 고약한 놈이라고 했으며, 숙종은 이 작품에서 자극을 받았음인지 숙종 20년에 장희빈을 폐출시키고 민비를 복위시켰기 때문이다. 이같은 사실로 미루어 볼 때, 김만중은 소설의 감동력을 확신하였기에 이 작품을 창작하였고, 그 믿음대로 숙종의 마음을 움직여 인현왕후의 복위를 실현하였다고 하겠다.

이런 감동력을 지닌 고소설이었기에, <설공찬전>의 경우에서도 보이듯, 조정에서는 위험한 내용을 담은 소설이 민중에 읽혀지는 것을 꺼렸다. 그러나 인간의 표현 욕구와 알고 싶어 하는 욕망은 통제하기 어려워, 계속해서 소설은 지어졌다. 특히 한글소설은 점점 더 많이 지어지고 읽혀졌던 것으로 보인다. 편의상 정조의 시대이기도 한 18세기로 한정해서 살펴보면, 소설의 대중화와 관련해 의미 있는 사건들이 벌어진다.

II. 18세기에 있었던 소설 관련 현상들

1. 소설 읽는 현장(담배가게)에서 일어난 살인 사건 (정조 14년)(1790년)

조선후기 소설의 유통과 관련하여 『정조실록』에는 충격적인 자료 하나가 실려 있다.

> 민간에 이런 말이 있다. 종가(鍾街) 담배가게에서 어떤 사람이 패사(稗史) 읽는 것을 듣고 있다가 영웅이 실의한 대목에 이르러서, 눈을

> 부릅뜨고 입에 거품을 품고 담배를 써는 칼을 가지고 바로 그 앞에서 패사 읽는 사람에게 달려들어 즉석에서 죽였다는 것이다(諺有之, 鍾街煙肆, 聽小史稗說, 至英雄失意處, 裂眦噴沫, 提截草劍, 直前擊讀的人, 立斃之).

아마도 소설낭독 현장에서 살인사건이 일어난 것은 이것이 유일무이한 자료가 아닌가 한다. 이를 보면, 당시에 이미 사람들이 모이는 곳에서 소설을 읽어주는 직업이 있었다는 것을 알 수 있다. 조수삼(1762~1849)의 『추재집』을 보면, 전기수(傳奇叟)라 하여 소설을 읽어주고 돈을 버는 사람이 서울에 존재했다는 게 나온다.

> 전기수는 동대문 밖에 살고 있다. 언문소설책을 잘 읽는데, 이를테면 <숙향전>, <소대성전>, <심청전>, <설인귀전> 같은 것들이다. 읽는 장소를 보면, 매달 초하루는 제일교 아래, 초이틀은 제이교 아래, 초사흘은 배오개, 초나흘은 교동 입구, 초닷새는 대사동 입구, 초엿새는 종각 앞에서 읽는다. 이렇게 올라갔다가 초이레부터는 도로 내려온다. 이처럼 내려갔다가 다시 올라가고, 또 올라갔다가 내려오고 하여 한 달을 마친다. 다음 달에도 그렇게 하였다. 워낙 재미있게 읽었기 때문에 청중들이 겹겹이 담을 쌓는다. 그 사람은 읽다가 가장 간절하여 매우 들을 만한 대목에 이르러 문득 읽기를 멈춘다. 청중은 하회가 궁금해서 다투어 돈을 던진다. 이것을 일컬어 요전법(邀錢法 : 돈 맞아들이는 수법)이라 한다.

아마 담배가게에서 소설을 읽어주던 사람도 그런 류의 직업적인 낭독자라고 할 수 있다. 약가게나 담배가게에 사람들이 많이 모이는 곳이므로, 주인과 일정한 계약 아래, 소설을 읽어주고 돈을 벌다가 이런 사건이 일어난 것으로 보인다.

과연 그 작품은 무엇이었을까? 조동일 교수는 이를 영웅소설로 추정하였다. '영웅'이란 말이 자료의 문면에 나와 있기도 하려니와 영웅소설의 내용이 독자가 분개하고 흥분하도록 영웅의 패배와 실의를 의식적으로 강조한다는 사실을 염두에 둘 때 누구나 납득할 수 있는 추정이다. 하지만 영웅소설 가운데에서 구체적으로 어떤 작품인지에 대해서는 추적하지 않았다.

그 작품이 구체적으로 무엇이었는지에 대한 관심은 필자에 의해 처음으로 표명되었다. <임경업전>이 이덕무의 해당 기록과 연관될 수 있는 가능성에 대해 주의를 환기한 것이 그것이다. 필자가 그런 주장을 한 것은 <임경업전>의 이본 가운데에서 사재동 소장 <임경업전> 35장본의 후기에 다음과 같은 내용이 진술되어 있기 때문이었다.

> 오호라 ᄂᆞ도 일리 읍서 임인 납월의 이ᄎᆡᆨ얼 등서홀졔 경업이 ᄌᆞ점의 흉게예 빠져 죽은 ᄃᆡ문의 이르러ᄂᆞᆫ 엇지 분ᄒᆞ고 불상ᄒᆞ던지 분얼 이긔지 못ᄒᆞ여 헛주먹질도 ᄒᆞ고 불상ᄒᆞᆫ 맘이 칭양읍서 눈물리 압헐 가리오니 이 ᄎᆡᆨ 보다가 살린ᄒᆞ여단 말리 올코 그 ᄌᆞ손이 ᄯᅳ시 읍시미 올토다

이 후기에서 주목할 부분이 "이 ᄎᆡᆨ 보다가 살린ᄒᆞ여단 말"이란 부분이다. 이것이야말로 이덕무가 전한 살인사건과 관련되는 것이라고 보아, 양자의 연관성에 주목하자고 그랬던 것이다. 하지만 당시로서는 더 이상의 실증은 할 수가 없었다.

그러다가, 그 영웅소설이 <임경업전>임을 명백하게 증거하는 사실이 밝혀졌다. 심노숭(1762~1837)이란 인물이 자신의 생애를 정리한 글 가운데에서 다음과 같은 기록이 발견된 것이다.

> 촌에서 소위 〈임장군전〉이라 하는 언문소설을 덕삼이가 가지고 왔으나 치통 때문에 제대로 낭독해 주지 못하였다. 내가 이것을 등불 아래에서 보니 사적이 어그러지고 말이 비루하고 잘못되어 통하지 않는 곳이 많았다. 이것은 서울 담배가게와 밥집의 파락 악소배(破落惡少輩)들이 낭독하는 언문소설로서 예전에 어떤 이가 이를 듣다가 김자점이 장군에게 없는 죄를 씌워 죽이는 데 이르러 분기가 솟아올라, 미친 듯이 담배 써는 큰 칼을 잡고 낭독자를 베면서 "네가 자점이더냐?"라 하니 같이 듣던 시장 사람들이 놀라 달아났다. 이에서 악을

> 미워하고 선을 좋아하는 인심을 볼 수 있다. 그 사람이 살아있는 자점을 보았다면 적을 좇아 나라를 저버리는 일은 하지 않을 자이다(村中得諺書, 所謂林將軍傳, 德三持, 以爲痛齒 聲不堪聞. 燈下, 余輒取覽, 事蹟謬舛, 詞理陋錯, 不成爲說, 此是京裡草市饌肆破落惡少輩所讀諺傳. 昔有一人聽讀此, 至金賊自點構殺將軍, 氣憤憤衝起如狂, 手引切草長刀, 斫讀者曰, 汝是自點耶, 一市駭散, 此可見疾惡好善之人心, 使彼見生自點者, 必不爲從賊負國之事耶).

이 자료의 내용은 앞에서 든 이덕무의 기록과 완전히 일치한다. 더 구체적으로 당시의 상황을 묘사하면서 자신의 견해를 제시하고 있기까지 하다. 따라서 이 자료의 출현으로 조선후기 종로거리에서 일어난 소설낭독 현장의 살인사건을 야기한 영웅소설이 <임경업전>이라는 사실이 명백하게 증명되었다고 할 수 있다.

이 사건은 조선왕조실록에도 오를 만큼 충격적인 사건이었다. 실록의 기록은 다음과 같다.

> 정조실록 31권, 정조 14년 8월 10일 무오 3번째기사 1790년 〈장흥 사람 신여척이 이웃집 형제간의 싸움을 말리다 살인한 죄를 의논하다〉
>
> 장흥(長興) 사람 신여척(申汝倜)이 이웃집 형제가 서로 싸우는 것을 보고 참다못해 발로 차서 죽게 하였는데, 형조가 심문하여 법에 넘길 것을 청하였다. 판부하기를,
> "항간에 이런 말이 있다. 종로거리 연초 가게에서 짤막한 야사를 듣다가 영웅이 뜻을 이루지 못한 대목에 이르러 눈을 부릅뜨고 입에 거품을 물면서 풀베던 낫을 들고 앞에 달려들어 책 읽는 사람을 쳐 그 자리에서 죽게 하였다고 한다. 이따금 이처럼 맹랑한 죽음도 있으니 참으로 가소로운 일이다."

이 사건은, 현실세계와 작품세계(문학세계)를 구분하지 못하는 상황에서 일어난 사건이라 하겠다. 등장인물 가운데 김자점이라는 간신이 민족적 영웅인 임경업을 살해하는 장면에서, 너무도 분노하고 안타까

운 나머지, 낭독자를 김자점으로 알아 칼로 찔러 죽이기에 이른 것이다. 현실과 예술(허구)의 세계를 구분하지 못하면, 오늘날에도 얼마든지 재발될 만한 사건이라 하겠다. 물론 이때 읽은 것은 한글본이었을 것이다.

III. 임경업전의 특징들

첫째, 이본(異本, version)의 종류가 아주 많다. 원본은 전하지 않으나, 원본을 베껴 쓰고 전해오면서 조금씩 달라진 이본이 아주 많다. 필사본, 목판본, 활자본이 다 있다. 그뿐만이 아니다. 국문본, 한문본, 영역본, 일역본, 러시아어 역본까지 다 있다. 이본의 종류가 이렇게 골고루 다 있는 작품도 흔하지 않은 것에 비추어볼 때 ≪임장군전≫은 분명히 특별한 작품이다.

이본마다 결말이 다르게 되어 있는 점도 흥미롭다. 네 가지 정도로 결말의 양상이 정리된다.

제1 유형은 자손이 벼슬을 받았는지 안 받았는지에 대해 아무런 언급을 하지 않은 경우다. 임경업이 죽은 후, 나라에서 그 자손에게 벼슬을 내렸는지 안 내렸는지, 그 벼슬을 받았는지 안 받았는지 말하지 않고 끝맺는 유형이다. 이렇게 된 이본에서는 임경업이 충성스러운 인물이었다는 사실을 더욱 강조하기 위해 그렇게 결말을 처리한 것으로 보인다.

제2 유형은 자손이 벼슬을 사양하고 은둔하는 경우다. 국가에서 주는 벼슬을 그 자손이 명백하게 거부하고 산중으로 들어가 농사만 지으며 세상을 잊고 살았다는 결말이다. 여기 해당하는 이본이 가장 많다. 영웅이 좌절하고 만 현실에 분노하고 비판하고 싶은 의식을 강하게 드러내기 위해 이렇게 끝맺은 것으로 보인다. 대부분의 독자가 이 의견에 동조했다 하겠으며, 임경업의 죽음에 대한 안타까운 감정이 그 밑바닥에 깔려 있다 하겠다.

제3 유형은 자손이 벼슬해 부귀공명을 누리는 경우다. 몇몇 이본에서는 임경업의 자손이 국가에서 내린 벼슬을 사양하지 않고 받아 누려 행복하게 지낸다는 것으로 결말을 삼고 있다. 이 같은 양상은 전체 <임장군전> 이본 가운데 분명히 예외적인 것이다. 왜 이렇게 처리했을까? 제1 유형과 제2 유형에 대한 불만이 아니었을까? 주인공은 그렇게 허망하게 좌절했지만, 자손이라도 행복하게 살아야 하는 것 아니냐는 생각에서 그런 결말을 생각해 냈다고 보인다.

제4 유형은 호국 사신이 조선 국왕을 위해 만세를 부르는 경우다. 임경업이 죽었다는 소문을 들은 호국 왕이 사신을 보내 제사를 지내게 하는데, 그 사신이 조선의 백관과 더불어 제사를 지낸 뒤, 조선 국왕을 위해 만세를 부르는 것으로 종결된 유형이다. 이 경우는 오직 하나의 이본에서만 보이지만 분명히 의미를 지닌다고 여겨진다. 매우 환상적이고 통속적인 처리인 게 분명하지만, 실제로는 우리가 청나라한테 졌지만 정신적으로나마(작품으로나마) 이겼다는 통쾌함을 느끼게 하기 위한 목적에서 나온 결말 처리라고 해석된다.

둘째, 임경업의 실제 생애와 차이가 있는 작품이다. 얼른 생각하기에는 실존 인물을 모델로 한 작품이므로 사실과 많이 같으리라고 짐작하겠지만, 그렇지 않다. 사실과 작품 내용을 비교해 보면, 아주 차이가 크다. 소설 ≪임경업전≫을 지은 사람은 그 나름의 주제를 드러내기 위해 사실에 구애받지 않고 이 작품을 썼다고 할 수 있다. 어떤 주제를 나타내려 했을까? 임경업의 영웅화, 김자점에 대한 증오, 이 두 가지로 보인다.

임경업의 영웅화는 어떻게 드러냈을까? 사실에서는 39세 때 부친을 여의었는데 소설에서는 어려서 여의었고, 그런 가운데서도 홀어머니를 지극한 효성으로 모셨으며 어린 동생들을 보살폈다고 서술했다. 사실에서는 농사를 지었다는 말이 없는데, 소설에서는 농업에 힘썼다고 했다. 당시 대다수 백성의 생업이 농업이었던 점에 비추어볼 때, 임경업이 농업에 종사했다고 함으로써 임경업을 민중 영웅으로 차별

화하려는 의도였다고 보인다. 영웅을 주인공으로 하는 <유충렬전>이나 <소대성전> 등의 소설에서 대부분 고귀한 가문의 인물이 주인공으로 등장하는 것과는 다른 모습을 보이고 있는 것이다.

임경업이 남경 동지사를 수행하고 호국 청병대장으로 출전해서 가달과 싸워 항복을 받고 돌아오는 대목은 완전한 허구다. 작가가 이 대목을 꾸며 넣은 이유는 어디에 있을까? 이것도 임경업의 영웅화와 관계가 있다고 보인다. 국내에서만이 아니라 국제적으로도 뛰어난 인물이라는 점을 부각하기 위해서는 외적과의 전쟁이 필요했고, 그 전쟁에 자연스럽게 개입시키려면 남경 동지사를 수행해 중국에 갔던 것으로 설정하는 게 좋다고 판단한 게 분명하다. 작품에서 이 대목은 아주 비중이 크다. 분량 면에서 5분의 1 정도나 차지한다.

호국에 끌려간 세자가 조선으로 돌아오는 것도 사실과 다르다. 소설에서는 전적으로 임경업의 공로 때문에 돌아왔다고 했다. 임경업이 보이는 불굴의 자세에 감동한 호국 왕이 임경업의 소원대로 세자 일행을 환국시켰다고 했다. 하지만 이는 사실과 다르다. 사은사로 파견된 우리 측의 이경석, 김육 등의 간청이 있은 다음, 호국이 중국을 통일하면서 대사면 조치를 취해 돌아왔기 때문이다. 하지만 소설에서는 그렇게 표현함으로써 임경업의 충절은 적국의 왕까지 감동시킬 만큼 컸다고 강조하는 효과를 거두려고 했던 것으로 여겨진다.

김자점에 대한 증오는 어떻게 드러냈을까? 소설에서는 임경업이 가달과의 싸움에서 공을 세우고 귀국할 때(다시 말해 병자호란 이전부터) 김자점이 역심을 품었으나 임경업이 두려워 발현하지 못했다고 서술했다. 이는 사실과 다르다.

사실에서는 병자호란 이전에는 임경업과 김자점의 관계는 아주 우호적이었다. 김자점이 청국에서 돌아오는 임경업을 체포하여 왕명을 사칭해 수감한 것도 사실에는 없는 내용이다. 특히 임경업이 죽은 후 왕이 즉시 그 모함한 책임을 물어 김자점을 제주도로 귀양 보내고, 이어서 현몽한 임경업의 고변에 따라 수감했다고 했는데 이는 완전한 허구다. 임경업의 가족에게 김자점에게 마음껏 복수하라고 허용했다는 것도 허구다. 김자점은 임경업의 죽음과 관계가 있는 인물이지만, 임경업의 죽음 때문에 어떤 제재를 받았다는 말은 전혀 없다. 다음 임금인 효종 때에 가서야 역모 사건이 드러나 죽음을 당한다. 더욱이 임경업의 가족이 김자점에게 복수하는 장면은 다른 작품에서는 그 유례를 찾아보기 어려울 만큼 잔인하여 이색적이다.

왜 이런 차이와 허구가 동원되었을까? 임경업의 죽음과 관련이 있는 김자점을 증오하여 어떻게든 응징하려 했던 당대 사람들의 의식 때문이라고 보인다. 민중 영웅이요 국제적으로 능력을 인정받았던 임경업을 좌절시킨 책임이 김자점에게 있다고 보아, 이에 대해 증오하고 처벌하는 방향으로 사건을 해석하고 끌어간 것이다.

셋째, 독자들의 독후감이 많이 남아 있다. <임경업전>의 이본들에는 당시에 이 작품을 베끼거나 읽은 사람들의 독후감이 여럿 적혀 있다. 몇 가지 소개해 본다.

> '내가 일찍이 ≪임장군전≫을 읽었더니, 그 기상이 보이는 것만 같다. 몸은 비록 간신한테 죽음을 당했으나, 그 용략과 충렬의 위풍은 지금까지도 늠름하여 생생한 기운이 사람으로 하여금 발분하게 한다. 저 김자점이란 자는 만 번 죽어도 아깝지 않은 자다. 내가 이 붓 도끼로 영원히 그 뼈를 죽이겠다.'

> '아, 글로도 장군의 말을 다 기록할 수 없고, 말로도 장군의 뜻을 다 표현할 수가 없도다. 다만 그 대강을 다음과 같이 약술하여 세상에 전하는 것은 오직 후세 사람들이 장군의 충성을 본받고 장군의 의기를 사모하여 임금과 어버이에게 충성하고 효도함으로써, 다시 그 후세 사람이 이를 본받아 나가기를 바라서다. 마침 국문으로 전하는 것을 얻어 보고는 느끼는 게 있어 이를 한문으로 옮긴다. 아, 장군의 용기와 지혜와 충성과 의리는 당나라 송나라 이전의 역사에서는 그 유례가 드물다. 충성과 용기를 베풀면 지혜가 부족하고, 절의가 멀리까지 미치면 용기가 없는 것이 보통이다. 하지만 장군은 그 용기가 호국 황제를 겁주어 굴하지 않았고, 지혜는 미색이나 재화를 멀리해 음란하

지 않았다. 그 충성은 짐승 같은 오랑캐마저 감동되어 대군을 돌아오게 했고, 의리는 천자까지 움직여 자신의 몸을 보전했다. 그 무릎을 꿇리려 했으나 꿇리지 못했고, 목숨을 앗으려 했으나 죽이지 못했다. 오랑캐가 능히 천하는 복속시켰으나 장군만은 어쩌지 못했다. 이런 인물은 고금 천하에 장군 한 사람뿐이다. 그런데도 벌과 전갈 같은 역적에게 죽어갔으니, 하늘의 뜻이로다. 조정의 진퇴는 인력으로 어쩌지 못하는 것인가 보다. 내가 달천을 지나다가 장군의 부인 이씨의 비를 보았는데, 소슬하여 머리털이 대나무처럼 일어섰다. 장군에게 그와 같은 부인이 있었다는 것을 감탄하며 들어가 장군의 초상화 앞에 절했다. 그 철옷을 보니 마치 나비 날개처럼 가볍게 입었고, 명나라 황제가 내려주었다는 먹은 어제인 듯하여, 나도 모르게 눈물이 빗물처럼 흘러내렸다. 이제 이 〈임장군전〉을 보니, 김자점이란 놈의 가죽을 벗겨 깔고 잘 수 없는 게 분하기만 하다.'

'하늘이 미워하고 귀신이 싫어하여 저(김자점)의 삼족과 저의 부모처자를 장안 만민이 일시에 뼈를 갈아 먹은 대문(大文)을 보면, 내 머리 가려운 데 긁는 것보다 더 시원하도다. 오호 애재라. 이 책을 대하고 보니, 쇠가 쇠를 먹고 살이 살을 먹는다는 말이 바로 이런 것을 비유한 말이로다. 김자점이란 놈은 아무 혐의도 없이 만고충신 천고명장을 제멋대로 국권을 쥐어 부모 나라의 고굉지신을 죽였으니, 그 대목을 보는 사람은 뉘 아니 절통하게 여기지 않으리요? 조선은 도무지 간사한 나라라고 어찌 말하지 않을 수 있겠는가. 김자점이란 놈이, 임경업을 죽이면 제가 장구하게 살 줄 알았겠으나, 저가 어찌 장구하리요?'

설명이 따로 필요 없을 정도로 독후감에 나타난 당시 독자들의 반응은 분명하다. 만고충신 임경업에 대한 한없는 존경심이 한 축을 이루고 있다. 임경업의 허망한 죽음에 대한 안타까움도 또 하나의 축이다. 그런가 하면 임경업을 죽인 김자점에 대한 끓어오르는 분노와 증오도 함께 나타나 있다.

넷째, <임장군전>에 나타난 갈등 양상을 보자. 모든 소설 작품에는 갈등이 나온다. 주인공과 적대자 사이의 갈등이 그것이다.

<임장군전>에서 주인공은 임경업이며, 적대자는 호국 왕과 김자점이다. 그 외에도 명나라 장수 황자명, 호국 장수, 우의정 원두표, 승려 독보 등도 등장하지만 이들은 호국 왕이나 김자점에 비해 독자성이 미미할 뿐만 아니라 주인공과 적대자를 보조하는 역할만 하고 있다. 임경업과 호국 왕과의 갈등은 대외적인 세력과의 갈등이고, 김자점과의 갈등은 대내적인 세력과의 갈등이라 할 수 있다.

먼저, 임경업과 호국 왕과의 갈등을 보자. 초반에는 적대적인 관계를 유지하다가 후반부에 오면 우호적인 관계로 바뀐다. 특별히 호국 왕이 임경업을 대하는 태도가 변화한다. 임경업의 소원대로 세자 일행의 귀환도 허용하고, 자신을 위해 기여한 독보도 임경업의 요청대로 처단하며, 왕녀와 결혼해 달라고 요청할 정도다. 환국할 때에도 사신을 보내는 등 정중하게 전송한다.

호국 왕에 대한 임경업의 태도도 변화를 보인다. 처음에는 매우 거친 말을 하지만, 호국 왕이 임경업의 충절에 감동해 세자 일행을 귀환시킨 다음부터는 호왕의 예우에 상응하는 태도를 보인다.

이 사실은 무엇을 말하는 걸까? 이 작품의 주제가 그동안의 선입견과는 다르게, '호국에 대한 적개심 표현'에 있지 않다는 점을 드러낸다고 생각한다. 호국의 왕까지 감동할 만큼의 능력과 덕망을 지닌 임경업을 좌절하게 한 김자점, 그리고 무능한 우리 국내 여건을 반성하게 하는 데 그 초점이 맞추어져 있다고 판단된다.

이번에는, 임경업과 김자점과의 갈등을 보자. 호국 왕과의 관계와는 달리 임경업과 김자점의 갈등은 서술 분량은 많지 않으나 그 종결 양상은 좀 더 심각하다. 임경업과 김자점의 갈등이 본격적으로 표출되는 것은 임경업이 김자점의 사주를 받은 무리에 의해 옥에 갇혔다가 관원의 고지로 진상을 알아 임금 앞에 나가 지난 일을 서술하는 대목에서다. 위기의식을 느낀 김자점은 먼저 대궐에서 나와 임경업을 기다리다가 수하를 시켜 무수히 난타하여 옥에 가두게 했고, 이 때문에 임경업은 급기야 죽음에 이른다.

임경업의 죽음으로 두 인물 사이의 갈등은 종결되는데, 임경업은 김자점의 음모 앞에서 제대로 반항 한번 못 한 채 허망하게 죽고 마는 양상을 보여준다. 앞에서 살펴본 것처럼 호국 왕과의 관계에서는 여러 차례의 교섭을 통해 나중에는 호국 왕이 임경업 쪽으로 동화되어 화해를 이루었는데, 김자점과의 관계에서는 오직 갈등만 있다가 어처구니없이 김자점에게 일방적으로 희생당하는 것으로 종결된다. 모든 이본에서 그 죽음 과정을 아주 압축해서 표현하고 있어 더욱 허망한 느낌을 자아내고 있다.

초기에 임경업을 후원해 주던 원두표나 이시백도 이 대목에서는 방관할 뿐 적극적인 대응을 하지 못하고 있다. 말하자면 임경업은 임금을 비롯해 모든 우호 세력으로부터 철저히 소외(또는 차단)된 가운데 김자점의 전횡 아래 죽어갔음을 알 수 있다. 앞부분에서 표현된 임경업의 능력과 대비되어 그 허망한 죽음은 아주 안타까운 감정을 유발한다. 그러나 임경업의 죽음 이후에 이어지는 후일담 부분에서는 임경업의 가족과 백성들로 하여금 이에 대한 복수를 하게 한다. 그 복수의 양상은 아주 혹독하고 잔인하다. 이는 두 사람의 관계에서 김자점 쪽으로 기울었던 힘의 균형에 어떻게든지 평형을 유지하도록 하는 기능을 발휘하는 것으로 해석된다.

이와 같이 임경업과 김자점의 갈등이 이렇게 종결되는 데서 확인되는 의미는 무엇일까. 그것은 영웅 임경업을 좌절시킨 김자점에 대한 민중의 분노와 증오가 이 작품이 지닌 주제의 큰 축을 이룬다는 사실을 보여주는 것이라고 생각한다.

제5강

고소설에 나타난 조선시대의 부부

- 유일본 <윤선옥전>을 중심으로 -

I. 머리말

<윤선옥전>은 유일본 활자본 고소설로서 택민 김광순 교수 소장본이다. 작가 미상의 한글소설로서 『김광순소장필사본 한국고소설전집』 제26권에 수록되어 있다. 김광순 교수는 보존 양상과 필사과정 및 작품 내용을 토대로 그 창작연대를 영·정조대로 보았으며, 영웅소설이자 윤리소설로 파악하였다. 이 글에서는 이 작품이 지닌 인문학적인 의의가 무엇인지 알아보고자 한다.

이 글에서 고소설인 이 작품의 인문학적 의의를 조명하려는 데는 필자 나름대로의 확신이 있어서다. 고소설이 창작·유통·수용되던 당대의 수용자들에게, 특히 국문만 알거나 들을 수 있는 여성을 포함한 일반 민중에게 고소설 작품은 교과서이자 교양물 즉 세상을 어떻게 살아야 할 것인가 하는 의문에 대해 대답해 주는 인문학 교재였으리라 필자는 생각한다.

학교도 없었으며, 서당은 상층 남성들만 이용이 가능할 때이고, 도서 유통도 원활하지 않은 상황에서, 민중에게 인문학적인 소양을 가지게 하는 데 주요한 매체라고는 구비전승 아니면 국문 고소설이었으리라. 이런 판단이 타당하다면, 그 당대에서 고소설 작품이 지니고 영향력을 미쳤을 인문학적의 가치와 의의가 무엇이었을지 규명하는 것은 필요한 작업일 것이다.

인문학적인 접근이 필요한 또 하나의 이유가 있다. 우리가 살아가는 21세기는 긴 역사의 한 과정이지 결코 종착점이 아니다. 과거의 연속선상에서 일정한 변화와 발전을 이룬 것이면서, 더 나은 미래로 나아가고 있는 시간의 한 과정일 따름이다. 과거에서 현재로 이행하면서 발전한 것도 있지만 잃어버리거나 후퇴한 것도 있을 수 있다. 현재의 한계를 극복하고 더 나은 미래를 열어가기 위해서는, 어쩌면 과거에는 있었는데 현재에는 없는(버린) 것을 창조적으로 재활용해야 할지도 모른다. 그런 의미에서, 고소설이 지닌 인문학적인 의의, 다시 말해 그 당시에는 인문학적으로 의미있게 여기던 것이면서 지금은 사라졌거나 약화된 것을 찾아내 이 시대 사람들에게 재음미하게 해주는 일은 우리 인문학자의 사명이라 생각한다.

하지만 솔직히 말해 그간의 고소설 연구는 실증적인 연구를 비롯해 지나치게 학문중심적이랄까 연구자 중심의 작업에 치중해 왔다고 여겨진다. 그 결과, 일반 대중은 국어국문학을 포함하여 인문학 전반에 대하여 거부감을 가지고 외면하게 되면서 이른바 인문학의 위기가 초래된 게 아닌가 판단한다. 누구의 말마따나 인문학이 위기를 만난 게 아니라 인문학자들이(종래의 인문학 연구 방법과 자세가) 위기를 만났는지도 모를 일이다. 실용주의가 모든 부문에서 강력하게 작동하면서, 그간의 국어국문학연구와 인문학연구가 도대체 일반 대중의 행복에 기여할 만한 게 무엇이냐는 의문을 제기하기에 이른 것이라 생각한다. 실증적인 연구 등 종래의 연구가 필요 없다는 게 아니라, 그런 연구와 아울러 인문학적인 가치를 드러내는 연구도 병행하고 이를 대중에게 알리는 일도 했어야 하는데 소홀한 감이 있다는 생각이다.

<윤선옥전>에 대한 그간의 연구는 활발하지는 않으나 중요한 사항들이 다루어졌다. 서두에서 밝혔듯 소장자에 의해서 이 작품의 존재양상에 대한 기본적인 정보들이 소개되었으며, 정미선의 교육대학원 석사논문이 나와 구조와 주제의식을 다룸으로써 좀더 본격적인 접근도 이루어졌다. 하지만 더 이상의 논문은 나오지 않고 있거니와 인

문학적인 가치를 따로 고찰하려는 시도는 이루어지지 않고 있다.

이제 필자는 그간의 연구성과를 수렴하되 이 작품의 인문학적인 가치가 무엇인지 해명하는 데 초점을 맞추어 보고자 한다. 이 글에서 '인문'은 '사람다움', '인문학'은 '사람다움을 추구하는 학문 활동' 정도의 의미로 사용하고자 한다. <윤선옥전>에서 보이는 인문학적인 요소 가운데에서 오늘날 우리가 재음미해야 할 것들을 힘껏 찾아 소개하고 적극 해석하기로 한다.

II. 윤선옥전의 인문학적 의의

윤선옥전의 인문학적인 의의를 논하는 데 여러 방법이 가능할 것이다. 대단락, 중단락, 소단락 등 작품을 단락별로 분석한 다음, 단락별 주제를 추출해 그 인문학적인 의미를 천착할 수도 있을 것이고 다른 방법도 가능하리라 본다. 필자는 이 작품을 읽어나가면서, 순차적으로, 작품에는 있는데 지금은 사라졌거나 희박해진 화소(모티프)들을 적시해 그 인문학적 의의를 타진하는 방식으로 서술하기로 한다.

필자가 살펴본 결과 모두 아홉 가지 정도의 의미 있는 화소를 추출할 수 있었다. 부부가 함께 시간 보내기, 부부간의 공대(恭待), 부부간의 의사 소통, 가정 문제의 책임을 자기 탓으로 돌리는 자세, 최선의 해결책 마련을 위한 부부의 노력 등이다. 이제 이들을 하나씩 검토하기로 하자.

1. 부부가 함께 시간 보내기

부부가 행복하게 지내기 위해 필요한 게 많을 것이다. 그중의 하나가 시간을 함께 보내기라 할 수 있다. 지정의(知情意) 세 가지를 지닌 게 인간이라면, 시간을 함께 보내는 것은 정서적인 측면에서의 만족감을 가져다준다는 점에서 중요하다. 특히 여가 시간처럼 아무런 부담 없이 시간을 함께 즐기고 누리는 것이야말로 행복감을 증진하고 유지하는 기회라 하겠다.

가족학 분야의 연구결과에 따르면, 결혼생활을 성공적으로 하기 위한 필수조건 가운데 하나로, "함께 나눔", "동반적 활동과 함께 나눔"을 들고 있다. 부부 일심동체라는 말 그대로, 독자적인 생활로 치달아서는 안되며, 시간이든 정보든 그 모든 것을 함께하는 생활을 가져야만 행복에 이를 수 있다는 것을 지적하는 것이라 여겨진다. 여가 시간을 활용하여 함께 산책한다거나 음악감상을 한다든지 하여 정서적인 일체감을 가지는 것이야말로 중요하지 않을까 생각된다.

그렇게 보았을 때, 이 작품에 등장하는 윤 참판 부부는 그렇게 부부가 함께하는 시간을 가지고 있어 주목된다.

> 일일은 부인 최시와 □□ 놉피 올나 풍경을 귀경타가 □ 졀벽상의 □□이졀은 숌월이라 두식는 골골리 실피 울고 풍은 셤셤ᄒᆞ야 화긔을 도옵는듯 반월은 명명ᄒᆞ야 졍신이 세락ᄒᆞ는 ᄃᆞᆺᄒᆞ고 슉조는 나라 들고 겨슈는 좔좔ᄒᆞ야 졍히 ᄉᆞ롬의 감회을 돕는지라 춤픈의 부인의 손을 익글고(제1～2면)

춘삼월을 맞이하여, 부부가 함께 높은 곳에 올라 풍경을 구경하고 있다. 두견새 울고, 바람 불고, 시냇물은 졸졸 흐르는 자연을 즐기고 있다. 조선시대에 대한 통념을 완화시킬 만한 장면이라 보인다.

이런 면모는 오늘날에도 여전히 의미 있다고 여겨진다. 부부의 행복보다 더 소중한 것은 없다고 한다면, 이 작품의 부부가 계절의 변화 앞에서 자연을 함께 즐기며 시간을 보내는 것은, 아직도 이 점이 많이 부족하다고 여겨지는 우리에게 시사하는 바가 있다고 생각한다.

2. 부부간의 공대(恭待)

이 시대 우리가 가장 취약성을 보이는 것 중의 하나가 부부간의 관계라 생각한다. 결손 가정이 자꾸만 늘어가는 것을 보면 안타까운 마음 금할 길 없다. 부부 생활에 문제가 있어서 나타난 결과라 할 것이다.

부부는 서로 어떤 자세를 가지고 대하면서 사는 게 바람직한 것일까? 윤선옥의 부모가 보여준 자세는 지금 우리 시대에 2% 부족한 것을 채울 만한 것이라 생각한다. 그 가운데 하나가 부부간의 공대이다.

부인이 남편에게 말할 때, "－오이다", "－아니하오릿가", "－듯하와이다", 이렇게 공대하는 것은 물론, 그 남편이 부인에게 하는 말투도 마찬가지로 상대를 높이고 있다. "－하리요", "－두로닛가", "ᄒᆞᄉᆞ이다"같은 종결어미가 그 예이다. 주지하다시피 오늘날의 부부들은 이러지 못하거나 안하고 있다. 말을 놓아버리고 살기 일쑤이다.

선진국 중에서 우리나라의 이혼율이 선두를 차지하고 있다. 어쩌면 이렇게 서로를 향하여 존대하지 않는 문화, 생활습성이 관련되는지도 모른다. 가족학 분야의 연구결과에 따르면, 부부 이혼의 중요한 요인 가운데 하나가, "배우자나 배우자의 존속으로부터 받는 모욕과 학대"이다. 1990년대부터 본인에 대한 모욕과 학대를 이유로 재판상 이혼을 청구한 사례가 급증한다고 보고되어 있다.

왜 부부간에 모욕과 학대 행위가 존재하며 그 결과 이혼에까지 이르는 것일까? 가장 근본적인 원인은 상대방을 대할 때 공경하는 자세를 가지지 않아서라 생각한다. 부부간의 윤리와 관련해, 동양의 전통적인 가르침 가운데, 춘추(春秋) 시대 진(晉)나라 기읍(冀邑)에 살았던 극결(郤缺)의 고사는 유명하다. 극결이 기읍에 은둔하여 농사지으며 살 때, 그 아내가 들밥을 내가곤 하였는데, 부부간에 마치 손님을 대하는 것처럼 깍듯이 공경(相對如賓)하였다고 하는 고사가 그것이다. 『동몽선습』에서도 이를 반영하여, "辨內外 男子 居外而不言內 婦人 居內而不言外(부부간에는 분별이 있어, 남편은 바깥채에 거처하여 여성이 보살피는 집안일에 대해서는 간섭하지 않고, 부인은 안채에 거처하여 남편이 밖에서 하는 사회적이고 공적인 일들에 대해서 간섭하지 않아야 한다)"고 하면서, 극결의 고사를 인용하며 부부는 마땅히 극결의 부부처럼 해야 한다고 강조하는 것을 볼 수 있다. 이와 관련해 이른바 오륜(五倫) 중의 '부부유별'은 차별이 아니라 분별을 말한 것임이 이런 사례를 통해 잘 드러나고 있다.

요컨대 부부간에는 서로 공경하는 자세가 필요하다. 모든 예(禮)가 천성에서 비롯된, 다시 말해 인간의 본성을 반영해 가장 자연스럽게 살도록 마련한 것임을 인정한다면, 부부간의 공대도, 행복한 삶을 위해 필요한 가장 자연스러운 법도라 하겠다.

그런 점에서도 고소설이 보여주는 부부간의 깍듯한 공대, 특히 언어 사용으로 구체화된 상호간의 공경은 오늘의 우리에게 시사하는 바 크다고 생각한다. 부부간에 말만 공대해도 행동이 자연스럽게 규제가 되어, 가정의 분위기가 한결 화락해지지 않을까? 부부의 모욕이나 학대 또는 폭력도 줄어들고 사라져갈 것이라 필자는 믿는다.

3. 부부간의 의사 소통

이 작품에서 주인공의 부모는 무자라는 심각한 공통의 문제를 만난다. 이하 3~6항까지 관련되는 중요한 문제이므로, 관련 대목을 원문대로 보이면 다음과 같다. 이 대목은 일반적으로 고소설 주인공의 출생담 대목으로 불리고 있기도 하다.

> ᄃᆡ청(大淸) 융경(隆慶) 년간 조션국 함경도 닷의 명환가(名宦家) 이시되 셩은 유요 일홈은 보ᄉᆞᆫ이라 조문등과(早聞登科)ᄒᆞ야 벼ᄉᆞᆯ이 리조참판의 겨ᄒᆞ다가 젹연(適然) 상ᄃᆡ(相對)ᄒᆞ여 소인 참소을 만나 무발지가(無拔之家)ᄒᆞ야 경은 조월(釣月)ᄒᆞ물 일삼마 계신의 부ᄉᆞ(不仕) ᄒᆞ민(下民)되여는 지나가이 ᄒᆞ야 연세의 오십세의 실ᄒᆞ(膝下) 자식이 업ᄂᆞᆫ지라 일일은 부인 최시와 멋 길 놉피 올나 풍경을 귀경타가 □ 절벽상의 잇ᄯᅢ 시절은 ᄉᆞᆷ월이라 두ᄉᆡᄂᆞᆫ 골골리 실피 울고 풍은 셤셤ᄒᆞ야 화긔을 도읍ᄂᆞᆫ듯 반월은 명명ᄒᆞ야 정신이 셰락ᄒᆞᄂᆞᆫ 듯ᄒᆞ고 슉조ᄂᆞᆫ 나라 들고 겨슈ᄂᆞᆫ 쫠쫠ᄒᆞ야 정히 ᄉᆞ롬의 감회을 돕ᄂᆞᆫ지라 ᄎᆞᆷᄑᆞᆫ의 부인의 손을 익글고 의연 장탄 왈 우리 집 누셰향화을 씃지 아니쩌니 나게 이라여ᄂᆞᆫ 연장 반ᄇᆡᆨ의 일졈혈륙이 업시니 한심ᄒᆞ다 ᄉᆞ후ᄉᆞ을

> 뉘게 젼ᄒᆞᆯ고 조상 봉ᄉᆞ을 뉘 이셔 밧들고 ᄉᆞᆷ쳔죄악을 면치 못ᄒᆞᆫ니 엇지 실푸지 안이ᄒᆞ리요 ᄒᆞ물 마지 아이ᄒᆞ신ᄃᆡ 최시 위로왈 무ᄌᆞ식ᄒᆞ기ᄂᆞᆫ 다 쳡의 죄라 쳘겨지죄을 면치 못ᄒᆞ오ᄃᆡ 군ᄌᆞ 너부시온 덕오이다 제 탁신ᄒᆞ오나 엇지 황송치 아니ᄒᆞ오릿가 복원 군ᄌᆞ난 양가녀을 직쳐ᄒᆞ여 남여간 ᄌᆞ식을 두오며 후ᄉᆞ을 전ᄒᆞ옵고 죽은 후의 부모님의게 득죄를 면ᄒᆞ오면 군ᄌᆞ의 ᄇᆡᆨᄃᆡ션조의 앙화을 없게 ᄒᆞ오면 좋을 듯ᄒᆞ와이다 참판이 탄식왈 엇지 부인갓튼 슉여을 원망ᄒᆞ리요 이ᄂᆞᆫ 나의 죄라 ᄒᆞ시고 셔로 위로ᄒᆞ더니 문득 풍편으로 일곡통이 들이거ᄂᆞᆯ 부인이 참판다려 왈 일쳐의 져 죄 인ᄂᆞᆫ ᄃᆞᆺ시 우온니 우리도 발원ᄒᆞ오면 혹 눈먼 ᄌᆞ식이나 볼가 하나이다 참판이 탄왈 자식 유부ᄂᆞᆫ 팔ᄌᆞ의 인ᄂᆞᆫ이 엇지 불공ᄒᆞ야 ᄌᆞ식을 두로닛가 그려오나 부인 말ᄉᆞᆷᄃᆡ로 ᄒᆞ여 ᄒᆞᆫ이나 업괴 ᄒᆞᄉᆞ이다 답ᄒᆞ고 ᄂᆡ외 셔로 손을 붓들고 등등이 올나가이(제1~5면. 괄호 안의 한자 처리는 필자가 한 것임)

위에서 보듯, 이 무자 문제에 대하여 부부는 각자의 의견을 주고받고 있다. 남편은, 무자는 제사를 끊어지게 하는 사건으로서, 부모와 조상에게는 더없는 죄요 불효이므로 심각한 문제라고 토로한다. 이 말을 들은 부인은, 그런 남편을 위로하기를, 이는 남편의 죄가 아니고 자신의 죄라고 하면서, 그 대안으로서, 새장가를 가서 후사를 얻으라고 한다. 제각기 솔직한 의견을 개진하고 있다.

부부간의 명확하고 효과적인 의사소통은 결혼 만족과 관계가 깊다는 사실이 밝혀지고 있다. 즉 부부간 의사소통의 빈도와 효율도, 이해도가 높을수록 남편과 부인은 결혼 생활에 더 만족한다는 것이다. 나브란에 따르면, 행복한 결혼생활을 하는 부부의 의사소통상의 특징으로 첫째, 대화를 자주 함, 둘째, 경청하고 상대방이 이해한다는 느낌을 전달함, 셋째, 상대방의 감정상태에 민감함 등을 들고 있다.

오늘날 이혼의 주된 이유로, 성격 차, 배우자의 부정, 가족간 불화, 경제력 등 여러 가지가 거론되고 있다. 하지만 필자가 보기에, 비록 이 가운데 어느 게 문제되었다 해도, 부부간의 의사 소통만 제대로 된다면 어지간한 갈등은 예방하거나 해소될 수 있다고 생각한다. 의사

소통할 줄을 몰라 일방적으로 자기 의견만 강요하면서 오해가 증폭되어 마침내는 파국에 이른다 할 수 있다. 그런 의미에서, 윤선옥의 부모가 보여주는 부부간의 대화, 긴밀한 의사 소통은 오늘날의 문제를 해결하는 데 소중한 사례라 생각한다.

4. 가정 문제의 책임을 자기 탓으로 돌리는 자세

<윤선옥전>에서, 무자의 원인이 자신에게 있다고 부인이 말하자, 이에 대해 남편은 이렇게 말한다. "부인갓튼 슉여을 원망ᄒ리요 이는 나의 죄라" 이럼으로써, 부부는 가정에 발생한 심각한 문제의 책임을 상대방에게 전가하려 하지 않고, 서로 자신이 떠맡으려 하는 자세를 보인다.

주지하다시피 구약 창세기에 나오는 인류 최초의 부부라고 일컬어지는 아담과 이브의 경우, 선악을 알게 하는 나무의 실과를 따먹은 책임을 절대로 자신이 지려고 하지 않고, 남에게 전가하는 양상을 보이고 있다.

> 그런데 뱀은 여호와 하나님이 지으신 들짐승 중에 가장 간교하니라 뱀이 여자에게 물어 이르되, "하나님이 참으로 너희에게 동산 모든 나무의 열매를 먹지 말라 하시더냐?" 여자가 뱀에게 말하되, "동산 나무의 열매를 우리가 먹을 수 있으나 동산 중앙에 있는 나무의 열매는 하나님의 말씀에 너희는 먹지도 말고 만지지도 말라 너희가 죽을까 하노라 하셨느니라." 뱀이 여자에게 이르되, "너희가 결코 죽지 아니하리라. 너희가 그것을 먹는 날에는 너희 눈이 밝아져 하나님과 같이 되어 선악을 알 줄 하나님이 아심이니라." 여자가 그 나무를 본즉 먹음직도 하고 보암직도 하고 지혜롭게 할 만큼 탐스럽기도 한 나무인지라. 여자가 그 열매를 따먹고 자기와 함께 있는 남편에게도 주매 그도 먹은지라. 이에 그들의 눈이 밝아져 자기들이 벗은 줄을 알고 무화과나무 잎을 엮어 치마로 삼았더라. 그들이 그 날 바람이 불 때 동산에 거니시는 여호와 하나님의 소리를 듣고 아담과 그의 아내가 여호와 하나님의 낯을 피하여 동산 나무 사이에 숨은지라. 여호와 하

나님이 아담을 부르시며 그에게 이르시되, "네가 어디 있느냐?" 이르되, "내가 동산에서 하나님의 소리를 듣고 내가 벗었으므로 두려워하여 숨었나이다." 이르시되, "누가 너의 벗었음을 네게 알렸느냐? 내가 네게 먹지 말라 명한 그 나무 열매를 네가 먹었느냐?" 아담이 이르되, "하나님이 주셔서 나와 함께 있게 하신 여자 그가 그 나무 열매를 내게 주므로 내가 먹었나이다." 여호와 하나님이 여자에게 이르시되, "네가 어찌하여 이렇게 하였느냐?" 여자가 이르되, "뱀이 나를 꾀므로 내가 먹었나이다."

—창세기 3장 1~13절 참고(개정개역판)

<윤선옥전>의 부부는 다르다. 오늘날의 가정에서 부부간의 갈등이 생기는 근본 원인 중의 하나는 문제의 책임을 서로 상대방에게 돌리는 자세에 있다고 필자는 진단한다. 좋지 않은 일이 생겼을 때, 서로가 자기 탓이라 하고, 좋은 일이 생겼을 때는 반대로 서로 상대방 덕분이라고 한다면 가정의 평화는 저절로 이루어지지 않을까?

5. 최선의 해결책 마련을 위한 부부의 노력

모든 문제에는 답이 있다고 한다. 주인공의 부모가 당면한 무자 문제도 마찬가지다. 이 문제를 해결하기 위해 부부는 노력한다. 그 첫 해결책을 부인이 제안한다. "복원 군ᄌᆞ난 양가녀을 직쳐ᄒᆞ여 남여간 ᄌᆞ식을 두오며 후ᄉᆞ을 전ᄒᆞ옵고 죽은 후의 부모님의게 득죄를 면ᄒᆞ오면 군ᄌᆞ의 빅ᄃᆡ션조의 앙화을 없게 ᄒᆞ오면 좋을 듯ᄒᆞ와이다"라고 한 대목이 그것이다. 다른 여자에게 새장가를 들어 자식을 두라는 권면이다.

얼핏 보기에 이는 타당한 해결책인 듯하다. 하지만 이는 최선의 대책은 아니다. 왜냐하면 이 말대로 첫째부인을 놔둔 채 다른 여자를 얻으면 자식을 낳을 수는 있겠지만(여성이 불임인 경우에만 해당되겠지만), 그 부인의 처(妻)가 아니라 첩일 따름이며, 그 사이에서 태어나는 자식도 적자(嫡子)가 아닌 서자(庶子)이므로 불완전한 후사일 따름이다. '양가녀(兩家女)'이므로 '얼자(孼子)'는 아니지만, 조선왕조는 태종 이래 서얼차대법이 작동되어 각종의 차별이 존재했기 때문에 불완전한 후사이기는 마찬가지다. 첩의 아들을 증오하여 후사로 삼기를 원치 않은 경향도 있었다. 이런 저런 이유로, 남편의 친형제나 사촌의 아들 중에서 입양하여 후사를 잇게 한 것이 일반적이었다.

따라서 이 부인이 합법적으로 남편을 도와 무제 문제 즉 후사가 끊어지는 가정의 위기를 극복하려면 방법은 한 가지다. 남편의 친형제나 사촌형제가 낳은 아들 가운데에서 입양해 아들로 입적시키는 것이다. 하지만 웬일인지 작품에서 부인이 남편더러 입양하라는 제의는 하지 않고, 사실상 첩을 얻어서 후사를 보라는 제의만 한다.

부인의 이런 제안을 남편은 받아들이지 않는다. 그렇게 하면 서자밖에는 얻을 수 없어 불완전하기 때문에 받아들이지 않는 것은 아니다. "엇지 부인갓튼 슉여을 원망ᄒᆞ리요 이는 나의 죄라"라고 하면서 거부한다. 자신의 죄값이라고 치부하면서 그냥 부인과 함께 살려는 자세를 보인다. 부인을 원망하지 않고, 오히려 자신의 죄값으로 부인에게 고통을 주고 있는 데 대하여 미안해 하는 느낌이 풍겨나는 어투이다.

여기서 강한 일부일처주의를 읽어낼 수도 있다. 우리가 일반적으로 알고 있는 이른바 일부다처주의(사실상은 어폐가 있는 표현이지만)와는 달리, 적어도 윤선옥전을 비롯한 영웅소설의 주인공 출생담 대목에서는 거의 예외 없이 일부일처주의를 고수하려는 경향성을 엿볼 수 있다. 이른바 일부다처주의는 결코 행복한 가정을 보장하는 게 아니라는 사실을 인지했던 듯하다. 일부일처제는 구약 창세기 2장에서부터 고수되어 왔던 듯하다.

> 여호와 하나님이 이르시되 사람이 혼자 사는 것이 좋지 아니하니 내가 그를 위하여 돕는 배필을 지으리라 하시니라. 여호와 하나님이 흙으로 각종 들짐승과 공중의 각종 새를 지으시고 아담이 무엇이라고

> 부르나 보시려고 그것들을 그에게로 이끌어 가시니 아담이 각 생물을 부르는 것이 곧 그 이름이 되었더라. 아담이 모든 가축과 공중의 새와 들의 모든 짐승에게 이름을 주니라 아담이 돕는 배필이 없으므로 여호와 하나님이 아담을 깊이 잠들게 하시니 잠들매 그가 그 갈빗대 하나를 취하고 살로 대신 채우시고 여호와 하나님이 아담에게서 취하신 그 갈빗대로 여자를 만드시고 그를 아담에게로 이끌어 오시니, 아담이 이르되, "이는 내 뼈 중의 뼈요 살 중의 살이라 이것을 남자에게서 취하였은즉 여자라 부르리라." 하니라. 이러므로 남자가 부모를 떠나 그의 아내와 합하여 둘이 한 몸을 이룰지로다. 아담과 그의 아내 두 사람이 벌거벗었으나 부끄러워하지 아니하니라.

부인은 자신의 첫 번째 제안을 남편이 거절하자, 두 번째 제안을 내놓는다. "우리도 발원ᄒᆞ오면 혹 눈먼 ᄌᆞ식이나 볼가 하나이다" 즉 부처에게 발원 기도하여 자식을 얻자는 것이다. 인위적인 방법으로서 재취를 권하였으나 남편이 거부하자, 초월적인 존재에게 기도하는 신앙적인 방법을 새로 제안한다.

남편도 이 제안은 받아들인다. "자식 유부ᄂᆞᆫ 팔ᄌᆞ의 인ᄂᆞᆫ이 엇지 불공ᄒᆞ야 ᄌᆞ식을 두로닛가 그려오나 부인 말ᄉᆞᆷᄃᆡ로 ᄒᆞ여 ᄒᆞᆫ이나 업긔 ᄒᆞᄉᆞ이다"라고 하여, 다소 미온적이기는 하나, 부인이 원하는 일이니 부인의 한이라도 풀어주려는 목적으로 이 제안을 받아들이고 있다. 이 대목에서도 부인을 배려하고 존중하는 마음씨를 읽을 수 있다.

이 방법은 전자보다 낫다고 판단한다. 왜냐하면 정실부인의 소생이라야 완전한 후사로서의 자격을 갖는 것이 당대의 제도이므로, 가장 좋은 방법은 할 수만 있다면 첫째부인에게서 자식을 얻는 것이다. 그런데 50 나이에 이르도록 자식이 생기지 않으니 인간적인 힘으로는 불가능하다고 보아야 한다.

작품에는 나타나지 않지만, 자식을 얻기 위해 약물 복용을 비롯해, 민간요법을 두루 동원했을 가능성이 높다. 어떻게든 자신의 약점을 보강해 자식을 얻어보려는 노력을 기울였으리라 여겨진다. 그렇게 하지 않았다면 자식 얻기를 간절히 원하는 사람이라 할 수 없다.

그런 노력을 기울였건만 남편의 나이 50이 되도록(여성의 나이는 그 이상일 가능성이 높음) 자식이 없자, 이런 노력을 포기하고 내린 결정이 재취하라는 것이었다. 남의 몸을 빌어 자식을 보려는 쪽으로 방향을 바꾼 것이다. 여성의 경우 생리적으로 더 이상 임신할 가능성이 사라진 연령이기에, 젊은 여성을 맞아들여 후사를 보라는 제안이었던 것이다. 하지만 남편이 거절했고, 이에 신앙적인 방법을 동원하기로 마음을 바꾸어 새로 제안한 것이다.

이 방법이 성공하기만 하면, 적자가 태어나 완전한 후사가 되어 가문을 이을 수 있다. 조상의 제사를 모실 수도 있다. 당시로서는 가장 나은 방법을 찾아 실천하기로 한 것이다. 가정에 문제가 발생할 경우, 두 사람이 지혜를 모아, 가장 합리적이고 좋은 해결책을 찾아보려고 계속 노력하는 자세, 오늘날에도 필요하지 않을까?

IV. 맺음말

이 글에서, 고소설 <윤선옥전>의 인문학적 의의를 드러내는 시도를 하였다. 그간의 연구가 학문적인 데 무게중심을 두었으나, 이제는 대중을 위해서도 기여해야 할 필요가 있다는 판단에 따라, 다소 성글지만 모험을 해 본 셈이다.

이 글에서 <윤선옥전>이 지닌 인문학적인 의의로 모두 일곱 가지를 들었다. 부부가 함께 시간 보내기, 부부간의 공대(恭待), 부부간의 의사 소통, 가정 문제의 책임을 자기 탓으로 돌리는 자세, 최선의 해결책 마련을 위한 부부의 노력, 유교와 불교의 공존, 융통성 있는 선악관 등이다.

이 일곱 가지는 과거에는 있었으나 지금은 없거나 드물어진 것들이다. 아울러 이들은 오늘의 우리 삶을 좀더 행복하고 풍요롭게 하기 위해 필요한 것들이기도 하다. 이 자리에서 총괄적으로 그 의의에 대해 부언해 보기로 한다.

첫째, 부부가 함께 시간 보내기는, 자칫 일에 중독된 나머지 부부가 함께하는 시간을 소홀히 할 수 있는 위험성을 피하게끔 일정한 자극을 주는 대목이라 생각한다.

둘째, 부부간의 공대는 부부간의 언어사용에 관한 것으로서, 남녀차별이 아니라 내외를 분별하며 서로를 대등한 인격체로 존중했던 과거의 삶을 재발견하게 한다. 오늘날 부부간에 상대방에 대하여 함부로 말을 놓음으로써 야기되는 폭력, 그리고 이로 말미암은 여러 불행한 일들을 예방하도록 해주는 미덕이라고 본다.

셋째, 부부간의 의사 소통은 아직도 가부장제적인 문화가 강한 우리나라에서 반드시 눈여겨보아야 할 사항이라 생각한다. 서로의 의견을 솔직하게 하고 들어주는 부부관계가 이루어져야만 부부일심동체라는 말이 사실로 증명될 수 있어 행복한 가정이 가능할 수 있겠기 때문이다.

넷째, 가정 문제의 책임을 자기 탓으로 돌리는 자세 역시, 가정의 행복을 유지하기 위해 반드시 필요한 자세라 할 수 있다. 대부분의 가정 문제가 서로 상대방 탓을 하기 때문에 빚어진다는 사실을 고려해 볼 때, 이 미덕 역시 시간과 공간을 초월해 필요한 것이라 하겠다.

다섯째, 최선의 해결책 마련을 위한 부부의 노력도 마찬가지다. 가정의 중요 문제 앞에서 가장 완전한 해결책이 무엇인지에 대해 함께 노력하여 대안을 찾아내는 모습은 합리성을 중시하는 지금의 관점에서도 돋보인다.

이처럼, 인문학적 의의에 초점을 맞추어 작품을 읽어보니, 전에는 간과했던 부분들이 의미 있게 다가오는 듯하여 즐거웠다. 최근 필자는 지역민을 위해 매월 1회 인문학강좌를 마련해, 문사철의 다양한 학자들을 강사로 모셔 진행하고 있는바, 고소설 작품을 가지고도 얼마든지 의미 있는 대중강의를 할 수 있겠다는 확신을 가지게 되어 기쁘다. 앞으로 다른 고전작품을 대상으로 이 같은 작업을 계속해 보고 싶다.

제6강

고소설에 나타난 종교적 다원성

I. 머리말

필자는 조선시대에 창작된 우리 고소설을 연구하면서, 거기 반영되어 있는 향유층의 종교적인 태도에 대해 특별한 관심을 가져왔다. 그 이유는 다른 데 있지 않다. 고소설에는 조선왕조가 국시(國是)처럼 일관하여 표방했던 종교인 유교는 물론, 이단으로 몰려 배척받았던 불교나, 도교, 민간신앙 등도 아주 큰 비중을 지니고 버젓이 문면에 드러나 있다는 흥미로운 사실 때문이다.

사실, 앞 세대 연구자들도 일찍이 이 점을 주목해 거듭 다루어 왔음을 알 수 있다. 그런데, 지금까지의 연구는 이런 현상에 대해 '삼교(三教)사상의 혼합'이라는 다소 평면적인 지적을 하고 말거나, 각 종교사상의 요소가 소설에 나타난 사례를 공시적으로 자세히 나열하는 데서 그친 것이 아닌가 하는 아쉬움을 지니고 있다.

이 글에서는 앞서의 연구 성과를 토대로 이 문제를 좀 더 예각화해서 꼼꼼히 다루어 보고자 한다. 그러기 위해 고소설 작품의 몇 개의 대단락으로 크게 나누어 한 단락씩 차례로 검토한 다음, 종합하는 방식을 취하도록 하겠다. 이렇게 하는 이유는 작업의 편의를 위해서이기도 하지만, 작품상에 형상화되어 있는 등장인물의 종교적인 태도의 단계적인 추이를 주시하고자 해서이다. 작품이 진행되면서, 다시 말해 등장인물의 삶이 전개되면서, 그 인물 또는 서술자의 종교적인 태도가 일정한 변화의 궤적을 보이는 것이 작품의 실상이라고 판단하는 것이 필자의 소견인바, 이점을 선명하게 드러내 그 의미를 따지겠다는 의도에서다.

이 글은 그 첫 번째 작업으로서, 고소설의 출생담 부분만을 집중적으로 분석해 보고자 한다. 출생담 대목이야말로 고소설의 도입부를 이루는 첫 번째 대단락이면서, 인간의 종교적 본능이 발현될 수 있는 아주 적절한 계기가 포함되어 있다고 판단해서이다. 먼저 출생담의 전개 양상을 자세히 살핀 다음, 거기에 나타나는 종교적 이원성과 그 종교적, 소설적 의미를 밝혀보려고 한다.

이 글에서 검토 대상으로 삼은 자료는, <사대부가의 무자 문제 발생－부인의 재혼 권유와 기자치성요청－기자치성－태몽과 신이한 해산> 이라고 하는 전형적인 주인공 출생담이 들어 있는, 여러 유형에 걸친 다수의 고소설 작품이다. 앞으로 인용의 편의를 위해 고소설 자료집들의 약호를 각각 다음과 같이 정하기로 한다. 이화여자대학교 한국문화연구원 편, 한국고대소설총서 1～4(서울 : 통문관, 1958～1961)(이하 「총서」). 김동욱 편, 영인 고소설판각본전집 1～5(서울 : 연세대학교 인문과학연구서, 1973)(이하 「판각집」) 동국대학교 한국학연구소 편, 활자본 고전소설전집 1～12(서울 : 아세아 문화사, 1976～1977)(이하 「활자집」)

2. 출생담의 전개 양상

고소설 주인공의 출생담은 특정유형에 국한하지 않고 여러 유형에 다양하게 나타난다. 영웅소설은 물론 애정소설 [<형산백옥>], 가정소설 [<정을선전>], 윤리소설 [<김학공전>], 이상소설 [<오선기봉>]을 비롯해 찬소리계소설 [<열녀춘향수절가>]에 까지 등장하고 있어, 고소설 담당층 모두에게 두루 친숙한 것임을 알 수 있다.

그런데, 어느 유형에서든지 이 출생담 부분은 앞서 언급했던 것처럼, <사대부가의 무자문제 발생－부인의 재혼 권유와 기자치성 요청－기자치성－태몽과 신이한 해산>이라고 하는 일정한 소단락으로 구성되어 있다. 그런데 이들 각 소단락은 출생담의 전개에서 일정한 서사 기능을 수행하면서, 서로 긴밀하게 연결되어 유기적 질서를 이루고 있음을 볼 수 있다. 작품 전체를 하나의 사건이라고 한다면 대단락은 그 사건을 구성하는 작은 사건이라고 할 수 있을 터인데, 앞의 소단락들은 주인공의 출생이라고 하는 작은 사건의 <처음－중간－끝>을 각기 담당하고 있기 때문이다.

부연하자면, '사대부가의 무자문제 발생' 단락은 갈등이 소개되는 사건의 시작 부분이다. '부인의 재혼 권유와 기자치성 요청' 및 '기자치성' 단락은 갈등의 해소를 위한 일정한 모색이 시도되는 중간부분이다. '태몽과 신이한 해산' 단락은 마침내 갈등이 해결되어 사건이 종결되는 끝 부분이다.

이제 그 전개 양상을 하나씩 순차적으로 살펴보기로 한다.

(1) 사대부가의 무자 문제 발생

주인공 출생담의 첫 번째 구성요소는 명문 사대부 집안에 늦도록 자식이 없는, 이른바 무자 문제의 발생이다. 여기서 명문 사대부 집안이라고 했는데, 작품에 따라서는 편차가 있을 수도 있으리라고 본다. 군담 영웅소설만 하더라도 전직 고관인 경우, 현직 고관인 경우, 벼슬을 하지 않은 초야 은사인 경우 등 세 가지로 분류할 수 있기 때문이다. 하지만 그 어떤 경우든 신분 계층 면에서 양반 사대부인 것만은 분명하며, 대대로 명문 거족이었음도 모든 작품에서 표나게 강조하고 있기 때문에, 이렇게 말해도 별 무리는 없다고 생각한다.

다음에 <유충렬전>에서 해당 대목을 소개하고 나서 논의를 계속하기로 한다.

> 잇때의 조졍의 한 신하 이스되 셩은 유요 명은 심이니 젼일 션조황졔 개국공신 유기의 십삼대 손이요 젼병부상셔 유현의 손자라 세대 명가 후예로 공후작녹이 떠나지 안이하더니 유심의 벼살리 정은쥬부의

잇난지라 위인이 정직하고 셩졍이 민쳡하며 일심이 충셩하야 국녹이 중중하니 가산이 요부하고 작법이 화평하니 세상 공명은 일대의 제일이요 인간 부귀난 만민이 충송하되 다만 실하의 일졈혈육이 업시 매일노 한탄하야 일년 일도의 션영 제사 당하면 훌노 안져 우난 말리 실푸다 내의 몸이 무삼 죄 잇셔 국녹을 먹거니와 자식이 업셧으니 셰상의 좃타한들 조흔 줄 엇지 알며 부귀가 영화로되 영화된줄 엇지 알이 나 죽어 청산의 무친 백골 뉘라셔 거두오며 선영 향화를 뉘라셔 주장하리 해음 업난 눈물리 옷깃슬 적시난지라(「판각집」2, 제 335면. 원문대로 인용하되 모음 중에서 '아래 아(·)', 자음 중에서 초성 복자음(ㄸ, ㅄ 등) 같이 지금은 사용하지 않는 음소는 현재의 것으로 고치고, 띄어쓰기도 하였음. 이하 마찬가지임.)

인용문에서 보는 것처럼, 주인공의 부친 유심은 명문 사대부 집안의 후예로 명예와 재산면에서 전혀 부러울 게 없는 인물이다. 다만 한가지 부족한 게 있다면, 자식이 없는 점이다. 그런데 유심을 비롯해서 모든 고소설 주인공의 부친은 이 무자 사태를 매우 심각하게 받아들이고 있음을 볼 수 있다.

그 심각한 정도는, 인용문에서 "세상의 좃타한들 조흔 줄 엇지 알며 부귀가 영화로되 영화된 줄 엇지 알이"라고 한데 잘 나타나 있다. 출세하여 부귀공명을 누리는 것은 분명 사대부 계층 일반의 공통된 꿈일텐데, 그 모든 영화도 자식이 없으면 무의미할 뿐이라는 생각을 거기서 읽을 수 있다. 「곽해룡전」에서는 주인공의 부친 곽츙국이 "명망이 일국에 웃듬이라 그럴거시 업스되 다만 슬하에 일졈 혈육이 업셔 벼살을 하직하고 고향에 도라와 조대에 고기 낙기와 월하에 밧갈기를 일삼"(『판각집』1, 제 3면)았다고 하여, 무자문제는 관직생활마저 포기하게 할 만큼 심각한 것임을 드러내고 있다.

어째서 무자 문제가 이처럼 심각한 것일까? 그 이유는 "나 죽어 청산의 무친 백골 뉘라셔 거두오며 션영 향화를 뉘라셔 주장하리"하고 한 데에서, 볼 수 있듯이, 자기 사후의 장례와 조상에 대한 제사 문제를 염려해서이다. 자식이 없으면 장례 치러 줄 사람도 없으며, 조상에 대한 제사를 주관할 사람이 없게 되니, 그게 걱정이라는 것이다. 장례는 반드시 친자식이 지내주어야 하고, 제사는 꼭 지속되어야 함은 물론 그것도 반드시 친후손에 의하여야 한다는 고정관념이 강하게 전제되어 있음을 확인할 수 있다. 인간은 그와같은 자식에 의한 사후 보장책이 마련되지 않으면 결코 행복할 수 없는 존재라는 당대 가치관의 일단을 엿볼 수 있다.

(2) 부인의 재혼 권유와 기자치성 요청

주인공 출생담의 두 번째 구성요소는 남편에 대한 부인의 재혼 권유와 기자치성 요청이다.

ㄱ. 재혼 권유

먼저 남편에 대한 부인의 재혼 권유 대목부터 살피기로 한다. 그런데, 사실은 재혼을 권유하고 기자치성을 요청하기에 앞서, 남편에게 무자 사태에 대한 자책을 토로하는 대목이, 많은 작품에 거의 관습적으로 등장함을 볼 수 있다. 앞에서와 마찬가지로 <유충렬전>에서 해당 부분을 인용해 보이면서 논의를 이어나가기로 한다.

> 이러타시 시러하니 부인 장씨난 이부상셔 장눈의 장녀라 주부 젓테 안져따가 일심이 비감하야 왈 상공의 무후하문 소쳡의 박복하미라 쳡의 죄를 논지컨대 발셔 발일 거스로대 상공의 음덕으로 지금까지 부지하오니 붓그러온 말삼을 엇지 다하오릿가(『판각집』2, 제 335면)

위 인용에서와 같이 주인공의 모친은 무자의 책임을 자신의 박복때문이라고 돌리면서, 그런데도 내쫓지 않는 남편의 관용에 감읍하고 있다. 버림을 받아 마땅한 이유, 다시 말해 자식 못 낳는 것이 좀더 구체적인 이유는 다른 작품들을 보면 뚜렷하게 밝혀져 있다. 첫째 못 낳는 죄는 소위 칠거지악(七去之惡)에 해당하기 때문이라는 것이다.

『대대례기(大戴禮記)』제 13권 본명(本命) 제 80에서 밝힌 칠거지악의 죄목은 1. 부모에게 순종치 않는 것, 2. 자식 못 낳는 것, 3. 음란한 것, 4. 질투하는 것, 5. 몹쓸 병이 있는 것, 6. 말이 많은 것, 7. 도둑질하는 것 등이다.

예컨대 <소대성전>에서, "부인이 피석 대왈 삼천지죄의 무휘위대라 하오니 첩을 존문의 용납케 하신 은혜 백골난망" (『판각집』1, 제 553면)이라고 한 것은 바로, 무자가 가장 무거운 죄라고 여긴 당대의 통념을 반영한 사례라고 하겠다. 한편 <이봉빈전>에서 "고셔에 일넛스되 여자 칠거지악이 잇사옴에 무자하면 바린다 하오니 이는 션영향화를 위하옴이라"라고 한 것이나 <신유복전>에서, 「다른 법문 도가에 요조숙녀를 구하시와 취쳐하야 귀자를 보시면 칠거지악을 면할가 하나이다(『활자집』4, 제 164면)라고 한 것은 자식 못 낳는 죄가 칠거지악의 하나였던 당시의 의식과 관습을 그대로 보여주는 대목이라고 할 것이다.

어쨌든 이런 이유로 주인공의 모친은 남편에게 감읍한 다음에, 이 무자 문제를 해결하기 위한 두 가지 대책을 단계적으로 내놓는다. 그 하나는 재혼 권유이고, 또 하나는 기자치성 권유다. 위에 인용한 「유충렬전」의 경우는 뒤의 것만 나와 있지만, 다른 많은 작품들에서 보면 이 두 가지가 차례로 제시된다. 그 한 예를 <설홍전>에서 찾아볼 수 있다. 해당 대목을 인용하기로 한다.

> 부인과 진숙인이 또한 슬픔을 머금고 위로 왈 우리 무자식함은 소첩의 박복한 죄로소이다 다시 귀문에 정혼하여 후사를 밧들게 하소서 하며 통곡하거늘 처사 위로 왈 부인은 서러 말으소서 유손 무손함을 엇지 황씨에게 죄라 하오릿가 하시며 만단 위로하드라 부인이 다시 청하여 왈 첩이 듯사오니 연주 땅 쌍용사라 하는 졀에 불공하면 혹 자식을 본다 하오니 우리도 정성으로 발원하여 보사이다 하거날 처사 답왈 불공하여 자식을 볼진대 천하에 무자식하리 닛스리요(『활자집』3, 제 491면)

인용문에서 보는 바와 같이, 주인공의 모친은 남편에게 권하기를,

다시 다른 가문과 정혼하여 후사를 이어가라고 한다. 이 말을 들은 남편은, 자식 없는 게 어찌 부인의 죄란 말이냐며 재혼 요청을 거절한다. <정비전>에서는 "부인에 말삼이 과하도다 자네 션션치 못하믄 복에 팔자로 말매암으미라 엇지 부인에 허물이리요"(『활자집』7, 제 525면)라고 하여, 무자의 원인을 자신의 팔자 소관으로 돌리고 있다. <김희경전>의 경우에도 "부인께 업는 자식이 다시 취쳐한들 엇지 자식을 보오릿가 이난 다 나의 팔자 소간이라 부인은 안심하소셔"(『활자집』 2, 제185면)라고 하여, 같은 반응을 보이고 있다.

이 대목에서, 재혼할 것을 권유받은 남성들이 한결같이 이를 받아들이지 않고 있는 작품상의 사실은, 일부다처제 사회였던 당대의 현실에 비추어 볼 때 매우 의문스러운 점이 아닐 수 없다. 조선후기에 일어난 일련의 사회변화의 조짐들을 염두에 둔다 하더라도 그렇다. 어떻게 그 모든 작품에서, 단 한 편의 예외도 없이, 제도적으로도 보장되어 있으며 후사를 얻기 위해서는 불가피하다 할 수 있는 재혼 권유를, 그처럼 지극히 운명론적이고 비현실적인 말 한마디로 거부할 수 있는가 하는 의문이다.

지금 이 자리에서 이 문제에 대해 길게 논의할 겨를은 없다. 다만 한 가지 지적해 둘 것은, 이를 해결하기 위해서는 고소설의 여성독자층에 대한 고려가 필수적이리란 사실이다. 다시 말해 고소설, 독자층의 주류를 차지한 여성 독자들의 요구 또는 기대의 지평에 영합하는 과정에서 이런 결과가 나왔다고 보는 게 필자의 판단이다. 하나 더 고려할 수 있는 것으로서 고소설의 이상주의적인 성향을 들 수 있다. 주인공이나 그 부친을 인격과 도덕면에서 이상적인 인물로 형상화하고자 하는 지향에서 나온 결과라고도 할 수 있겠기 때문이다.

ㄴ. 기자치성 요청

아무튼 부인 쪽에서 무자 문제를 해결하기 위해 내놓은 첫 번째 대책인 재혼 권유는, 이렇게 남편의 거절 때문에 무위로 돌아가고 만다.

여기서 두 번째 대책이 제안된다. 기지치성을 드리자는 요청이 그것이다.

앞에서 인용해 보였듯이, <유충렬전>에서 주인공의 모친은 "남악 형산"에 가서 "산신제 발원하야 정성이나 들려보자"고 권한다. <열녀춘향수절가>에서도 춘향모 월매가 "명산대찰의(에) 신고(공)이나 하"(『총서』2, 제 2면)자고 하여 같은 양상을 보여주고 있다. 물론 작품에 따라서는 절에 가서 불전에 기도(또는 공양)하자는 경우도 있고 (〈장경전〉, 〈금송아지전〉), 어떤 것은 남편 쪽에서 제의하는 예외적인 경우도 있는(〈이대봉전〉, 〈형산백옥〉, 〈사각전〉) 등 변이가 보이기도 한다. 하지만, 그런 약간의 변이가 보이긴 해도, 부인에 의해서 기자치성이 요청된다는 서술은 대부분의 작품에 등장하는 보편적인 형태라고 할 수 있다.

그러면 이 두 번째 제안에 대한 주인공 부친의 반응은 어떠한가, 한마디로 말해서 처음에는 불신하는 태도를 보이지만, 부인의 간곡한 설득에 못 이겨 받아들인다. <유충렬전>의 경우, 기자치성 요청에 대한 주인공 부친의 일차적 반응은 다음과 같다.

> 하날리 졈지하사 팔자의 업셔스니 비러 자식을 나을진대 셰상이 무자한 사람이 잇스리요(『판각집』2, 제335면)

지극히 합리적인 발언이요 사대부적인 사고라고 하겠다. <장익성전>에서는 "부인 말삼 갓흐면 세상에 무자할 사람이 업사오리잇가 그러한 헌탄에 말삼을 다시 하지 마르옵소서 하거늘"(『활자집』7, 제466면)이라고 하여 한층 비판적인 반응을 보이고 있다. <신유복전>도 그 점에서 마찬가지 양상을 보여주고 있다. 이에 대해 부인의 설득이 뒤따른다.

> 대체를 생각하면 그 말삼도 당연하되 만고 셩현 공부자도 이구산의 비러 낫코 졍나라 졍자산도 우셩산의 비러스니 우리도 비러 보사니다(위와 같은 곳)

부인은 남편이 불신하는 마음을 돌리기 위해, 사대부인 남편이 존숭해 마지않는 유학의 시조 공자의 경우를 예로 들고 있다. 공자의 부모도 산에 빌어서 공자를 낳았다고 하니 우리도 기도해 보자는 설득이다. 공자 같은 성현도 부모의 기도와 초월적인 신격의 감응으로 탄생한 뚜렷한 전례가 있으니, 기자 치성에 대해 거리끼거나 불신하지 말라는 호소다. 어떤 작품에서는 공자나 정자산 등의 인명을 밝히지 않고, 그저 "넷적 사람"이라고만 한 것도 있다.

이 같은 부인의 간절한 요청에 주인공의 부친은 마침내 기자치성을 허락하기에 이른다. 물론 대부분의 경우, 기자치성의 효험을 신빙해서라기보다는 부인의 정성에 감동해서인 것으로 서술되어 있다. 예컨대, <권익중실기>에서 "승상이 부인에 정성을 감동하야 삼일 목욕재계하고"(『활자집』1, 제 163면)라고 한 것이라 든가, <오선기봉>에서 "산천에 긔도하야 혈속을 어들진대 세상에 무자할 사람이 엇지 잇스리오 그러나 부인의 뜻이 그와 갓흐시니 내 엇지 만류하리오 우리 갓치 가사이다"(『활자집』4, 제 369면)라고 한 데서 그 점을 확인할 수 있다.

하지만 작품에 따라서는, 단순한 동정 정도가 아니고 행여나 하는 기대 또는 어느 정도의 확신을 가지고 이를 허락하는 경우도 있어 주목된다. 행여나 하는 기대로 허락하는 경우는 <황운전>에서 볼 수 있는바, "비러 자식을 나흘진대 무자하리 뉘 잇스리오마는 대져 시험하여 보사이다"(『판각집』5, 제 1019면)라는 주인공 부친의 발언이 그것이다. 어느 정도의 확신을 가지고 허락하는 경우는, "비러 자식을 볼진대 텬하에 무자하리 뉘 잇스리오 그러나 지셩이면 감텬이라 하오니 부인애 말삼대로 비러보사이다"(『활자집』4, 제 241면)라고 되어 있는 <양주봉전>같은 데에서 찾아볼 수 있다.

ㄷ. 기자치성

주인공 출생담의 세 번째 구성요소는 기자치성이다. 부인의 요청을 받아들여 자식을 낳기 위해 일정한 정성을 기울이는 것이 바로 이 기자치성이다. <유충렬전>에서 한 대목을 인용해 보인다.

> 주부 이 말을 듯고 삼칠일 재계를 졍이 하고 소복을 졍제하며 제물을 갓초고 축문을 별노이 지어 가지고 부인과 함께 남악산을 차져 가니 산세 웅장하여 봉봉이 놉흔 곳의 청송은 울울하며 태고시를 띄여 잇고 강수는 잔잔하여 탄금셩을 도도왓다(…중략…)일층 단 별노 모와 노구밥을 정결이 담아 놋코 부인은 단하의 궤좌하고 주부는 단상의 궤좌하야 분행 후 축문을 내여 육셩으로 축구할 제 그 축문의 하여스되 유세차(…중략…)더러운 졍셩을 신령젼의 발원하오니 황쳔은 감동하와 자식 한나 졈지하옵소서(『판각집』2, 제 335~336면)

이 경우에는 부부가 함께 산신에게 빈 것으로 되어 있고, 축문의 내용, 다시 말해 기도한 내용도 자세하게 나와 있다. 그런데, 다음에 소개하겠지만 모든 작품이 다 이런 것은 아니다. 정성을 바치는 구체적인 양상은 작품에 따라 아주 다양하게 나눌 수 있기 때문이다.

우선 기자치성의 주체가 누구이며 단수냐 복수냐에 따라 나누어본다면, 다음과 같은 정리가 가능하다. 괄호 안에 해당 작품 중의 한두 가지를 아울러 보이기로 한다. 번거로움을 피하기 위해 원문 인용은 생략하겠다.

■ 주체에 따른 기자치성의 양상

(1) 부부 중 어느 한 편이 하는 기자치성
  1) 남편이 하는 경우(<김학공전>, <왕장군전>)
  2) 부인이 하는 경우(<열녀춘향수절가>, <김진옥전>)
(2) 부부가 동반하여 하는 기자치성(<유화기몽>, <김희경전>)
(3) 승려에게 위탁해서 하는 기자치성(<소대성전>, <쌍주기연>)

■ 대상에 따른 기자치성의 양상

(1) 부처에게 하는 기자치성(<설홍전>, <장국진전>)
(2) 자연신(산신, 일월성신)에게 하는 기자치성(<정비전>, <숙향전>)
(3) 인신(조상, 고대중국왕)에게 하는 기자치성(<형산백옥>, <옥주호연>)

기자치성이 대상별 양상에서도 다음의 논의를 위해 미리 언급할 점이 있다.

우선 그 대상이 다양하면서 이질적이라는 사실이다. 외래 종교이면서 고급종교인 불교의 신격[부처]을 비롯해 민간신앙의 신격들인 자연신과 인신이 등장하고 있기 때문에 그렇게 말할 수 있다. 또한 이들 신격들의 등장은, 기자치성의 주체가 유교적인 세계관과 가치관을 기본 이념으로 삼아 살아가는 사대부 계층의 부부라는 앞서의 사실과 견주어 보면, 매우 이율배반적인 현상이 아닐 수 없다. 이 문제에 대한 자세한 논의는 다음 장에서 하기로 한다.

또 하나 여기서 꼭 지적할 점은, 민간신앙의 신격 가운데 삼신에게 치성 드리는 경우는 전혀 없다는 사실이다. 민간 신앙에서는 수태와 출산과 발육을 주관하는 신격은 삼신이라고 믿어, 삼신굿이라는 기자제의를 행하였음을 볼 수 있는데, 고소설 작품 가운데 단 한 편에서도 삼신에게 빌었다는 사례는 찾아볼 수 없는 것이다.

기자치성의 양상은 이 밖에도 기자치성의 기간에 따라, 100일 기도(〈권익중실기〉), 7일기도(〈김진옥전〉), 3일 기도(〈장경전〉), 1일 기도(〈음양삼태성〉) 등으로 나눌 수도 있겠고, 기자치성이 장소나 축문의 유무에 따라 구분할 수도 있으리라고 본다. 하지만 여기서는 그 같은 분류 자체에 목적을 두는 게 아니므로, 이 글의 초점과 관계 있는 위의 두 가지 양상에 대해서만 소개하는 것으로 그치고 더 이상의 구분은 하지 않겠다.

ㄹ. 태몽과 신이한 해산

출생담의 종결을 이루는 구성 요소는 태몽과 해산이다. 기자치성한 보람이 있어 마침내 자식을 점지받거나 잉태하는 꿈을 꾸고 출산에 이르는 대목이 그것이다.

· 태몽 : 먼저 태몽 대목부터 살피기로 한다. <유충렬전>에서 해당 대목을 인용해 보기로 하자.

빌기를 다한 후의 만심 고대하던 차의 일일은 한 꿈을 어드니 천상으로셔 오운이 영농하고 일원 션관이 청용을 타고 내려와 말하되 나는 청용을 차지한 션관이더니 익셩이 무도한 고로 상졔께 알외되 익셩을 치죄하야 다른 방으로 귀양을 보내떠니 익셩이 글노 함심하야 백옥누 잔치시의 익셩과 대전한 후로 상제 젼의 득죄하야 인간이 내치시매 갈 바를 모르더니 남악산 신령이 부인댁으로 지시하기로 왓사오니 부인은 애휼하옵소서 하고 타고온 청용을 오운간의 방송하며 왈 일후 풍진 중의 너를 다시 차질리라 하고 부인 품의 달여들거늘 놀내 깨다르니 일장춘몽 활홀하다 정신을 진정하야 주부를 청입하야 몽사를 셜화한대 주부 질거한 마음 비할대 없셔 부인을 위로하야 춘졍을 붓쳐두고 생남하기를 만심 고대하더니 과연 그 달부텀 태기 잇셔(『판각집』2, 제 336면)

인용문에서 보는 것처럼, 고소설에는 실제적인 꿈이 주인공 출생의 필수 과정으로 등장한다. 명문 사대부 가문의 부부가 일점혈육이 없어 기자발원을 한 결과, 이들의 기도가 신에게 상달되어, 천상계의 인물이 나타나 용납해 주기를 간청하는 꿈을 꾸고 나서 자식을 회임하는 것이다. 물론 이 같은 태몽 요소는 신화에서는 찾아볼 수 없는 것으로서, 소설적 진실성과 합리성을 추구하면서 마련된 장치라고 할 수 있다.

여기서 주목할 점은 고소설 주인공의 전생(前生) 신분과 이에 다른 이 대목의 종교적 성격 문제다. 주인공은 탄생 이전에 이미 다른 세계[천상계]에 존재하고 있던 인물이 일정한 죄를 짓고 적강하는 것으로 묘사되어 나타나기 때문이다. 그 죄목에 대해서는 여기서 다룰 필요가 없다고 판단해 거론하지 않기로 한다. 하지만 전생 신분에 대해서는 살펴볼 필요가 있다.

고소설 주인공이 전생 신분은, 대부분 <유충렬전>의 경우처럼 '선관(仙官)[선군, 선동, 성군]'이지만, '선녀'나 '용자(龍子)'의 경우도 상당수 있다. 그런데 이들 모두가 한결같이 옥황상제를 모시던 인물로 묘사되어 있음에 유의해야겠다. 다시 말해서 전생신분 면에서 볼 때, 이 대목은 도교적인 색채를 강하게 띠고 있다는 사실이다.

하지만 이 대목의 종교적 성격을 도교로 규정하기에는 일정한 걸림돌이 있다. 도교의 논리 그 어디에도 신선이 죄를 지어 인간으로 전락될 수 있다는 설명은 없기 때문이다. 도교가 인간의 불로장생을 추구하는 데 모든 관심을 집중하고 있을 뿐이라는 사실을 염두에 둘 때, 불로장생의 절대적 존재인 신선이 유한하고 상대적 존재인 인간으로 전락된다고 하는 작품상의 형상은 도교와 일정한 거리가 있음을 알 수 있다.

여기서는 작품상의 실제 양상을 살피는 데 주안점이 있으므로, 이 대목이 머금고 있는 종교적인 성격의 실상과 그 의미에 대한 논의는 다음 장에서 탐색하기로 한다.

· 신이한 해산 : 태몽과 함께 회임이 이루어지고, 드디어 열달 만에 주인공의 모친은 해산을 맞는다. 앞에서와 마찬가지로 <유충렬전>에서 해당 대목을 들어 보인다.

> 십색이 채인 후의 옥동자를 탄생할 제 방 안의 행취 잇고 문 밧기 셔기가 벗질너 생광은 만지하고 셔채는 충천한 중의 일원 션녀 오운중의 내려와 부인 압피 궤좌하야 백옥 상의 뇌인 과실을 부인게 주며 하난 마리 소녀난 천상 션녀옵더니 금일 상제 분부하시되 자미원 장셩이 남경 유심의 집의 환생하여스니 네 밧비 나려가 산모를 구완하고 유아를 잘 거두라 하시기로 백옥병의 행탕수를 부어 종자를 시치시면 백병이 소멸하고 유리대의 잇난 과실 산모가 잡수시면 명이 장생불사하오리다‥‥(중략)‥‥행탕수를 부어 한 개를 잡순 후의 옥동자를 채금 속의 뉘여 노코 부인게 하직하고 오운속의 싸이여 가니 반공의 어렷던 셔기 떠나지 안이하더라‥‥(중략)‥‥아기를 살펴보니 웅장하고 기이하다(『판각집』 2, 제336면)

인용문에서 보는 바와 같이, 주인공의 출생은 신비한 분위기 가운데에서 이루어지는 게 보통이다. 작품에 따라서는 이와 같은 자세한 상황 묘사가 생략된 채, 십삭만에 자식[거의 다 아들 일색이지만]을 낳았다는 결과만을 서술한 것도 많이 있다. 예컨대 <권익중전>, <김희경전> 등의 경우가 그렇다. 하지만 상황 묘사를 완전히 배제한 작품은 흔하지 않고, <열녀춘향수절가>나 <설홍전>에서 각각 볼 수 있듯이, "일일은 향긔 만실하고 채운이 영농하더니" 또는 "홀연 오운이 니러나 집을 둘너싸고 향내 진동하더니"라고 하여, 출생 무렵의 신이한 분위기를 다소라도 표현하고 있는 게 일반적이다.

여기서 주목할 사항은 바로 그 분위기의 종교적 성격이다. 위에 인용한 <유충렬전>의 경우를 들어 말해 보기로 하자. 먼저 눈에 띄는 게 선녀의 등장이요, 그 선녀를 내려보낸 옥황상제의 존재다. 말할 것도 없이 선녀나 옥황상제는 도교적인 존재로서 현실에서는 찾아 볼 수 없는 상상의 인물들이다. 바로 이들 인물이 등장함으로써 이 대목의 분위기는 신비성을 지니게 된다고 할 수 있다.

하지만 이 부분의 종교적 성격을 이렇게 표면상의 소재적인 사실에만 얽매여, 도교로 규정해 버리고 마는 데는 문제가 있다. 왜냐하면 앞의 태몽 대목에서와 마찬가지로, 도교의 논리 그 어디에서도 인간의 출생에 옥황상제가 관여한다는 설명은 찾아볼 수 없기 때문이다. 이 대목의 종교적인 성격의 실상과 그 의미에 대해서는 다음 장에서 다시 거론하기로 하겠다.

3. 주인공 출생담의 종교적 이원성과 그 의미

이 장에서는 앞에서 살펴본 출생담의 전개양상을 토대로 거기 나타난 종교적 이원성과 그 의미에 대해 논의하고자 한다.

(1) 종교적 이원성

출생담의 각 소단락들을 종교적인 측면에서 자세히 들여다보면 하나의 기이한 현상을 발견할 수 있다. 각 소단락을 지배하는 종교적인 관념이나 형상이 제각기 다르다는 사실이 그것이다. 다시 말해 소단락이 진행됨에 따라서 그 종교적인 성격이 일관성을 유지하지 않고 자꾸만 변화해간다는 점이다. 이제 그 점을 소개하기로 하는데, 기자치성의 동기와 유교적 효(孝)지상주의, 기자치성의 대상과 민간적 기복신앙, 기자치성의 결과와 도교적 인물의 불교적 윤회전생, 이런 순서로 기술하기로 한다.

ㄱ. 기자치성의 동기와 유교적 효(孝)지상주의

'사대부 가문의 무자 문제 발생' 단락을 비롯해 '부인의 재혼 권유와 기자치성 요청' 단락에는 주인공의 부모가 어찌하여 자식 낳기를 그토록 간절히 소원하는가 하는 기자치성의 동기가 명료하게 드러나 있다.

자식 낳기를 소망하는 이유는 무엇인가? 그것은 바로 조상에 대한 봉제사(奉祭祀)가 끊기는 데 대한 두려움과 불효에 대한 죄의식 때문이다. <적강칠선>에서 "슬하 션션치 못하야 죠션 봉사를 젼할 곳이 업스매 부뷔 매양 슬허하더라"(『활자집 7, 제 259면)라고 한 것은 바로 전자를 보여주는 대목이며, <양주봉전>에서 "부인이 함누 대왈 우리 문중에 무자함은 다 쳡이 죄악이라 오형지속에 무후막대라 하오니 맛당이 그 죄 만번 죽엄즉 하오되"(『활자집』4, 제 141면)라고 한 것은 후자의 예이다.

이렇게 주인공의 부모는 선조에 대한 봉제사의 단절 사태를 피하고 부모에 대한 불효를 면하기 위해 간절히 자식 얻기를 희구하고 있다. 그 소원의 간절한 정도는 "병신자식이라도 졈지하옵소셔"(『활자집』2, 제 185면)하고 비는 <김희경전>의 눈물겨운 기자치성 대목에서 극명하게 확인할 수 있다. <현수문전>에서 볼 수 있듯이 "병신 자식이라도 이시면 막대한 죄명을 면"(『판각집』3, 제 377면)할 수 있기 때문에 병신 자식도 좋으니 자식을 얻게 해달라는 열렬한 비원을 토로하고 있다.

여기서 눈여겨보아야 할 점은 그 동기의 유교적 성격이다. 봉제사에 대한 책임감도 그렇고 무자에 대한 죄의식 역시 따지고 보면 유교적 효(孝)지상주의에서 비롯한 것임을 알 수 있기 때문이다. 물론 효에 대한 관념은 유교에만 있는 것은 아니다. 우리나라만 하더라도, 그것은 아마도 존재의 미분성(未分性)과 지속성(持續性)을 믿는 민간인이 사고를 바탕으로 하여, 유교나 다른 종교의 유입 이전에 자생적으로 형성된 관념이 아닌가 생각한다. 그런데도 필자가 이 대목의 종교적인 성격을 유교적 효지상주의라고 지적하는 근거는 무엇인가?

그것은 바로 작품 문면에 나오는, 봉제사에 대한 집착이든가 무자에 대한 죄의식이 유교의 규범과 완전히 일치하고 있기 때문이다. 우선 조상에 대한 봉제사 문제부터 거론해 보자.

조상에 대한 봉제사는 유교, 그 중에서도 신유교와 밀접한 관계가 있는 제도이다. 역사적을 볼 때 조상에게 반드시 제사를 지내야 한다고 강조하기 시작한 것은, 송나라의 유학자인 주희(朱熹 : 1130~1200) 때부터다. 그 이전의 유교란 다분히 실천적인 성향이 강하였던 것인데, 주희가 다른 외래 종교의 자극하에 유교의 논리화 내지 찰학적 체계화에 주력하는 과정에서, 조상에 대한 제사도 일정한 이론적인 설명을 지니게 되었던 것이다.

사실 한국에서는 이 주희의 신유학(성리학)이 도입되기 전에는 조상에 대한 제사 풍습은 없었다. 그 이유는 삼국시대나 남북국시대, 고려시대에 이르기까지 온통 불교가 지배해서이기도 하겠지만, 앞에서 언급했듯이 당시의 유교는 신유교와는 달랐기 때문이다. 그러다가 고려 말기에 신유교가 들어와 조선 왕조가 국교를 불교에서 신유교로 전환하기에 이르면서, 비로소 국가의 의도적인 장려하에 관·혼·상례 등 다른 가정의례와 함께 조상에 대한 제사(제례)가 성행하게 되었던 것이다. 이렇게 볼 때, 고소설에 나오는 봉제사 역시 신유교의 규범에 충실하고자 했던 당시 사회 현실의 반영이라는 것을 쉽게 이해할 수 있다.

다음으로 문자에 대한 죄의식 문제를 살펴보도록 하자. 무자가 어째서 죄가 되는 것일까? 이것 역시 유교의 규범과 관련되어 있다. 유교에서는 "공자 말씀하기를, 다섯 가지 형벌의 종류가 삼천이나 되지만 이 중에서 불효보다 더 큰 죄는 없다."라고 하는 가르침을 따라, 불효를 가장 큰 죄로 규정하고 있다.

한편 그 불효 가운데에서 가장 큰 불효는 무엇으로 보았는가? 그것은 "맹자 말씀하시기를, 불효에 세 가지가 있는데 뒤를 이을 아들이 없는 것이 가장 크다"라고 하여, 무자함을 최대의 불효로 여기고 있음을 알 수 있다. 한 가지 더 말하자면, 이 무자의 죄는 이른바 '칠거지악(七去之惡)' 가운데에도 들어있다는 사실이다. 고소설 주인공의 부모가 무자에 대해 심한 죄책감을 갖는 이유는 바로 이와 같은 유교적인 효관(孝觀)에서 비롯한 것임을 알 수 있다 하겠다.

이상으로, 기자치성이 동기를 이루고 있는 봉제사에 대한 책임감과 무자에 대한 죄의식 대목이 유교적인 성격을 지니고 있음을 밝혔다. 다시 말해, 주인공의 부모는 오직 유교적인 효(孝)지상주의를 실천하고자 하는 강렬한 동기에서, 자식 낳기를 열망하고 있음을 알 수 있다. 산 부모와 죽은 조상 모두에게 효를 실천하는 것이 가장 으뜸가는 인간의 가치라는 생각, 특히 조상에 대한 봉제사를 이어가기 위해서는 자식을 꼭 낳아야 한다는 그 효지상주의적인 사고가 기자치성이 가장 큰 동기를 이루고 있는 것이다.

ㄴ. 기자치성의 대상과 민간적 기복신앙

유교적인 효지상주의가 동기가 되어 기자치성에 나선 주인공의 부모는, '기자치성' 단락에 이르러서는 유교와는 다른 종교적인 태도를 보여주어 흥미롭다. 앞 장에서도 언급했듯이, 기자치성의 대상은 부처, 자연신(산신, 일월성신), 인신(조상신, 교대 왕의 신위) 등으로 나타나는데, 이들 신격에 대한 치성 행위는 유교와는 거리가 있는 것이기 때문이다. 그렇다면 이 단락을 지배하는 종교 내지 신앙은 무엇이란 말인가?

그것은 한마디로 민간적 기복(祈福)신앙이라고 생각한다. 기복신앙이란, '기복(祈福)'의 글자 뜻 그대로 복을 빌기 위한 목적에서 신을 숭배하는 신앙이라고 할 수 있다. 다시 말해, 신이 뜻을 알아 그것을 이 땅위에 실현하고자 하는 자세로 기도도 하고 노력도 하는 순수하고도 고차적인 신앙이 아닌, 지극히 1차적이고 타산적인 동기로 신을 찾는 신앙이라 하겠다.

민간 신앙은 바로 그런 속성을 강하게 지닌 신앙이다. 민간신앙의 주요 부분인 무속신앙만 해도 현실적 인간의 삶에 고난과 문제가 있을 때에만 신을 찾거나 의지하고, 현세적 삶이 행복할 경우는 신을 망각하는 경향이 농후함을 알 수 있다. 그러다 보니, 민간신앙을 가진 사람들은 자신의 현실적인 소망을 이루기 위해서는 어떤 신이든지 찾아가(불러내) 기도하며 매달린다. 민간신앙의 대상 신격이 무신(巫神)만 273종이라는 사실이 이를 잘 말해 주는데, 그때의 필요에 따라 그 신들을 활용한다 하겠다.

주인공의 부모가 부처나 자연신, 인신에게 기자치성을 드리는 것은 바로 이런 민간의 기복신앙에 입각한 종교행위라 할 수 있다. 자식을 낳기 위한 목적에서, 자신이 생각할 때 가장 영험하다는 신격을 찾아가, 100일 기도 혹은 7일이나 3일 기도 등을 정성껏 드리고 있는 것이다. 부처에게 기도하는 사례가 많다고 해도 이것은 불교와는 전혀 무관한 민간신앙적인 행위라고 보아야 하기 때문이다. 불교 교리 그 어디에도 그런 가르침은 없으며, 따라서 이 대목에서와 같은 숭불행위는 겉만 불교일 뿐 기실은 민간신앙적인 기복행위라고 보아야 할 것이다.

그런데, 여기서 한 가지 꼭 지적해야 할 것이 있다. 그것은 원래 민간신앙중의 무속신앙에서는 자식을 낳기 위해 빌 때, 인간의 수태·출산·발육을 주관하는 삼신에게 삼신굿을 하였던 것인데 고소설에서는 한 편도 그런 예가 없다는 사실이다. 이 점은 소설을 비롯한 문학이 가지는 허구성과 작가의 상상력을 말해주는 것이 아닌가 하는데, 자세한 고찰은 생략하기로 한다.

ㄷ. 기자치성의 결과—태몽·해산—와 도교적 인물의 불교적 윤회 전생

민간적 기복신앙에 입각해 기자치성을 한 결과, 마침내 아이를 잉태하는 태몽을 꾸고 해산하기에 이르는데, 이 단락의 종교적인 성격이 다시 한 번 앞 단락과 상충하고 있어 주목된다. 기자치성한 대상과는 거리가 있는 쪽으로 이 대목이 형상화되어 있기 때문이다. 다시 말하자면, 부처나 이월성신, 조상신 등에게 자식을 빌었는데, 난데없는 도교적인 인물이 잉태되고 있는 것이다. 앞 장에서 소개했듯이, 천상계에서 옥황상제를 모시고 있던 선관이니 선녀가 일정한 죄를 지어, 인간세계로 내침을 당해, 작품의 주인공으로 환생한다는 설정이 그것이다.

얼핏 보면 이는 순전히 도교적인 성격을 띠고 있다고도 할 수 있다. 태몽 당시에 본인 스스로 자신이 선관이나 선녀였음을 밝히는 대목이라든지, 해산 무렵에 향기 진동하는 가운데 옥황상제가 파견한 선녀가 내려와 신비한 과일을 주며 출산을 돕는다든지 하는 데서 드러나듯, 그 인물이나 분위기가 아주 도교적이기 때문이다.

하지만 반드시 그렇게만 볼 수는 없다. 도대체 천상계에 있던 존재가 불완전한 세계인 인간계로 전락한다는 발상은 도교의 교리 그 어디에서도 찾아볼 수 없기 때문이다. 유한하고 불완전한 존재인 인간이 신선술을 동원해 수련함으로써 불로장생하는 신선이 경지에 이르는 것이 도교의 지향하는 바인데, 여기서는 그 반대로 되어 있는 것이다.

그러면 이 대목의 종교적 성격은 무엇인가. 이 의문을 풀기 위해서는 천상계에 있던 존재가 지상계로 환생한다는 대목의 종교적인 성격에 주목할 필요가 있다. 이는 달리 표현하자면 과거세에서 현재세로의 전생이라고 할 수 있는바, 바로 불교적인 발상임을 알 수 있다. 더욱이, 일정한 전생에서의 일정한 업보에 따라 차생의 내용이 결정된다는 윤회전생설을 염두에 두고 보면, 이 대목을 지배하고 있는 원리는 불교적 윤회전생관념임을 간파할 수 있다고 하겠다.

(2) 종교적 이원성의 의미

ㄱ. 종교적 의미

유교적인 동기로 기자치성을 결심하지만, 기자치성을 할 때는 유교에서 미신시했던 민간신앙의 기복신앙에 입각해 다양한 신격에게 기도하며, 그 결과 잉태하고 해산할 때는 도교적 인물이 도교적 분위기 가운데에서 불교적 윤회전생의 원리하에 천상계에서 지상계로 환생한다는, 고소설 출생담 부분의 종교적 이원성이 갖는 종교적 의미는 무엇일까.

이 문제는 간단하게 해결할 수 있는 문제는 아니다. 왜냐하면, 이를 위해서는 종교사적인 면밀한 고찰이 필요하다고 판단하기 때문이다. 하지만 여기서는, 기존의 연구성과를 참조하여 그 종교적 의미의 한 국면에 대해서만 해석해 보고자 한다. 그 한 국면이란 주인공의 부모가 유교를 숭봉하는 사대부가의 일원으로서 지극히 유교적인 동기로 자식 낳기를 회원하면서도, 유교에서 이단시하는 여타의 신앙에 의지하여 이 '출생장애(出生障碍)' 문제를 해결한다고 하는 이 이율배반적인 현상이 지닌 종교적 의미를 말한다.

이 문제에 접근하기 위해서는 유교가 지닌 종교적인 한계성에 대해 주목할 필요가 있다. 결론부터 미리 말하자면, 유교가 지닌 종교로서의 한계성 때문에 이 같은 착종 현상이 나타날 수밖에 없었다고 보는 게 필자의 생각이다.

유교는 원래부터 종교적인 성격이 미약한 종교라고 할 수 있다. 이는 앞에서도 거론한 바 있듯이, 선진(先秦)시대에 원시유교를 열었던 공자의 일련의 발언에서 잘 드러나는데, 바로 이를 근거로 유교를 '신 없는 종교(non-theistic religion)'로 규정하고 있음을 보아서도 알 수 있겠다. 신유교에 와서도 이 같은 전통은 계승되었는데, 주희의 경우, 天(천)은 우주의 최고 범주로서의 理(이)요, 귀신은 음양오행으로 화하여 만물을 생성하는 작용으로서 오늘날의 자연과학적인 개념으로 보자면 에너지와 같은 것으로 파악했다. 이렇게 天(천)이나 귀신을 존재론적이고 인격적인 실체로 보지 않고, 하나의 작용으로 봄으로써, 신유학은 유교의 탈종교화를 더욱 심화하였다고 할 수 있다.

앞에서 주희가 조상에 대한 제사를 강조했다고 했는데, 이 역시 조상신의 존재를 믿어서 그런 것은 아니고, 조상신의 신비한 권능에 대한 민주의 주술적 원망(願望)과 이런 조령(祖靈)관념에 따른 종래의 다양한 음사(陰祀)들을 유교적인 의례를 보급함으로써 억제하기 위한 것이라고 보아야 한다. 제사를 비롯한 유교의례의 근본정신은 바로 조상에 대한 신비적 권능을 기대할 수 없게 하는 데 그 목적이 있는바, 조상신의 실체적 존재를 믿는 고유의 조령 관념과는 구별해야 한다는 것이다.

조선조는 바로 이 '신 없는 종교'인 유교, 다시 말해 합리주의와 주지주의적 특질을 강하게 지니고 있는 유교를 삶의 규범으로 삼았던 것이고, 고소설 주인공의 부모 역시 유교 신자로서 무자 사태에 직면하였다고 할 수 있다. 문제는 여기에 있다. 무자 문제는 인간 스스로의 능력만으로는 해결할 수 없는 성격의 것이기 때문이다.

성현의 가르침을 따라 유교의 모든 규범을 준수한다거나 '수기치인(修己治人)' 한다고 해서 해결될 일이 아닌 것이다. 자식을 낳아 유교의 가르침인 봉제사와 효를 실천하기는 해야 할텐데, 유교의 문맥 안에는 이 무자 사태를 해결할 수 있는 장치가 전무하니, 절박한 상황이 아닐 수 없다.

여기에서 주인공의 부모는 유교에서는 부정하는 절대자 내지 초월자의 능력을 힘입어서라도 이 문제를 타개할 필요성을 절감했으리라고 본다. 당시에 유교가 감당 못하는 종교적인 요구는 민간신앙이나 여타의 종교들이 충족시켰다는 사실을 감안할 때 이는 충분한 개연성을 가진다고 할 것이다.

예컨대, 세종, 세조의 불당 건립과 숭불 사실이 그렇고, 조선조 말까지 가뭄이나 병이 발생할 때면 승려나 무격을 불러다 국가의 주도로 기우제나 기양제(祈禳祭)를 지내곤 했다는 사실이 그 현실적인 증거들이라 하겠다. 요컨대 유교가 지닌 종교적 취약성 때문에 민간신앙을 비롯한 여타 종교의 신격에게 의지하는 결과가 초래되었다고 할 수 있다. 이 사실은 다시 무엇을 의미하는가.

그것은 종교의 상호보완성이라고 생각한다. 특별히 유교의 경우, 조선조의 국교로 채택되어 상하층을 아우르는 절대적인 이념으로서의 권위를 행사하려 했지만, 인간의 지성이나 합리성만으로는 타개할 수 없는 상황에 봉착하는 순간, 어쩔 수 없이 이단이라 배척한 민간신앙이나 불교, 도교로 표방했던 조선조의 종교적인 실상 내지 그 양면성을 극명하게 드러내는 것이라고도 해석할 수 있다고 본다.

여기서 한 가지 의문이 제기될 수 있다. 유교는 그렇다 치더라도 민간신앙이나 불교, 도교는 종교적인 면에서 동질성을 띤다고 보이는데, 어째서 작품에서 마찬가지의 착종상을 보이고 있을까 하는 의문이 그것이다. 부처에게 기도했는데도 엉뚱한 도교적 인물이 잉태되고, 일월성신이나 조상신에게 빌었는데도 마찬가지 양상을 보이고 있기 때문이다. 도대체 이들 상호간에 어떤 보족성이 있기에 그 같은 양상이 전개되는가 하는 것이다. 그런데 유감스럽게도 이 문제를 종교적인 면에서 명쾌하게 규명할 만한 지식이 필자에게는 아직 없다. 다만 다음 항에서 그 소설적인 의미만을 간략하게나마 따져볼 것이다.

ㄴ. 소설적 의미

주인공 출생담의 종교적 다원성이 지니는 소설적 의미를 밝히기 위해 먼저 지적해 두어야 할 게 있다. 그것은 무자문제의 발생과 그 해결 과정이 서술된 이 출생담 부분은 고소설의 한 특징적인 요소를 이루고 있다는 사실이다. 다시 말해 설화에서는 찾아보기 어려운 요소라는 점이다.

설화와 소설과의 관계를 설명할 때 일반적으로 '설화의 소설화' 도식을 적용하는데, 이 부분에서 보이는 일정한 차이는, 소설이 지니는 갈래적인 특성의 일단을 시사해 주면서, 종교적 다원성의 의미에 대해서도 한 단서를 제공해 준다고 생각한다. 그 구체적인 차이란 무엇일까?

가장 뚜렷한 것 한가지만 든다면, 늦게서야 자식을 낳았다는 '만득자(晩得子)'모티브가 그 예다. 물론 설화에서도 일부 그 같은 예가 있기는 하다. 탈해와 금와 신화에서 보는 바와 같이, 그것은 아주 예외적일 뿐만 아니라 탄생 그 자체의 신비성만 강조되어 있을 뿐 더 이상의 의미나 기능을 수행하고 있지는 않아 구별된다 할 수 있다.

그러면, 이 사실에서 시사 받을 수 있는 소설의 갈래적 특성이란 무엇일까? 그것은 한마디로 '논리성의 지향'이라고 하겠다. 비범한 주인공을 탄생시키기 위한 예비적인 장치로서 이 만득자모티브를 활용함으로써, 그렇지 않을 경우보다 소설적인 사실감과 흥미를 제고하는 효과를 거둔다고 볼 때, 이는 바로 소설적인 논리성을 지향한 결과라고 생각할 수 있다. 설화의 향유층에 비해 소설의 향유층은 이야기의 합리성 내지 논리성을 추구하게 되었다는 일반적인 사실을 고려할 때 이는 자연스런 귀결인지도 모른다. 설화와 소설과의 차이를 말할 때 스토리와 플롯과의 차이를 거론하곤 하는데, 이 역시 같은 맥락에 놓이는 이야기라고 하겠다.

이 항의 과제인 종교적 다원성의 소설적 의미 역시 우선은 이 같은 관점에서 해석할 수 있다. 유교가 지배하는 조선조 현실에서, 일단은 주인공의 가문을 사대부가로 설정해 그 부모를 등장시키고, 무자 문제의 발생은 물론 자식을 낳아야만 하는 이유에 대해서까지는 유교적인 논리로 전개시킬 수 있었다. 하지만 기자치성 대목에 이르러 유교적 논리의 한계를 느낀 나머지, 작품의 논리성 확보를 위해 과감하게 민간의 기복신앙을 도입해 그 수다한 신격들에 기자치성하는 것으로 서술했다고 보는 것이다.

유교적인 성격을 관철시키지 않고 포기한 것은 얼핏보면 작품의 일관성을 결여한 것처럼 여겨질 수도 있지만, 작품 전체의 논리성 면에서 보면 오히려 그 반대라고 할 수 있다. 만약에 작자가 유교적인 논리에만 집착해, 재혼을 하여 자식을 낳았다거나 또는 기자치성도 하지 않았는데 우연히 자식을 낳게 되었다고 서술했을 경우를 상징해 보면 과연 어느 쪽이 작품의 논리성을 확보하는 데 유리하겠는지는 어렵지 않게 분별되리라고 생각한다.

그런데 문제는, 앞 항에서도 언급했듯이 민간신앙과 불교, 도교간의 착종현상이다. 유교야 원천적으로 종교성이 희박하거나 불철저하니 다른 종교에 의존할 수도 있겠지만, 일정한 신격의 존재를 인정하는 민간신앙이나 불교, 도교는 어떤 이유로 착종상을 보이는가 하는 것이다. 예컨대, 불교의 부처님께 빌든 민간신앙의 자연신이나 인신에게 빌든, 그 결과 잉태되는 것은 도교적 이물인 선간이나 선녀요, 그 환생의 원리는 불교적 윤회전생관념이니, 종교적 착종이 아닐 수 없는 것이다.

상식적으로 생각하면, 부처에게 빌었으면 최소한 꿈에 부처가 나타나 잉태 사실을 알려주어야 할 일이고, 산신에게 빌었으면 산신령이 현몽해야 마땅할 것 같은데, 작품의 실상은 그렇지 않은 것이다. 왜 그럴까?

필자가 보기로는 이 역시 소설의 논리성 지향과 관련되는 게 아닌가 생각한다. 서술자가 무자 사태의 국면 전환을 위해, 불가불 유교의 논리를 유보한 채 민간의 기복신앙에 입각해 초월적인 신격들에게 기도하는 것으로 서술은 하였지만, 그 민간 신앙의 문맥에는 인간 생명의 회임 과정에 대한 논리적인 설명이나 형상이 전혀 없기에, 다시 한 번 소설 작품상의 논리를 위해 도교와 불교의 논리 내지 상상력을 도입한 것이 아닐까 하는 판단 때문이다.

여기서 '유보'라고 표현하는 이유는, 주인공의 부모가 무자 문제의 해결을 위해 유교가 아닌 다른 신앙에 의존하지만, 그렇다고 유교를 버리는 것은 아니기 때문이다. 그 동기 자체가 유교의 규범을 실현하기 위한 것이었듯이, 주인공의 성장이나 고난 극복으로 이뤄지는 다음 단락을 고려해 보면, 작품을 지탱하는 가장 기본적인 힘은 역시 유교적인 가치관 내지 세계관이라고 할 수 있는 것이다. 다시 말하자면, 유교적 목적을 실천하기 위한 수단으로 다른 신앙들을 이용하고 있다고 생각할 수 있는 것이다.

민간신앙에서는 그저 초월자의 능력으로 자식을 얻게 될 수 있다는 믿음만 강조될 뿐, 그 아기가 전생에 어떤 신분이었으며 어떤 과정을 거쳐 잉태되었는가 하는 따위의 설명이나 형상이 없다. 하지만 소설에서는 이상적인 주인공을 출생시키려는 관습적인 동기에서, 어떻게든 잉태 당시부터 그 아기가 비범한 인물이었음을 제시할 필요가 있었을 것이다.

이럴 때 민간신앙의 논리만을 고집한다면, 주인공의 비범성을 표현하기 위한 그 같은 의도는 포기할 수밖에 없다. 그 결과 '기자치성했더니 잉태하여 십삭만에 주인공을 낳았다'라는 요약적인 제시만 가능할 것이다. 하지만 소설은 각 사건간의 인과적인 전개를 중시할 뿐만 아니라, '장면의 구체화'를 지향하는 성향도 있다. 각 부분들을 표현하되 그 구체적인 정황을 자세하게 표현하여 장면을 실감 있게 재현하고자 하는 경향이 그것이다.

여기서 서술자는 민간신앙의 논리를 벗어나, 도교적 인물이 선관이나 선녀라고 하는 천상계의 고귀한 존재가 일정한 죄를 지어 지상계로 환생한 것이 주인공이라고 서술함으로써, 소설적 논리성을 도모하였다고 생각한다. 민간신앙적인 논리를 떠나 도교와 불교의 상상력을 끌어들여서라도 작품상의 논리적 유기성을 확보하기 위한 배려가 작용했다고 해석하는 것이다. 물론 도교나 불교에도, 인간의 잉태와 출산에 대해, 고소설에서 표현한 것과 완전하게 일치하는 내용의 설명이나 형상은 없다. 그렇지만 그와 유사한 내용은 찾아볼 수 있다. 필자가 보기로는, 고소설의 서술자는 도교와 불교에 있는 그 유사한 내용들을 작가적 상상력을 동원해 교묘하게 변용하여 이 대목을 형상화했다고 생각한다.

다시 말하자면, 도교의 백일승천(白日昇天)과 불교의 윤회전생(輪廻轉生) 요소를 적절히 결합시켰다고 보는 것이다. 도교에서는 신선이 되는 것을 최고의 목적으로 삼는데, 여러 가지 득선의 수련을 거쳐 신선이 될 때, 그 중에서도 백일승천을 가장 영광스러운 것으로 보았다. 백일승천이란, 대낮에 모든 사람이 우러러 보는 가운데 하늘에서 날아 오르는 것을 말한다. 불교의 윤회전생은 전생의 업보에 따라 차생이 결정된다는 논리다. 고소설의 작자는 이 두 요소를 소설적으로 변용시켜, 도교적 인물이 천상계에 있다가 일정한 업보를 쌓았기 때문에 인간계로 윤회전생한 것으로 서술함으로써, 소설적인 논리성은 물론 형상성까지 동시에 획득하였다고 생각한다.

2. 마무리

이상, 고소설이 종교적 다원성을 연구하는 작업의 일환으로, 주인공 출생담의 경우를 대상으로 삼아 검토해 보았다. 그 내용을 요약해 보면 다음과 같다.

첫째, 주인공 출생담의 전개 양상을 살펴본 결과, (1)사대부가의 무자 문제발생 (2) 기자치성의 대상 면에서는 유교와는 무관한 민간의 기복신앙에 입각해 다양한 신격에 대한 숭신(崇神)이 이루어지며, (3) 기자치성의 결과인 태몽과 해산 대목에서는 도교적 인물인 선관이나 선녀가 도교적인 분위기 가운데에서 불교적 윤회전생관념에 입각해 천상계에서 지상계로 환생하고 있어, 종교적 다원성의 실상을 확인할 수 있었다.

둘째, 주인공 출생담의 종교적 다원성의 의미를 종교적인 면과 소설적인 면에서 각각 해석해 본 결과 다음과 같았다. 우선 그 종교적인 의미는, 유교가 지니고 있는 종교성의 한계성 때문에 무자 문제라고 하는 절박한 사태를 해결하고자 하는 필요에서 여타 종교 내지 신앙을 수용했다고 보아, 결과적으로 종교의 상호보완성을 엿보게 하며,

유교를 국교로 삼았던 조선조 사회의 종교적 실상을 확인시켜 주고 있다고 해석하였다.

다음으로 그 소설적인 의미는, 한마디로 '논리성의 지향'이라고 보았는바, 유교의 논리만으로는 무자 국면으로부터 다음 단계로 진행할 수 없기 때문에, 과감히 민간신앙을 끌어들였으며, 다시 민간신앙만으로는 주인공의 비범성을 암시할 수 없기에 도교와 불교의 상상력을 도입, 변용해 형상화함으로써, 소설적인 논리와 형상성을 구현하는 데 성공하였다고 해석하였다.

제2부

우리가 몰랐던 한국 문화(文化)의 진실

제 1 강

제사의 진실

우리 민족은 조상 제사를 중시하는 민족이다. 북한은 물론 해외 동포들도 조상 제사를 이어가고 있다. 제사는 우리 문화에서 중요한 비중을 차지하고 있다. 한국인이라면 제사에 대해서 어느 정도의 지식은 다 가지고 있다고 할 수 있다. 그런데 우리가 제사에 대해서 가지고 있는 지식과 관념은 올바른 것일까?

제사에도 여러 가지가 있다. 이 자리에서는, 고인이 돌아가신 날에 드리는 기제사忌祭祀(기일제사)에 대한 오해를 중심으로 이야기하겠다.

I. 기제사는 단군 할아버지 이래 5천년의 유구한 전통인가?

아니다. 고려시대 이전까지는 기제사를 지내지 않았다. 국가를 창건한 왕에 대한 제사 즉 국가 차원의 제사만 존재하다, 고려말에 중국의 성리학을 수입하면서 따라 들어왔다. 중국에서는 『예기』에서부터 조상 제사에 대한 언급이 이미 있었으나 3년상 기간 중의 추모의례일 뿐, 여러 해에 걸쳐 기일마다 행하는 제사는 아니었다. 당 나라 때 도교의 영향으로 쇠미해졌다가, 송 나라 때 성리학자들의 노력으로 비로소 오늘날까지 이어지는 기일제사가 만들어졌다.

이 조상 제사가 고려말에 들어왔지만 조선조 중기에 와서야 광범위하게 지내기 시작했다. 그것도 처음에는 사대부계층을 중심으로 이루어졌고 평민들은 잘 따르지 않았던 것을 왕조실록 기사를 보아 알 수 있다. 5천년 역사에 비추어 보면 길지 않은 전통이다. 전통으로 치면 기제사를 지내지 않고 살아온 것이 더 전통적이고 원형적이다. 그러니 기제사를 지내면 민족적이고, 안 지내면 반민족인 것인 양 주장하는 것은 잘못이다.

II. 우리 나라 기제사는 성리학자들이 만들어 놓은 원칙대로 시행되고 있는가?

그렇지 않다. 성리학자들이 만들어 놓은 규범으로 『주자가례』를 손꼽고 있는데, 『주자가례』와 우리가 시행해 오고 있는 기제사 관행과는 차이가 있다.

첫째, 『주자가례』대로 하자면, 기제사는 매우 슬픈 제사이므로 근신하는 자세를 견지해야 한다. 제사 순서에 반드시 곡을 해야 하며, 당연히 축복이나 음식 나눠먹는 잔치가 따라서는 안 된다. 하지만 우리 기제사에서는 음복만이 아니라, 제사 후에는 잔치처럼 음식을 나눠먹는다. 제사 음식을 이웃에게 돌리기도 한다. 축제 같은 분위기를 유지하고 있다. 이는 『주자가례』와 어긋난다. 내가 볼 때, 이는 민간신앙 특히 모든 굿을 하고 나서 이루어지는 뒤풀이(뒷전)의 영향이 아닌가 한다.

둘째, 『주자가례』대로 하자면, 여성도 제사에 참여해야 한다. 우리나라에서는 철저하게 여성을 제사현장에서 배제하고 있다. 음식을 만들어 제공하는 도우미 역할만 시키고 있다. 이는 『주자가례』는 물론 『예기』의 가르침과도 배치된다. 옷을 갈아입는 번거로움이나 음식 만드는 것도 제사 참여 아니냐는 등 여러 가지 이유를 들어 이를 변명하기도 하지만, 우리나라 특히 조선시대의 지독한 남녀차별 의식에 따라 『주자가례』와는 차이를 보인 것이다.

셋째, 『주자가례』에 의하면, 6품 이상의 고위관직자들만이 3대 이상의 기제사를 사당(가묘)에서 모실 수 있고, 7품 이하의 하위관직자 및 일반평민은 안방에서 부모의 기제사만 모시게 규정되어 있다. 하지만 조선 후기부터는 누구든지 4대 조상의 기제사를 다 모시기 시작하였다. 이에는 신분제도가 약화되면서, 너도나도 양반을 표방하고, 양반사대부의 독점물이었던 조상 기제사를 평민들도 거리낌없이 지낸 데서 굳어진 현상이라 해석된다(현재의 가정의례준칙에서는 직계 조상 2대까지로 제한하고 있음). 이 역시 『주자가례』와는 달라진 점이다. 효성이 지극해서라기보다 양반에 대한 평민들의 열등감 내지 신분상승 욕구가 강하게 작용한 결과라고 해석해야 할 것이다.

넷째, 『주자가례』에 의하면 기제사를 지낼 때 모시는 신은 돌아가신 분 한 분만으로 제한된다. 하지만 우리나라에서는 부부를 다 모시는 것으로 변화되었다.

다섯째, 『주자가례』에서는 모든 제사의 주관자를 종손으로 제한하였다. 이른바 종법(宗法)의 원리를 강조하였다. 하지만 우리나라에서는 고려 말과 조선 초기에, 조상의 제사를 형제들이 돌아가면서 지내는 윤회제도가 있었다. 이를 가능하게 한 것은 재산의 균분상속제도였다. 부모의 유산을 자녀들이 똑같이 나누어 받았으니 제사도 돌아가며 공평하게 지내야 한다는 의식이 작용한 것이다.

하지만 주자가 『주자가례』에서 강조한 종법의 원리가 보급되고 강화되면서 재산 상속제도가 장자 상속 원칙으로 정착되어 가고, 장자에게는 제사 몫의 재산이 별도로 상속되는 등 여러 특권이 주어지자, 제사는 오직 장자(종손)의 몫으로 한정되게 되었다. 다른 형제들은 참여하기만 할 뿐 주관자는 오직 장자 한 사람으로 바뀐 것이다. 근래 들어 재산의 상속이 균분상속제도로 바뀌었고, 남녀평등 사회로 전환하는 분위기를 고려해 보건대, 제사의 윤회제도는 적극 검토해야 할 과제라고 생각한다. 종손 며느리들이 명절제사나 기제사 준비로 앓는 이른바 명절증후군 같은 병은 이제는 사라져야 하리라 생각하는데,

제사의 윤회제도를 부활하면 해소될 수 있으리라 판단한다.

여섯째, 『주자가례』에서는 제사 지내는 날은 돌아가신 날이며, 시각은 이 날 첫새벽(정확하게 말해, 개신교의 0시 예배처럼, 새벽 0시가 되자마자)이다. 그날의 일과가 시작되기 전에 모든 것에 우선해서 행한다는 의미, 귀신은 고요하고 그윽한 시간에 움직이는 것으로 인식한 결과이다. 그런데 우리 관행에서는 돌아가신 날의 직전일의 초저녁에 지내기도 한다. 통금이 있을 때는 편의상 그랬다 하나, 이제 유교식으로 지내려면 철저하게 예법대로 0시를 넘겨서 지내야 한다.

III. 제사의 변화 양상

1. 개신교 가정에서의 변화 : 추도식 혹은 추도예배로의 변용

개신교 가정에서는 제사를 안 지내고 있다. 그 대신 추도식(추도예배)이란 이름의 추모의식을 가진다. 과연 추도식은 제사와 무관한 것일까? 전통 기제사를 비교했을 때 드러나는 차이점과 공통점을 적어보면 다음과 같다.

(1) 차이점

첫째, 명칭이 다르다. 전통 유교식 제사는 '기제사' 혹은 '기일제사', '제사'라고 부르지만, 개신교에서는 '추도식' 혹은 '추도예배'라고 부르는 것이 일반적이다. 진보적인 주장으로 '추모제'라는 용어를 쓰자는 의견도 제기되어 있으나 아직은 잘 쓰이지 않고 있다.

둘째, 여성도 동등하게 참여한다. 전통 기제사의 경우에는 아직도 남성이 그 주체로 참여하고, 여성들은 제수를 마련해 보급하는 도우미 역할을 하는 것이 일반적인 데 비해, 기독교 추도식에서는 남녀 모두가 한자리에 모여서, 시작하여 끝나는 시간까지 함께한다.

셋째, 고인에게 드려지는 게 아니라 어디까지나 하나님을 향해 드려지므로, 여러 가지 절차가 없거나 달라진다. 그 양상을 소개하면 다음과 같다.

① 지방이나 신주가 없고, 그 대신 고인의 사진을 놓고 진행하거나 그냥 진행하기도 한다. ② 제상 차리기 절차가 없다. 즉 따로 음식을 준비하지 않는 것이 원칙이다. 상을 차린다 해도, 추도식 후에 참석자들이 함께 먹기 위해서 준비하는 것이지 고인을 위해 준비하는 게 아니므로, 이른바 제수 전용 음식을 따로 준비하지는 않는다.

다만 일부 가정에서는 가족 중에 개신교를 믿지 않는 어른이 있을 경우, 여전히 전통 제사에 대한 미련이나 향수가 남아, 배와 사과 등의 과일도 올려놓되 윗부분을 깎지 않고 두도록 요구하는 경우도 있다는 것이 확인된다. 하지만 가족 전체가 개신교도일 경우에는 일상 음식만 차려놓고 진행하거나, 아예 음식 없이 추도식을 진행한다. 음식을 차린다 해도, 흰 종이로 덮어둔 채 추도식을 진행하지, 개봉한 채 진행하지 않는다. 더러는 가족 중에서 기독교식으로만 진행하는 데 대해 강한 거부감을 가질 경우(고인에 대해 어떻게든 정을 표하고 싶어하는 가족이 있을 경우), 절은 하지 않지만, 음식만이라도 차려놓고 예배하자는 쪽으로 타협이 이루어질 때는, 음식상을 개봉한 상태에서 예배를 드리기도 한다. 상황에 따라서 두 의견이 적당하게 절충을 이룸으로써 가족간의 화해를 유지하는 경우라 하겠다. 필자의 가정에서도, 모친께서 기독교 신앙이 돈독하기 전에, 선친의 추도식 때 그렇게 하기를 요청해, 그대로 해드린 적이 있다.

③ 고인의 영혼을 위해 음식이나 잔이나 절을 드리지 않는다. 하나님을 향하여 찬송하고 기도하며, 하나님의 말씀인 성경을 들어 권면할 따름이다.

④ 한국 개신교의 추모식순은 대체적으로 일반 예배 형식으로 되어 있어서 전통 기제사와 다르다.

1) 개식사 2) 신앙고백 3) 찬송 4) 기도 5) 성경봉독 6) 말씀 7) 기도 8) 추모 9) 찬송 10) 축도(주기도) 등의 순서를 기본틀로 하여 일부 가감

이 허용되고 있다. 전통 기제사에서는 신이 들어오시도록 문을 열어 두는 준비를 하지만 개신교 추도식에서는 하지 않는다.

'축문 읽기'도 없다. 개신교 추도식순 중에서 기제사의 '축문 읽기' 순서와 가장 근접한 것이 있다면 '추모의 시간'일 것이다. 하지만 이 추모의 순서에서도 절을 하는 게 아니고, 살아있는 사람끼리 고인의 이모저모에 대해 회상하는 기회이기 때문에, 엄격히 말하면 고인을 향한 것은 아니다. 살아 있는 사람 중에서 고인을 잘 모르는 후손에게 고인의 미덕을 가르쳐 그 정신과 업적을 계승하도록 권면하는 의미가 강하다 할 수 있다.

이는 전통 제사의 축문과 비교하면 확인이 가능하다. 주지하듯, "유세차간지 모월간지모일간지 효자○○ 감소고우 현고학생부군 …… 근이청작서수 공신전헌 상향"으로 된 전통 축문은 국문으로 옮길 경우 "이제 ○○년 ○월 ○일에 큰아들 ○○는 아버님 ○○○ 어른 앞에 감히 밝혀 아뢰나이다. …… 삼가 맑은 술과 갖은 음식을 공경하는 마음으로 받들어 올리오니 두루 흠향하시옵소서." 이렇게 되어 있어, 철저하게 고인을 향한 발화이기 때문이다.

기도의 내용도 마찬가지이다. 고인을 위한 기도는 인정되지 않는다. 생전의 믿음과 행실로 구원 여부가 결정되었기 때문에, 고인의 영혼을 위해 기도할 내용은 없다는 것이 개신교의 교리이기 때문이다. 개신교 추도식순의 '추모'가 고인을 향한 것이 아니라, 고인에 대한, 참석자를 위한 목적을 가지게 된 배경에는, 이미 제시한 바와 같이, 추도식에 임하는 대부분의 기독교인의 의식에, 조상의 혼령은 없거나 활동하지 않는다는 생각이 있기 때문인 것으로 이해된다.

전통적인 영혼관에서는 영혼의 몸을 떠나서도 여전히 지상에 머물러 있기도 하고, 저승에 갔다가 다시 온다고도 믿었지만, 성경을 믿는 기독교인들은 그렇게 생각하지 않기에, 절을 하려 하지 않는 것은 당연한 귀결이라 하겠다. 더구나 십계명에서 우상을 만들지도 말고 절하지도 말라고 했기 때문에, 죽은 조상에게 절하는 것을 우상숭배로 생각해, 신 앞에서 범죄하는 것으로 여기는 것도 거기 함께 작용한다는 것을 알 수 있다.

그런데 한국 개신교 추도식에서 확인되는 '추모의 시간'이 어느 교단, 어느 가정에서나 있는 것은 아니다. 각 교회 혹은 가정에서 추도식을 가질 때, 일사불란하게 교단의 지침을 따르는 것 같지는 않고, 가정(진행자)에 따라 추모의 시간을 가질 수도 있고 생략할 수도 있다는 것을 알 수 있다. 이 '추모의 순서'가 들어가느냐의 여부만 제외하고, 현재 모든 개신교 교단, 교회, 가정의 추도식은 일반 예배에 준하는 형식과 순서로 진행되는 것으로 파악된다. 그런데 '경동교회'처럼 절하는 것을 용인하자는 경우도 있고, 일부 가정에서이지만 '돌아가신 분을 위한 기도'를 넣는 경우도 포함되어 있는 것을 보면, 개신교의 추도식도 극히 제한된 범위에서나마 '가가례'의 양상을 보일 수도 있으리라 여겨진다.

넷째, 기제사에서는 부부를 관행적으로 합사하여 모시다 보니, 현대에 와서 번거롭다는 이유로 2회에서 부1회로 통합하는 경우가 많아지는데, 개신교 추도식에서는 부부가 한 날 돌아간 경우를 제외하고는, 단독으로 추도식을 가지므로 한번으로 통합하는 예는 발견하기 어렵다.

요컨대 기독교 추도식과 전통 유교식 기제사를 비교했을 때 발견되는 차이에서 가장 중요한 것은, 제사가 고인에게 드리는 것이라면, 추도식(추도예배)는 고인을 추모하며 하나님께 예배를 드리는 것이라는 점이다. 기독교에서는 우리가 예배 드릴 대상은 오직 하나님 한분뿐이라 믿기 때문에 나타난 차이이다.

(2) 공통점

개신교의 추도식과 전통 기제사는 다르기만 한가? 그렇지 않다. 명칭과 순서가 다르지만 같은 점이 있다. 개신교 추도식과 전통 기제사간에 공통점이 있다는 사실은 일반의 통념에 충격을 줄 만하다고 생각한다.

첫째, 돌아가신 날 진행하는 것을 원칙으로 한다는 점에서 공통적이다. 시간이야 주로 식사시간에 맞추어서 모임으로써, 전통 기제사의 전통에서 멀어졌지만, 앞에서도 말했지만, 돌아가신 날 추도식을 가지려고 노력한다는 점에서 전통 기제사의 강한 영향권 안에 있다고 할 수 있다.

물론 돌아간 분을 특정한 날 추모하는 것이 우리 개신교만의 문화는 아니다. 가톨릭에서 기념일과 관계된 예식으로서 매해의 교회력에 특정한 성자를 추모하는 관습이 있어 왔고, 그 밖의 조상을 함께 묶어 추모하는 '만성절'이 지켜지고 있다. 이런 기념일에 조상의 죽음을 추모하는 것이 아니라 그들의 생애와 업적을 기리는 것이 통례이다. 미국을 위시한 개신교의 영향이 큰 사회에서는 매해 현충일에 지역 사회 나름의 추모행사가 있고, 그 뒤 가족끼리 성묘를 하고 묘 앞에 꽃을 장식하는 풍습이 있다. 하지만 우리나라는 고인이 사망한 날에 추모의 모임을 가진다는 점에서 다른 나라와는 다른 양상을 보이고 있으며, 이는 바로 기존의 기제사 전통을 강하게 의식하면서 이루어진 문화적 습합이라고 해석된다.

둘째, 장남의 집에서 책임을 지는 것이 원칙이라는 점에서 동질적이다. 사당에서 신주를 모시고 지내는 것도 아니고, 아무 데에서나 모여 예배해도 되니 고정적일 필요가 전혀 없으며, 어느 가정에서 지낼 수도 있고, 돌아가면서 지낼 수도 있을텐데 여전히 장남의 집에서 주도권과 책임을 지고 준비하며 진행하고 있는 게 현실이다. 필자의 경험에 비추어 보아도 그렇다. 필자가 나가는 교회의 목회자 가정에서도 장남 책임하에 그 댁에서 형제와 친족이 모여 추도예배를 드리고 있다.

셋째, 추도식 후에 음식을 함께 나누어 먹는다는 점에서 공통적이다. 추도식이 끝나면, 미리 준비한 음식을 나누면서 일가친척의 우의를 다지며 신앙 안에서 살아갈 것을 서로 격려하는 뜻 깊은 식탁에 참여하는데, 이는 전통 제사 후의 음복문화가 자연스럽게 기독교적으로 변용되어 이어진 것이라고 할 수 있다. 예배만을 위한 예배라면 굳이 식사시간에 맞추어 드릴 이유가 없을 것이다. 하지만 거의 예외 없이, 목회자를 모시든, 가족끼리 모이든, 식사시간에 맞추어서 모여 추도식을 진행한 후에 음식을 함께 나누는 양상도, 기제사 문화를 무의식적으로 계승하고 있다 할 수 있다.

넷째, 그 동기와 목적 면에서의 공통성이다. 고인을 추념하며 그분 안에서 한 가족이라는 의식을 다지고 친교하기 위해서 추도식을 가진다는 것을 주변 기독교인들의 반응에서 확인할 수 있는데, 전통 제사에 참여하는 사람들에게서도 충분히 확인할 수 있는 동기라 생각한다. 일부 기복적이거나 종교적인 동기를 가지고 기제사에 임하는 사람들을 제외하면, 기제사의 의미가, 가문의 전통과 정신을 배우고 같은 뿌리를 가진 친족들을 집합시키고 동족의식을 고취함으로써 화합과 우의를 가져다주는 의미를 지닌다고 보는 것이 일반적인 인식이라고 판단되기 때문이다.

아울러 간과해서는 안될 게 있다. 개신교에서 기제사의 형식처럼, 절을 하지 않는다 해서 불효라고 할 수 있는가이다. 개신교인들은 살아생전에 효도를 극진히 하자는 데 대해서는 더 적극적인 태도를 가지고 있다. 다만 돌아가시면 그 영혼에게 아무런 영향을 끼쳐드릴 수 없다고 믿기에, 절을 하거나 음식을 차려 제공하는 일을 거부하는 것일 따름이다. 절은 하지 않지만 그분에 대해서 추모를 하며 본받으려 노력하며, 고인의 뜻을 되새기면서 부끄럽지 않은 자손이 되자고, 추도식 시간에 다짐하며 기도한다는 점을 충분히 고려해 주어야 하리라고 생각한다.

개신교의 교리로 보자면, 전통적인 기제사는 어떤 형태로든 사라졌어야 마땅하다. 그럼에도 불구하고, 위에서 확인한 것처럼, 사실상 기제사는 사라지지 않았다. 기제사라는 이름과 기제사의 외적인 형식과 절차만 따르지 않았을 뿐, 추도식이라는 이름과 형태로 이어지고 있다고 필자는 생각한다. 그만큼 전통문화의 힘은 강하다는 사실을 절감하게 된다.

한국인은 한국문화라는 자장 안에서 태어나서 자라고 살다가 죽어가기에, 다른 문화를 받아들인다 해도, 결국은 전통문화와 완전한 결별을 하지 못하고, 어떤 형태로든 습합을 해야만 마음이 편안하고 떳떳하며, 그래야 안정감과 행복감을 가지기에 자연스럽게 선택한 지혜인지도 모른다.

(3) 일반 가정에서의 자연스러운 변화들

기제사는 많은 변모가 이루어지고 있다. 몇 가지 들어보면 다음과 같다.

첫째, 탈기일화(脫忌日化) 경향(모이기 좋은 날 지내기).

둘째, 생전에 좋아하던 음식 올리기.

셋째, 제수를 대행업소에 위탁하기.

넷째, 지방(紙榜) 문구의 간이화(한글화 및 한글 축문의 등장 등).

다섯째, 제주의 비고정화(딸, 차남도).

여섯째, 호텔이나 콘도미니움에서도 지내기.

이런 변화는 자연스러운 것이다. 생활 환경과 문화가 달라지고 생각이 바뀌면서 일어나는 변화이기 때문이다. 전혀 없던 문화였던 조상제사가 필요에 따라 도입되었듯, 이제 나름대로의 달라진 원인 때문에 변모하고 있을 따름이다.

기제사의 핵심 정신만 유지된다면 그 형식은 얼마든지 바뀔 수 있고 그래야 한다고 본다. 자신의 원천에 대한 기억 또는 감사가 기제사의 핵심이라면, 그것만 유지된다면 앞으로 얼마든지 그 형식은 달라져 가야 하지 않을까 생각한다.

제2강

한국 이름문화의 특징

I. 머리말

사람에게는 제각기 이름이 있다. '무명 가수'니 '무명 학자'니 하여, 어떤 사람을 일컬어 '이름이 없는 사람(무명인)'이라고도 하지만, 그 가치를 인정받지 못했거나 많이 알려지지 않았다는 뜻이지, 정말로 이름이 없다는 것은 아니다. 이 세상 어느 나라 사람에게나 이름은 있으며, 민족마다 이름 짓는 전통 혹은 문화가 있다.

한국인의 이름은, 아명(兒名), 명(名 : 남자의 경우 관명이니, 곧 어른이 되어서 새로 지은 이름), 자(字), 호(號) 등 다양한 층위로 존재한다. 이 글에서는 명(名)의 경우만을 대상으로 하여, 몇 가지 사항에 대해 알아보고자 한다. 한국인이 이름에 대해서 가지고 있는 관념은 무엇인가, 한국의 전통 작명 원리에는 어떤 것들이 있는가, 요즈음의 한국인 이름에서 보이는 변화들은 무엇인가, 외국과 비교했을 때 한국 이름의 특징은 무엇인가, 이런 순서와 내용으로 논의를 진행하고자 한다.

이름과 관련한 선행 연구 성과가 이미 몇 편 있다. 하지만 이 글에서처럼 이름 일반의 여러 국면에 대해, 특히 외국과의 비교까지 곁들여서 종합적으로 논의한 사례는 아직까지 없는 것으로 안다.

II. 이름에 대한 한국인의 관념－웃어른의 이름 함부로 안 부르기

한국 전통 사회에서는 다른 사람 특히 손윗사람의 이름을 함부로 부르는 것을 꺼렸다. 특히 자기 부모님의 이름이 다른 사람에 의해 함부로 불리거나 하면 싸움이 날 정도로 우리의 전통에서는 이름을 매우 아꼈다. 이름을 단순한 기호로서가 아니라 그 사람의 인격 자체라는 인식이 강하였다 하겠다. 그러다 보니 우리 언어 예절 가운데에는, 누가 아버지의 이름을 물을 경우, 막바로 이름을 대지 않고, "○자 ○자이십니다" 혹은 "○자 ○자를 쓰십니다" 이렇게 대답해야만 적확한 표현이며 배운 사람다운 언어표현으로 치부하는 관행이 이어지고 있는 실정이다.

이름을 불러야 할 때는 자(字)나 호(號)를 불렀다. 윗사람이 아랫사람을 부를 때는 자를 불러도 되었지만 아랫사람이 윗사람을 부를 때는 반드시 호를 불러야 했다. 호도 아무나 가지지 못하였다. 학덕이 높은 사람만 호를 써서 "율곡 선생님" 이런 식으로 했고, 그렇지 못한 사람은 아무리 본인이 호를 지어놓아도 다른 사람들이 불러주지를 않았다.

왜 우리 옛 선인들이 함부로 이름을 부르지 않았던 것일까? 피휘법(避諱法) 때문이다. '휘(諱)'란 '어른의 이름', '제왕·성인·상급자 및 존경받는 사람의 이름'을 뜻하므로, 피휘법은 '제왕, 성인, 존경받는 사람, 부모, 윗사람 등의 이름을 부르거나 이름자를 함부로 쓰지 않는 법'이다. 지금도 인사동 고서점이나 도서관 고문서실에 가면, 오래된 족보의 경우, 더러 군데군데 비단천 조각이 붙어있는 것을 발견할 수 있는데, 이는 그 집안사람들이 조상의 이름을 감히 보기조차 황송해서 그렇게 한 것이다. 보기조차 꺼렸으니 부르는 것은 더욱 그러했을 것이다.

피휘법이 제정된 시기는 유교문화의 수용에 적극적이었고 전제황권을 수립하려 한 고려 광종 15~16년경으로 추정된다. 이때에 태조 이름 '건(建)'자와 혜종 이름 '무(武)'자와 정종 이름 '요(堯)'자를 각각 '입(立)', '호(虎)', '고(高)'자로 대체하여 적었으니, 『삼국유사』 고조선조에서 '개국호조선(開國號朝鮮) 여요동시(與堯同時)'라고 해야 할 것을 '요(堯)' 대신 '고(高)'로 표기한 것도 그 사례이다. 국가에 의한 피휘령이 내려지기 이전에도 유교적 지식이 많았던 문인들은 글을 지을 때에는 가능한 한 왕의 이름자를 쓰지 않으려 하였다.

선종 즉위년(1083) 11월에는 피휘법에 대한 공식적인 법령이 발표되었음을 기록으로 확인할 수 있다. 이 조처에 의하여 개인의 이름이나 사원, 주, 부, 군현의 이름, 기타 공사건물의 명칭에 왕의 이름자를 사용할 수 없게 되었다. 또한 이름의 글자만이 아니라 음이 같은 글자도 마찬가지로 사용할 수 없도록 하였다. 군주의 이름뿐만 아니라 같은 시호를 받은 경우도 고쳤고, 중국 황제 이름과 같은 고려 국왕의 이름도 고쳤다.

이처럼 국휘(國諱)의 범위가 넓어지자 국왕만이 아니라 태자의 이름도 피휘하여 신료들 중에는 이름을 고쳐야 하는 경우도 있었다. 예컨대 고려조의 안유는 조선 세조의 이름과 같은 음이기 때문에 안향으로 조선조에 바뀌어 칭하여졌고, 성종의 이름이 '치(治)'자이므로 '이(理)'로 바꾸어 써서, 조선 중종 때 찍어낸 『삼국유사』 박혁거세조의 '광명치세(光明治世)'가 '광명이세(光明理世)'로 된 것이 그 예이다.

고려의 피휘법은 이후 조선조에도 계승되었는데 조선 국왕의 이름이 옥편에 없는 글자들, 이른바 벽자(僻字)들로 지어진 것은 이런 결과라 할 수 있다. 祹(도; 세종), 珦(향; 문종), 瑈(유; 세조), 祘(산; 정조)처럼 자주 쓰지 않는 글자를 동원하여 작명하고 있는 것이다. 특히 흥미로운 점은, 세조의 큰아들 덕종은 원래의 이름은 숭(崇)이었으나, 세조가 단종을 제거하고 왕위에 오르면서 세자로 신분이 바뀌자 장(暲)으로, 선조도 균(鈞)이었으나 등극하자 연(昖)으로, 고종도 아명은 명복(命福)이며 이름은 재황(載晃)이었으나, 등극하자 희(㷩)로 개명한 사실이다. 왕의 이름은 그 뒷사람이 쓸 수 없으므로, 백성의 부담을 줄여주기 위해,

벽자로 개명한 것이다.

고려시대에 엄격히 지켰던 피휘법, 그 중에서도 국휘법(國諱法)은 민주사회인 오늘날의 기준으로 보면 매우 불합리한 일로 여겨진다. 왕의 이름자, 심지어 음이 같은 글자도 쓰지 못하고, 이를 어길 경우, 대역죄, 불경죄로 관직에 나아가지 못함은 물론이고 때로 목숨까지 왔다갔다하는 상황은 오늘날에는 상상하기 힘든 일이다. 실제로 대학에서 학생들의 이름을 부르다 보면, '박정희'란 이름이 버젓이 있는 실정이라 국휘법은 사라졌다고 해도 과언이 아니라 생각된다.

과거 이스라엘 역사에서, 여호와 혹은 야훼 신의 이름을 차마 부르지 못해, 성경을 필사하거나 낭송하다가 '여호와' 혹은 '야훼'가 나오면 차마 그대로 쓰거나 발음하지 못하고, '아도나이(主)'라고 달리 읽었는바, 그 결과 그 신의 정확한 발음을 잊어버리고 말아, 우리 말 개역성경에서도 "여호와"인 줄로만 알고 적어오다 최근 들어 "야훼"가 근접한 발음이라는 학계의 연구 성과를 받아들여 공동번역 성경부터는 "야훼"로 적고 있는 실정이다.

요컨대 이스라엘에서는 종교적 동기로, 신에 대해, 그같은 형태의 피휘법이 존재하였다는 사실은 확인되나, 사람의 이름에 대해서는 전혀 그렇지 않았다는 것을 알 수 있다. 우리에게는 야훼 같은 유일신 관념이 이스라엘에 비해 희박하다 보니, 왕이나 조상의 이름을 꺼리는 양상으로 피휘의식이 나타난 것이 아닌가 해석된다.

이제 국휘법은 사라졌으나, 윗사람의 이름을 함부로 부르지 않으려는 의식만은 지금도 여전하며, 특히 아버지나 할아버지 이름에 사용된 글자는 피하려는 의식이 강하게 남아 있으므로, 한국인의 경우 피휘법에서 완전히 자유롭지는 않다 할 수 있다.

우리와는 달리 이스라엘에서는 조상의 이름을 그대로 후손이 사용하는 게 흔하다는 것을 성경을 통해서 알 수 있고(요셉, 유다 등), 일본의 경우, 아버지나 어머니 이름자에서 한 글자씩을 따다가 자녀의 이름을 짓는 게 일반적이며, 여성의 경우, 할머니가 돌아가신 다음에는 할머니의 이름을 통째로 가져다 이름을 짓기도 한다(서경대 일어과 이즈미 교수의 전언)고 하니 우리와는 다르다는 것을 알 수 있다.

III. 한국인의 전통 작명 원리

한국에서 사람 이름을 지을 때 전통적으로 즐겨 이용한 방법 혹은 원리에는 어떤 것들이 있을까? 지금까지 확인한 결과, 다음과 같이 두 유형으로 나뉜다는 것을 알 수 있었다. 집안마다의 항렬자를 따라서 짓는 유형, 노비나 여성의 경우처럼 항렬자를 따르지 않고 다른 방식으로 짓는 유형이다.

집안의 항렬자를 따르는 방식은 주로 양민 이상의 남성들에게, 항렬자를 따르지 않고 달리 짓는 방식은 노비나 여성들에게 적용되었던 것을 알 수 있다. 항렬자를 따르는 유형도 다시 세분되는데, 오행을 기준으로 하기, 십간을 기준으로 하기, 십이지를 기준으로 하기, 일이삼사오륙 순서로 하기, 28개 별자리(28수) 순서로 하기, 절충하기 등으로 구분된다. 집안의 항렬자를 따르지 않는 경우도, 출생 상황을 반영하기, 부모의 소망을 반영하기, 외모의 특징을 반영하기 등으로 나뉜다.

1. 집안의 항렬자를 따라 짓기

항렬자란 돌림 자(字)라고도 하는데, 우리의 이름에서 항렬(行列)을 나타내는 자(字)를 말한다. 각 가문마다 일정한 항렬자가 정해져 족보에 명시되어 있어서, 원칙적으로 모든 남성들은 이를 따라서 이름을 지어야 했다. 성을 포함하여 보통 석 자로 되어 있는 게 우리의 성명이라면, 그 세 글자 중에서 아버지로부터 물려받은 성에다 족보에 규정된 항렬자까지 이미 주어져 있으니, 오직 나머지 한 글자만 정하면 되었다. 그만큼 선택의 범위가 제한되어 있다고 할 수 있다.

앞에서 이미 말했듯이, 항렬자를 따르는 데에도 여러 가지 경우가 있다. 오행, 십간, 십이지, 일이삼사 순서를 따르기 및 이상을 절충하기 등이 그것이다.

(1) 오행의 순서를 따르기

주지하는 바와 같이, 오행(五行)은 동양 특히 동아시아 한문문화권의 우주론 혹은 존재론에서, 세상 만물을 이루는 기본 요소로 인식되어 왔다. 木 火 土 金 水이 그것인데, 이들이 독립된 것이면서도, 상호간에 일정한 선후 및 유기적인 관계가 있어, 상생 혹은 상극 작용을 하는 것으로 생각해 왔다.

수생목(水生木), 목생화(木生火), 화생토(火生土), 토생금(土生金), 금생수(金生水)로 일컬어지는 상생(相生), 금극목(金剋木), 목극토(木剋土), 토극수(土剋水), 수극화(水剋火) 등으로 일컬어지는 상극相剋 관계가 있다는 것이다. 조선조 초기에, 李씨가 집권하면서, 金씨의 발음을 '금'이 아닌 '김'으로 고쳐 부르게 했다는 전승도 바로, 金이 木과 상극 관계라서, 그냥 두면 木자 성인 이씨 왕조에 해롭다고 보는 인식 때문에 형성된 전승이라 할 수 있다.

이름을 지을 때도 마찬가지다. 몇몇 가문에서 현재 따르고 있는 항렬표를 보면 다음과 같다.

<파평 윤씨>

泳(영)－林(림)－容(용)－在(재)－鍾(종)－源(원)－相(상)－燮(섭)
基[함안파]

泰(태)－秉(병)－燮(섭)－在(재)－鎬(호)－永(영)－相(상)－顯(현)
培(배)－鍾(종)－源(원)－秀(수)[남원파]

汝(여)－來(래)－熙(희)－奎(규)－鍾(존)－泰(태)－相(상)－烈(열)
在(재)[덕산군파]

錫(석)－汝(여)－植(식)－燮(협)－載(재)－鍾(종)[대언공파]

<단양 우씨>
鉉(현)－永(영)－植(식)－燮(섭)－基(기)－鎬(호)

<함안 조(趙)씨>
濟(제)－來(래)－顯(현)

<창녕 조(曺)씨>
承(승) 秉(병) 煥(환) 圭(규) 鉉(현)

<의령 남씨>
基(기)－鉉(현)－潤(윤)－植(식)－炳(병)－均(균)－鎭(진)－求(구)
柱(주)－燮(섭)－圭(규)－鎬(호)－淳(순)－根(근)－榮(영)－瓚(찬)
鍾(종)－洙(수)－禎(정)－燁(엽)－周(주)－鎰(일)－永(영)－杓(표)

오행의 원리를 따르되, 다섯 가지를 다 반영하지 않고 일부 요소만 반영하여 작명하는 경우도 있다. 고령 신씨의 경우, 고려 때는 항렬자를 사용하였으나 1650년부터 '水 木'자를 반복하고, 한산 이씨의 경우, 고려 말 때는 항렬자를 사용하였으나 1700년대부터 '火 水 木'자를 쓰고 있다.

(2) 십간(十干)의 순서를 따르기

십간(十干) 즉 甲(갑), 乙(을), 丙(병), 丁(정), 戊(무), 己(기), 庚(경), 辛(신), 壬(임), 癸(계)의 순서를 따라서 이름을 짓기도 한다. 위의 오행식 작명과 마찬가지로, 십간이 들어가 있거나 자형상 그렇게 볼 수 있는 한자를 빌어다 쓴다. 여기 해당하는 집안의 항렬자표를 보이면 다음과 같다.

<전주 이씨>
寅(인)－凡(범)－會(회)－宇(우)－儀(의)－起(기)－康(강)－宰(재)
廷(정)－揆(규)

<풍양 조(趙)씨>
東(동)－九(구)－南(남)－衍(연)－誠(정)

(3) 십이지(十二支)의 순서를 따르기

십이지(十二支) 즉 子(자), 丑(축), 寅(인), 卯(묘), 辰(진), 巳(사), 午(오), 未(미), 申(신), 酉(유), 戌(술), 亥(해)의 순서를 따라서 이름을 짓기도 한다. 강릉 김씨가 그런 경우이다.

<강릉 김씨>
學(학)－秉(병)－演(연)－卿(경)－振(진)－起(기)－南(남)(午)(午는 방위로 보면 南쪽이므로 대체하기도 함)

(4) 숫자 순서를 따르기

一, 二, 三, 四, 五, 六, 七, 八, 九, 十 이렇게 숫자 순서대로 짓는 경우이다. 숫자 그대로 반영하기도 하지만 대부분은 해당 숫자가 들어 있는 한자를 빌어다 쓴다. 안동 권씨가 이런 방식으로 작명하는 것으로 유명하다.

<안동 권씨>
丙(병)－重(중)－泰(태)－寧(녕)－五(오)－赫(혁)
純(순)－容(용)－九(구)－升(승)

(5) 절충식

ㄱ. 10간과 12지의 혼합

<전주 이씨(효령대군파)>
寅(인)-凡(범)-會(회)-宇(우)-儀(의)-起(기)-康(강)-宰(재)
廷(정)-揆(규)-學(학)- 庸(용)-演(연)-卿(경)-振(진)

ㄴ. 일월日月과 一, 二, 三, 四, 五의 혼합

<반남 박씨 가문>
齊(제)-緖(서)-贊(찬)-雨(우)-天(천)-春(춘)-憲(헌)-吾(오)
章(장)-虎(호)-謙(겸)-旭(욱)-平(평)

이상 항렬자를 따르는 경우의 다섯 가지 유형을 제시하였다. 24 별자리의 순서를 따르는 경우(고려시대 이규보 집안의 경우)도 있다. 천지현황(天地玄黃)의 순서로 짓는 방식도 있다고 하나 아직 확인하지는 못하였다. 필자가 과문하여 다 소개하지 못하였지만, 여타의 방식도 있을 수 있다. 하지만 이상 다섯 가지가 한국인의 이름 문화에서 항렬자를 따라 작명하는 가장 대표적이고 흔한 방식인 것만은 분명하다고 보인다. 위에 제시한 사례를 바탕으로 다음 두 가지 사항을 주목할 필요가 있다고 생각한다.

첫째, 아버지 대의 항렬자가 맨끝에 오면, 아들 대의 항렬자는 중간에, 그 다음 대는 다시 끝으로, 이런 식으로 놓이게 하는 것도 불문률로 되어 있다는 것을 알 수 있다. 반남 박씨 집안의 항렬자 규정이 이 점을 잘 보여주고 있다.

반남 박씨 33세(32대) 호(虎)-순(純) (예) 박○호 /박○순
반남 박씨 34세(33대) 겸(謙)-선(善) (예) 박겸○ /박선○
반남 박씨 35세(34대) 욱(旭)-구(九) (예) 박○욱 /박○구

반남 박씨 36세(35대) 평(平)－두(斗) (예) 박평○ /박두○

둘째, 같은 오행이라 하더라도, 집안에 따라, 해당 한자는 다양하게 지정하고 있다는 점이다. 심지어는 같은 성씨라 하더라도 파에 따라 다른 글자를 지정하여, 그 글자만 보아도, 어느 계파인지 드러나게 되어 있다. 안동 권씨 집안의 항렬자 규정이 이 점을 잘 보여준다. 예컨대, 맨 앞의 '一(일)'자 항렬자가 계파에 따라, '丙(병)', '大(대)', '萬(만)', '三(삼)'자 항렬자도 '泰(태)', '春(춘)', '龍(용)' 등 다양함을 알 수 있다.

병(丙)－중(重)－태(泰)－영(寧)－오(五)－혁(赫)－순(純)－용(容)－구(九)－승(升)－대(大)－종(宗)－춘(春)－헌(憲)－숙(肅)－기(奇)－택(宅)－준(俊)－숙(塾)－협(協)－만(萬)－인(仁)－용(龍)－탁(鐸)－오(悟)－경(景)－처(處)－열(說)－궤(軌)－사(士)

같은 계파의 경우, 다섯 대가 지나면 똑같은 글자를 다시 씀으로써, 윗대에서 쓴 글자를 후손이 다시 써야 할 부담이 생길 수 있는데, 이를 피하기 위해, 한 사이클이 돌아가고 나면 새로운 글자를 써서, 조상의 이름을 함께 쓰는 일이 없도록 장치해 놓고 있다. 피휘법의 전통이 작용하고 있다 하겠다. 파평 윤씨 함안파 집안에서, '水'자 항렬을 윗대에서는 '泳(영)'으로, 아랫대에서는 '源(원)'으로 쓰는 경우가 그 예이다.

泳(영)－林(림)－容(용)－在(재)－鍾(종)－源(원)－相(상)－燮(섭)
基(기)[파평 윤씨 함안파]

우리나라에서 항렬자를 따라 작명하는 전통이 얼마나 강했는지 실감하게 하는 일화가 있다. 1890년대 후반, 강화도에 개신교가 전파되었을 때 실제 일어난 일이다.

강화도 북단 홍의 마을에 개신교 복음이 들어오자, 1890년대 후반, 강화도 북단 홍의 마을에 복음이 들어왔다. 그 마을 훈장으로 있던 박능일이 먼저 복음을 받아들이고 온 마을 사람이 함께 믿어 세례를 받기에 이르자, 이렇게 말했다.

"우리가 예수 믿고 교인이 된 것은 옛사람이 죽고 새사람이 되었음을 의미한다. 새로 태어난 아기에게 이름을 지어 주듯 거듭난 우리가 새 이름을 갖는 것은 당연하다."

이래서 이름을 새로 지었다. 베네딕토, 프란체스코, 베로니카처럼 천주교식으로 서양식 이름을 쓰거나 모세, 요한, 라헬 같은 성경 이름을 따르지 않고 한국의 전통 작명법을 따라, 그것도 돌림자 전통으로 개명했다. "우리가 비록 집안은 다르지만 한날 한시에 세례를 받아 한 형제가 되었다. 그리고 우리가 이 마을에서 처음 믿었으니 모두 한 일一자를 돌림자로 하여 이름을 바꾸자."라고 하여, 성은 그대로 유지하되, 마지막 자를 한 일자로 통일하여, 제비뽑기를 하여 지었다. 박능일, 권신일, 권인일, 권문일, 권청일, 권혜일, 김경일, 김부일, 종순일, 주광일, 장양일 등으로 작명한 것이다. 이 사실은 한국의 돌림자 전통이 얼마나 강하였는지 반증하고 있다 하겠다.

(6) 항렬자를 따르지 않고 짓기

모두가 항렬자를 따라서 이름을 지었던 것은 아니다. 조선시대의 고소설 작품이나 『묵재일기(默齋日記)』(1535~1567), 『불설대보부모은중경언해(佛說大報父母恩重經諺解)』(1687)와 『동국신속삼강행실(東國新續三綱行實)』(1617) 같은 문헌을 보면 알 수 있다. 주로 노비나 여성의 경우이지만, 집안의 항렬자와 무관하게 작명하는 경우도 있었다. 이것도 여러 가지 유형으로 나누어 볼 수 있다.

ㄱ. 출생 상황 또는 외모·재능상의 특성을 반영한 경우

· 태몽

<춘향전>의 남자 주인공인 '이몽룡(李夢龍)'의 작명 원리는 태몽의 내용을 그대로 반영한 것이다. 그 부모가 꿈에 용을 보고 낳았다 해서 붙인 이름으로 소개되어 있기 때문이다.

이런 사례는 고소설에서 흔하게 발견된다. 고려시대의 문호 이규보(李奎報)의 경우에도, 꿈에 '규성(奎星)'이란 별의 선관이 나타나 탄생을 예고하였기에 붙여진 이름으로 알려져 있어, 이 전통이 오래되었다는 것을 알 수 있다. 요즘에도 존재할 수 있는 작명 유형이라 생각된다.

· 출생 시기

전통시대의 여성 이름에서 많이 보이는 三月, 九月(이상 『묵재일기』 소재) 등의 이름은 출생 시기를 그대로 드러낸 경우라 할 수 있다.

· 출생 장소

부엌쇠, 마당쇠 등의 이름은 출생한 장소를 반영한 이름들로서, 필자의 고향 마을에 살던 남성들의 이름이다. 『묵재일기』 소재 노비의 이름인 北叱間(북질간, 뒷간)도 마찬가지로 보인다.

· 서열

남매 중의 출생 서열을 반영한 경우도 있다. 첫째를 나타내는 '태(太)'나 '원(元)'자 들어가는 이름들(太燮 태섭, 元淳 원순), 셋째딸을 의미하는 '삼순(三順)', 넷째딸을 의미하는 '사순(四順)', 막둥이를 나타내는 亡乃(막내), 莫同(막둥), 恴致(긋티) 등이 그 예이다.

· 외모

小斤(작은), 甘丁(검정), 甘同(검둥), 億今(얽음) 甘實(감실)(이상 『묵재일기』 소재), 巨墨介(거묵개), 居墨伊(거묵이), 古邑丹伊(곱단이), 古邑同(곱동), 古溫介(고온개), 立分德(입분덕), 於汝非(어여비), 入分伊(입분이), 足古萬(족고만), 古孟伊(고맹이), 同古里(동고리).

이들 이름은 작다거나 검다거나 얽었다든가, 한결같이 용모의 특징을 반영하여 지은 것들이라 하겠다. 이 같은 작명법은 동부여의 왕이었던 금와(金蛙)에게서도 확인된다. 돌 밑에서 발견될 당시, 그 모습이 금개구리 모양이라서 그렇게 이름을 지었다고 삼국유사가 기록하고 있기 때문이다. 요즘 '날씬이'란 이름이 더러 눈에 띄는데 이런 작명의 연장선상에 있다고 여겨진다.

· 재능상의 특징

고구려 시조 주몽朱蒙의 경우, '활을 잘 쏘는 사람'이라는 뜻으로 삼국사기에 기록되어 있다. 이 경우는, 출생과 동시에 지은 이름이 아니라, 자라는 과정에서 지은 이름으로 보인다.

<늑대와 춤을>이라는 인디안 소재 영화에서 보듯, 인디언 사회에서는, 우리와는 다르게, 아이의 이름을 출생과 함께 짓지 않고, 자라는 과정에서 그 특징이 부각될 때 비로소 그 특징을 반영하여, '주먹쥐고 일어서(인디언 여성의 이름)' 혹은 '발로 차는 새(제사장의 이름)' 등으로 짓는데, 주몽(朱蒙)도 그런 유형으로 보여 특이하다.

(7) 부모의 소망을 반영한 경우

金同(금덩이), 語非(업신), 복이(福伊)·선이(仙伊)·홍이(弘伊), '巖仝, 奄仝, 音仝, 音田, 陰田(음전이, 얌전이)' 등의 이름은, 그런 사람이 되기를 바라는 부모의 염원이 반영된 경우라고 할 수 있다. 介同/季同(개똥)은 역설적인 소망이라고 할 수 있는 경우로서, 이렇게 천하게 지음으로써 잡귀의 질투를 예방하여 무병 장수하기를 바라는 소망에서 지어진 이름으로 풀이된다. 莫女(막녀)는 더 이상 딸이 태어나지 말고, 아들 출산하기를 희망하여 지은 이름이므로 여기 포함할 수 있다.

(8) 부모의 감정을 반영한 경우

'府內(부내), 粉內(분내), 粉年(분년), 粉老味(분뇌리), 痛忿(통분) [분해]', '西云(서운), 西雲(서운), 西元(서원) [서운]' 등은 아이를 출산한 직후 느끼는 부모의 감정을 반영한 경우로 보인다. 아들을 낳기를 바랐는데 딸을 낳아서 가지는 감정을 여과 없이 드러낸 경우라 하겠다.

(9) 여자 형제끼리의 돌림자 쓰기

대부분의 집안에서, 여성의 이름은 항렬자를 따라서 짓지 않는다. 하지만 자매간에는 가능하면 같은 글자를 이용하여 작명함으로써 자매간임을 드러내려는 경향이 있다. 연안 이씨 가문의 '이영(李英) 이순영(李順英) 이영숙(李英淑)', '이연숙(李燕淑), 이현숙(李賢淑)', 밀양 박씨 가문의 '박신정(朴信貞), 박신애(朴信愛)', 광산 김씨 가문의 '김순례(金順禮), 김순자(金順子), 김범순(金範順)' 등의 이름이 그 예이다.

4. 한국인 작명의 새로운 변화들

(1) 항렬자 안 따르기

요즘들어 항렬자를 따르지 않는 사례가 늘고 있다. 학생들을 상대로 조사해 보고, 주변 인사들과 만날 때마다 확인해 본 결과, 안동 권씨처럼 비교적 보수적인 집안에서도 아들의 이름을 지을 때, 항렬자에 연연하지 않는 경향이 확인된다. 그 이유를 알아본 결과, 원하는 이름을 이미 남이 다 차지했으므로, 좀더 부르기 좋고 뜻도 좋은 이름을 짓기 위해서는 항렬자를 포기할 수밖에 없어서 그랬다는 것을 알 수 있다.

김해 김씨 집안에서 원래는 '종(鍾)'자가 항렬자이지만, 이를 따르지 않고 '원근(原槿)'으로 지은 경우, 평강 채씨 집안에서 원래는 '수(洙)'자를 따라야 하지만 '승진(承珍)'으로 지은 경우 등이 그 예이다. 여성의 경우는 특별한 가문이 아닌 한 항렬자를 안 따르는 게 일반적이었으므로, 여기에서 따로 거론하지 않는다.

(2) 순우리말 이름으로 짓기

ㄱ. 성과 명을 통합하여 하나의 개념 만들기

'이루세'처럼 성과 이름이 합쳐져야만 일정한 의미를 형성하는 경우이다. 하지만 성과 명을 구별하는 것이 우리의 전통이며 세계 작명의 일반 원칙이니, 성과 명을 통합하여 하나의 개념을 드러내는 '이루세'식 순우리말 작명은 바람직하지 않다.

'이루세'니 '정다운'류의 이름은 우리 전통은 물론 인류 보편의 작명 원칙에서 어긋난 경우이니 지양해야 한다. 실제로 부르거나 할 경우, 성은 빼고 '이름'만 부르는 게 일반적이고 보면, '루세'나 '다운'이라 불러야 할 때 어떻게 되겠는지 생각해 볼 일이다. 그렇다고 꼬박꼬박 성과 이름을 함께 부른다는 것도 피차 곤란한 일일 것이다.

ㄴ. 명만을 순우리말로 짓기

'여보람'처럼 이름만을 순우리말로 짓는 경우이다. '권보드래'도 마찬가지 경우이다. 바람직한 우리말 이름이라 하겠다. 성과 분리해도 그 자체로서 의미를 가지고 있기 때문이다.

ㄷ. 부모의 성을 동시에 반영하기

'조한혜정', '이박혜경' 처럼 아버지와 어머니의 성을 함께 반영한 경우가 있다. 남녀평등 혹은 양성평등 시대를 맞아, 아버지의 성만을 반영하던 전통에서 벗어나고자 하는 의식이 투영된 경우라 하겠다. 이는 성에 대한 것이므로, 이름을 다루는 이 글에서 본격적으로 다룰 현상은 아니지만, 얼른 보았을 때, '조한혜정'에서 '한혜정'을 이름으로 여길 수 있기에 지적해 두고자 한다.

(3) 믿는 종교의 경전이나 인물을 차용하기

'張深溫(시몬)', '배드로(베드로)', '장한나' 등의 이름은 그 가정에서 믿는 종교에서 존숭하는 인물의 이름을 빌어다 작명한 경우이다. 여기 소개한 경우는 모두 기독교 경전인 성경에 등장하는 인물들이다.

시몬이나 베드로는 예수님의 수제자인 '시몬 베드로', '한나'는 선지자 사무엘을 기도로 얻은 여성의 이름을 따서 지은 이름들이다. 그렇게 위대한 신앙을 가지라는 부모의 희망을 담았다고 하겠다. 이는 앞에서 제시한 '부모의 소망을 반영하기' 유형에 속한다고도 할 수 있겠으나, 개신교를 받아들이면서 새로 생겨난 작명 유형이므로 여기에 따로 언급하였다.

(4) 영어식 이름으로도 쓸 수 있는 이름으로 짓기

이른바 세계화 시대를 맞아, 영어식 이름의 필요성이 증대하고 있는데, 작명소에서도 요즘 들어, 우리 이름을 지을 때 아예 영어화하기 좋은 이름으로 지어주는 방향으로 바뀌고 있다는 것을 인터넷 보도 및 작명소 검색을 해보면 금세 확인할 수 있다.

예컨대 필자의 이름인 '이복규'는 국내용으로는 별문제가 없다 할 수 있으나, 영어로 표기하기도 어려운 데다, 자칫하면 욕설로 듣거나 읽힐 가능성까지 있어, 세계화하는 데는 문제가 있는 이름이다.

하지만 '수지'란 이름을 비롯해, 바로 앞에서 소개한 '장한나', '장심온(시몬)' 등의 이름은 영어로 표기해도 영어 이름으로 인식될 수 있어 유리하다. 이런 점을 고려하여, 집안에서 혹은 작명소에서 영어 이름화하기 좋은 이름을 지으려는 경향이 나타나고 있으며, 시간이 흐르면 더 강화될 것으로 전망된다.

5. 한국인 이름의 특징

우리나라 사람들의 이름이 어떤 특징을 지녔는지는 외국과 비교해 보아야만 드러난다. 중국, 일본, 미국을 비롯하여 다른 나라 사람의 이름 문화와 비교하여 포착된 차이점을 열거해 보면 다음과 같다.

첫째, 이름에 대한 관념 면에서, 웃사람의 이름을 거론하거나 답습하는 것을 꺼리는 의식이 우리나라 사람에게는 아주 강하다. 조상의 이름을 그대로 물려받아, 여러 대에 걸쳐서 동일한 이름을 쓰기도 하는 이스라엘, 미국 등과는 판이하다. 특히 러시아에서는 두 번째 이름에 필수적으로 그 아버지의 이름이 반영되는 게 관례화되어 있는바, 우리와는 크게 다르다 할 수 있다.

둘째, 우리는 돌림자 즉 항렬자 전통이 강하며, 오행이나 십이지 십간을 따라서 짓는 게 일반적인데 다른 나라에는 없는 특징이다. 일본에는 항렬자가 없으며, 중국에도 우리식의 항렬자는 없다. 중국의 항렬자는, '세민창성(世民昌盛)'처럼 일정한 문장을 이루는 어구로 되어 있지, 우리처럼 오행이나 십이지, 십간을 반영하는 항렬자는 아니어서 구분된다. '세민창성(世民昌盛)'처럼 일정한 의미가 있는 어구나 문장류의 항렬자이다. 요즘에는 부르기 좋고(소리가 좋고) 뜻이 좋은 이름을 선호하는 경향이 강한데, 이는 일본이나 우리나라의 최근 추세와 상통하는 점이라 하겠다.

셋째, 성소명다(姓少名多 : 성은 적고 이름은 다양함) 현상도 특징적이다. 우리는 성은 제한되어 있는데 이름은 매우 많지만, 일본이나 유럽은 성다명소(姓多名少) 즉 성은 많은데 이름은 적다. 우리나라 사람들의 성은 270 가지 정도라고 하지만, 김, 이, 박, 최 씨 등 이른바 10가지 정도의 성씨가 대다수를 차지하고 있고, 나머지 성씨가 차지하는 비중은 낮다. 그래서 길거리에서 "김씨!" 하고 부르면 수많은 사람이 쳐다볼 가능성이 높다. 대통령만 해도, "김 대통령"이라고 하면, YS(김영삼 대통령)인지 DJ(김대중 대통령)인지 헛갈린다.

일본이나 유럽은 다르다. 일본 수상이나 미국 대통령의 수는 우리보다 훨씬 많지만, "다나카 수상"이나 "링컨 대통령"이라고 했을 때 동명이인이 일체 없을 정도이다. 그만큼 성이 다양하다는 이야기이다. 실제로 일본의 경우, 그간 20만 개로 알려졌던 성이 무려 30만개에 이르렀다고 하니 우리와는 판이한 사정임을 알 수 있다. 우리는 "성을 간다"는 것을 더없는 수치와 모욕으로 여기나, 일본에서는 결혼해서 분가하면 얼마든지 성을 갈 수 있는 분위기이니(새로운 성을 만들 수 있으니) 당연한 결과인지도 모른다.

이름은 어떤가? 우리나라 사람들의 이름은 매우 개별적이다. 같은 이름이 그다지 많지 않은 편이다. 물론 여성의 이름에서 같은 이름이 발견되기도 하지만, 유럽 여성의 이름과 비교하면 아무것도 아니다. 예컨대 독일 학교에서 "한스!"하고 부르면 아주 여러 명의 남학생이 동시에 손을 든다고 하지만, 한국에서 그런 일이 일어날 가능성이 매우 낮다고 할 수 있다.

넷째, 우리 이름은 성과 명, 이렇게 두 단위로 이루어지며 성 다음에 명이 오는 순서이다. 한국에서는 '이복규'하면, '이'가 성이고, '복규'가 명이다. 철저하게 두 단위로 되어 있고 성 다음에 명이 오는 구조이다. 하지만 유럽의 경우는 다르다. 제1이름(first name 혹은 given name), 제2이름(second name 혹은 middle name), 제3이름(family name : 성) 이렇게 세 단위로 이루어지는 게 보통이며, 이름 다음에 성이 온다. 제1이름은 '부르는 이름', 제2이름은 주로 외가에서 붙이거나 외가를 따른 이름, 제3이름은 우리나라로 말하면 성(姓)으로서 아버지쪽 가계를 나타낸다.

예컨대 '죠지 W 부시'의 경우, '부시'가 성이고 '죠지 W'가 각각 제1이름과 제2이름이다. 귀족 가문의 경우, 아버지와 아들의 이름(제1, 제

2, 제3 이름)이 똑같은 것은 물론 할아버지의 이름과도 똑같은 경우가 흔한데, 편의상 1세, 2세 혹은 시니어, 주니어를 붙여서 구분한다. 러시아 사람의 이름도 마찬가지이다. 개혁 개방의 물꼬를 틀어 유명한 고르바초프 대통령의 경우, 본명이 '미하일 세르게이비치 고르바초프'인데, 제1이름(미하일), 제2이름(아버지 이름. 세르게이비치 세르게이의 아들), 제3이름(고르바초프), 이런 구조이다. 아버지의 이름을 아들이 쓴다는 것은 우리로서는 상상하기 어려운 일이나, 러시아에서는 법칙화되어 있다는 것을 알 수 있다. 그 제2이름을 보면 그 사람 아버지 이름이 누군지 금세 알게 되어 있는 것이다.

6. 맺음말

이상에서 기술한 내용을 요약 정리하면 다음과 같다.

첫째, 이름에 대한 한국인의 관념은 웃어른의 이름을 함부로 안 부르려 한다는 점이다. 이름을 단순한 기호로서가 아니라 인격 자체로 인식한 결과라고 보인다. 이를 피휘법(避諱法)이라고 하는바, 역대 왕들의 이름을 짓거나 표기하는 데에서 쉽게 발견할 수 있다. 남북한 모두 조상의 이름에 들어있는 글자를 후손이 쓰는 것을 금기시하는 것도, 전통 피휘법의 계승이라고 해석된다.

둘째, 한국인의 작명 원리에는 크게 두 가지 유형이 있다. 항렬자를 따라서 짓는 유형, 항렬자를 따르지 않고 다른 방식으로 짓는 유형이 그것이다. 집안의 항렬자를 따르는 방식은 주로 양민 이상의 남성들에게, 항렬자를 따르지 않고 달리 짓는 방식은 노비나 여성들에게 적용되었던 것을 알 수 있다. 항렬자를 따르는 유형도 다시 세분되는데, 오행을 기준으로 하기, 십간을 기준으로 하기, 십이지를 기준으로 하기, 일이삼사오륙 순서로 하기, 28개 별자리(28수) 순서로 하기, 절충하기 등으로 구분된다. 집안의 항렬자를 따르지 않는 경우도, 출생 상황을 반영하기, 부모의 소망을 반영하기, 외모나 재능상의 특징을 반영하기 등으로 나뉜다.

셋째, 한국인 작명의 새로운 변화들로 몇 가지가 포착된다. 항렬자 안 따르기도 그중의 하나로서, 좋은 이름은 이미 남들이 선점해 버려, 좀더 부르기 좋고 뜻도 좋은 이름을 짓기 위해 불가피하게 그렇게 바꿔고 있다는 것을 알 수 있다. 순우리말 이름으로 짓기, 부모의 성을 동시에 반영하기, 믿는 종교의 경전에 등장하는 인물의 이름을 차용하기, 영어 이름으로 전환하는 데 유리한 이름으로 짓기 등의 변화도 있다.

넷째, 한국 이름의 특징으로 네 가지를 들 수 있다. 첫째, 이름에 대한 관념 면에서, 웃사람의 이름을 거론하거나 답습하는 것을 꺼리는 의식이 우리나라 사람에게는 아주 강하다. 조상의 이름을 그대로 물려받아, 여러 대에 걸쳐서 동일한 이름을 쓰기도 하는 이스라엘, 미국 등과는 판이하다. 특히 러시아에서는 두 번째 이름에 필수적으로 그 아버지의 이름이 반영되는 게 관례화되어 있는바, 우리와는 크게 다르다 할 수 있다.

둘째, 우리는 돌림자 즉 항렬자 전통이 강하며, 오행이나 십이지 십간을 따라서 짓는 게 일반적인데 다른 나라에는 없는 특징이다. 일본에는 항렬자가 없으며, 중국에도 우리식의 항렬자는 없다. 요즘에는 부르기 좋고(소리가 좋고) 뜻이 좋은 이름을 선호하는 경향이 강한데, 이는 일본이나 우리나라의 최근 추세와 상통하는 점이라 하겠다.

셋째, 성소명다(姓少名多) 현상도 특징적이다. 우리는 성은 제한되어 있는데 이름은 매우 많지만, 일본이나 유럽은 성다명소(姓多名少) 즉 성은 많은데 이름은 적다. 우리는 성을 절대로 바꾸지 않으나 일본에서는 결혼해서 분가하면 얼마든지 성을 갈 수 있는 분위기이다. 이름의 경우, 우리나라 사람들의 이름은 매우 개별적이다. 같은 이름이 그다지 많지 않은 편이다. 물론 여성의 이름에서 같은 이름이 발견되기도 하지만, 유럽 여성의 이름과 비교하면 아무것도 아니다.

넷째, 우리 이름은 성과 명, 이렇게 두 단위로 이루어지며 성 다음에 명이 오는 순서이다. 한국에서는 '이복규'하면, '이'가 성이고, '복규'가 명이다. 철저하게 두 단위로 되어 있고 성 다음에 명이 오는 구조이다. 하지만 유럽의 경우는 다르다. 제1이름(first name 혹은 given name), 제2이름(second name 혹은 middle name), 제3이름(family name : 성) 이렇게 세 단위로 이루어지는 게 보통이며, 이름 다음에 성이 온다. 제1이름은 '부르는 이름', 제2이름은 주로 외가에서 붙이거나 외가를 따른 이름, 제3이름은 우리나라로 말하면 성(姓)으로서 아버지쪽 가계를 나타낸다.

앞으로, 이 글에서 다루지 않은 아명(兒名), 자(字)와 호(號)는 물론 별명(別名) 등 한국인의 인명(人名) 문화 일반의 양상과 특징에 대해서도 계속 검토해 볼 필요가 있다. 특히 영어 이름 짓기 유행 현상에 대해, 각 시대별로 선호하는 이름들이 무엇이었는지 그 변천사를 추적하는 작업도 필요하다고 생각한다. 이런 작업들이 축적됨으로써, 세계화 시대에, 이름 문화를 통해 우리를 외국에 알릴 수 있으며, 상호 이해 증진에 기여하는 바 있으리라 생각한다.

제 3 강

조선시대 양반의 출산과 육아
-『묵재일기(默齋日記)』와 『양아록(養兒錄)』을 중심으로-

I. 머리말

조선시대 양반이 출생하고 성장하며 놀고 공부한 구체적인 모습은 어땠을까? 이 의문을 풀기 위해서는 조선시대를 살았던 인물이 자신의 유년시절을 적은 일기류의 문헌이 있어야만 한다.

하지만 유감스럽게도 아직까지 그런 자료는 없다. 막연히 조선후기 혹은 근대 초기(일제시기)의 자료나 고로(古老)들의 증언을 바탕으로, 조선시대 사람의 생활, 그것도 한 부분들을 추정해 왔을 따름이다. 즐겨 거론되는 사주당(師朱堂) 이씨(1739~1821)의 <태교신기>도 조선후기 자료 즉 근대로의 이행기 자료이니, 조선을 대표하는 자료도 아닐뿐더러 조선시대 사람의 생활을 전반적으로 알게 해주는 전형적인 자료도 아니다. 설령 그런 기록이 존재한다 해도, 자의식이 형성되기 시작했을 때부터의 생활만 적은 자료일 테니, 이 의문을 해소하기는 어렵다.

그런데, 비록 어른의 입장에서 적은 것이지만, 아이의 출생과 성장 및 양육 과정을 비교적 소상하게 기록한 자료가 새로 발굴되었다. 『묵재일기(默齋日記)』와 『양아록(養兒錄)』이 그것이다. 이 두 문헌은 모두 정암 조광조의 문인이며 승정원 좌부승지를 역임한 묵재(默齋) 이문건(李文楗 ; 1494~1567)이 쓴 것으로서 충북 괴산에 있는 성주 이씨 문중에 묵재의 친필 필사본으로 전하고 있다.

『묵재일기』는 모두 10책이 전하는데, 이 일기는 협의적인 의미의 일기(diary)로서는 현존 최고(最古)의 생활일기다. 조선전기 사대부의 일상 생활을 이해하는 데 긴요한 기록이 다양하게 포함되어 있어 주목할 만하다. 『묵재일기』가 산문기록이라면 『양아록』은 주로 시 형식을 빌어 기록한 것이다. 『묵재일기』가 매일의 생활에서 일어난 일을 적는 중에 손자 양육 관련 기사도 담고 있는 데 비해 『양아록』은 표제 그대로 손자 양육과 관련있는 내용만 따로 묶은 것이다.

이문건은 큰형과 작은형이 당화(黨禍)로 죽은 데 이어, 역모죄로 몰려 죽은 조카(煇) 때문에 성주로 귀양을 떠나 23년 동안 유배의 굴레를 벗지 못하고 그곳에서 죽었다. 그런데 외아들(熅)마저 어릴 적에 열병을 앓은 후부터 반편이 되는 등 가계(家系) 단절의 위기상황이 닥치자 손자보기를 염원했고, 마침내 손자 숙길(淑吉)이가 태어나자 그 출산 당시와 그 이후의 성장 과정을 자세히 『묵재일기』에 기록해 놓았다. 정확히 말해 숙길이가 태어나기 3년 전 [가정(嘉靖) 27년 ; 1548년 ; 명종 3년]부터 15세(가정 44년 ; 1565년 ; 명종 20년) 까지의 일기에 그 사실이 나타난다. 숙길이만이 아니라, 다른 아이들에 대한 언급도 더러 나오고 있어 함께 고찰할 수 있다.

전체적으로 보아 『묵재일기』에서 『양아록』이 나왔기에, 『묵재일기』가 좀더 자세하다고 할 수 있으나, 일부 기록에서는 『양아록』이 더 상세한 대목도 있어 둘을 종합해서 살펴볼 필요가 있다. 이제 새로 발굴된 이 두 문헌에 나타난 출산·양육 관련 기록을 중심으로 조선시대 양반의 유년생활을 엿보기로 한다.

II. 출산

아무리 기억력이 좋은 사람이라도, 유년시절 최초의 기억에서 출생 당시까지 거슬러 올라갈 사람은 없다. 필자의 경우는 8세, 초등학교 입학날부터이다. 다른 사람의 기록에 의해서만 우리는 그 이전의 상황을 알 수 있는데, 이문건의 기록이 그렇다. 이수봉의 출생 이전, 당시, 이후의 상황을 다 알게 해준다.

1. 기자(祈子)

자식을 출산하는 일은 오늘날에도 중요한 관심사인데 조선시대에는 더욱 그랬다. 조선시대를 지배한 종교는 유교였는데 그 생명관이 특이하였기 때문이다. 유교에서는 조상의 생명이 후손의 몸을 통하여 대대로 이어진다고 믿었다. 자식을 두어야 조상 추모의식인 제사도 지속될 수 있다고 보았다. 자식을 못 낳는다는 것은 조상 대대로 물려온 생명을 단절하는 죄악이기에 가장 몹쓸 불효로 규정하였다. 우리가 잘 아는 대로 여인을 옥죄었던 '칠거지악(七去之惡)' 중에도 자식 못 낳는 죄가 들어가 있다.

따라서 자식을 출산하는 일은 조선시대 사람들에게는 선택적인 일이 아니었다. 사람이라면 누구나 우선적으로 수행해야 할 절대적인 의무였다. 명의 허준(許浚)도 『동의보감(東醫寶鑑)』에서 "사람의 사는 길이 자식을 낳는 데서 비롯"되는 것이라고 규정하고 있다.

그런데 누구나 자녀 출산을 원하지만, 이게 인력으로만 되지 않는다는 데 문제가 있다. 대부분은 영화 <과속 스캔들>처럼 잘도 낳지만, 불임으로 고통받는 경우도 많다. 더욱이 당화를 입어 두 형이 사형을 당하는 등 집안이 풍비박산이 된 데다 장남마저 반편이 되고, 아이를 낳다 죽은 첫 번째 며느리를 이어 가까스로 맞아들인 두 번째 며느리에게서 첫 번째로 태어난 게 딸(淑禧)이자, 절손의 위기에 직면한 이문건으로서는 더욱 더 후손 보는 게 절박하였다.

손자를 얻기 위해 이문건이 동원한 방법은 기자(祈子)였다. 신 또는 신적인 대상에게 치성을 드리는 종교적인 방법이 기자인데, 유학 즉 성리학으로만 무장되어 있어야 할 양반 사대부의 일원이 이문건이 기자라는 수단을 동원했다는 사실은, 그만큼 이 문제가 이문건에게는 절체절명의 위기로 느껴졌다는 것을 증거한다 하겠다.

이문건은 손자의 출산을 위하여, 출산 3년 전(1548년)에, 쌀·옷·종이·초·솜·기름·향 등의 물건을 보내 승려로 하여금 초제(醮祭)를 지내 아이를 얻게 해달라고 빌었다. 초제는 옥황상제에게 바치는 제의이다. 그때 이문건이 직접 작성한 기도문의 내용을 보면 손자의 출산을 염원하는 절절한 심정이 잘 나타나 있다.

> 엎드려 생각하옵건대, 제가 산과도 같은 앙화를 겪어, 실낱과도 같은 목숨을 남겨가지고 있사옵니다. 시작과 종말은 그 운수가 정해져 있어, 비록 크게 한정된 운명은 도피할 수가 없는 법이지만, 환난이 때로 찾아오면 그 횡액에서 벗어나기를 바라는바, 이에 저의 정성을 다해 옥황상제께 경건히 기도드리옵니다. 원하옵건대, 특별히 신묘한 기운으로 도와주시며, 바라옵건대 영험한 반응을 내려주시어, 근심을 전환하여 기쁨이 되게 하시사 재액에 얽매인 상태에서 면해지도록 해주시고, 죽음에서 삶으로 돌이키사 꺼져가는 생명을 이어가게 해주시옵소서. 또한 저는 외롭고 위태로우며 돕는 이도 없어, 거꾸러지고 자빠져도 그 누가 부축해 주겠습니까? 우둔하고 병객인 제게 아들이 있어, 비록 등유(鄧攸)가 아들을 잃은 것과 같지는 않으나, 아들의 실마리를 계승하여, 감히 마묵(馬默)처럼 저도 손주 아이를 얻게 되기를 감히 희원하옵니다.(『양아록』, 이하 『양아록』의 번역과 해석은 이상주 교수의 『양아록』(태학사, 1997)을 주로 따랐음.)

* 참고 : 등유의 고사. 진(晋)나라 양릉(襄陵)인. 자(字)는 백도(伯道). 석륵(石勒)이 반란을 일으키자, 처자와, 조카들을 이끌고 도망하다, 자꾸만 도적을 만나 위험에 처하였다. 자기 자식을 나무에 묶어 놓고, 아비를 일찍 여읜 조카들만 데리고 도망하여 무사하였다. 등유는 그후에 계속 첩을 얻었지만 아이를 갖지 못해 끝내 후사가 없었다. 사람들은, 천도(天道)가 알아보지 못해 등유에게 아이를 주지 않았다고 하였다.

비록 위탁의 형태였지만 이문건이 기자(祈子) 행위를 한 것은 분명하다. 일반 민속에서는 삼신이나 칠성신에게 정성을 바쳤던 것으로 알려져 있는데, 대상 신격은 다르지만, 초월적인 존재에게 빌었다는 점은 동일하다 하겠다. 유학을 배우고 익혀 그 실력으로 급제도 하고 생활하였던 양반도 유학의 힘으로는 해결할 수 없는 출산의 문제 앞에서는 일반 민중과 똑같이 초월적인 존재에게 빌었다는 사실을 확인할 수 있다. 통념적으로 알고 있는 것과는 달리, 양반 사대부도 목적을 이루기 위해서는 다른 신앙도 수용하여 이용했다는 것을 보여준다 하겠다. <대군공주어탄생의 제>·<호산청일기> 등을 보면 왕실에서도 비빈이 출산시 순산을 기원하는 부적을 써붙이거나 주문을 외웠으며, 신생아를 위해 권초제(捲草祭)를 올렸던 것을 알 수 있다

2. 태아 감별과 출산시기 점치기

잉태된 아이의 성별이 아들인지 딸인지, 낳을 시기가 정확이 언제인지 미리 알고 싶은 마음은 예나 이제나 마찬가지였다. 이문건의 경우를 보면, 며느리가 아이를 출산하기 바로 전날, 태아 감별과 출산 시기를 알아보기 위하여 점쟁이를 불러 묻고 있다. 『묵재일기』의 해당 대목을 인용하면 다음과 같다.

> 1551년 1월 4일 : 점쟁이 김자수가 와서 만나다. 점을 치기 위해 나가서 만났는데, 풍설이 어지럽게 날려 눈을 뜰 수가 없었다. 김자수에게 언제쯤 출산하겠느냐고 물으니, 글자를 불러보라고 하였다. 이에 '수(手)'자와 '풍(風자)' 등을 부르자, 점을 쳐서 풍뢰익(風雷益)괘를 얻었는데, 더해서 7이 되지 않았고(?) 초효(初爻)가 동(動)한 양상이었다. 이에 판단하여 이르기를, "여아를 얻을 듯합니다. 만약에 사내를 낳으면 어머니와 잘 맞지 않을 것이니 반드시 목(木)자 들어간 성씨를 쓰는 여자종에게 맡겨서 양육해야 합니다."라고 하였다. "낳는 시간은 자시(오후 11시~1시)·묘시(오전 5~7시)·유시(오후 5~7시)일 것입니다."라고 하였다. 눈발이 심해 삿갓모자를 요구하기에 새로 만든 것을 주니 바로 갔다.

이 자료를 보면, 점쟁이 김자수는 이문건의 요청으로 두 가지 사항에 대해 점괘를 통하여 예언하고 있다. 출산할 아이는 딸일 가능성이

높으며, 만약 아들이라면 어머니와 맞지 않으니 목(木)자 성(姓)을 가진 유모에게 맡겨 길러야 한다는 것, 출산 시기는 자시(오후 11시~1시)·묘시(오전 5~7시)·유시(오후 5~7시) 중의 하나일 것이라는 대답이었다. 하지만 실제로는 진시-오전 7시~9시~말에 출산함으로써 점쟁이가 예언한 출산 시기는 적중하지 않았다.

양반 사대부가 점을 쳤다는 사실도 우리의 통념과 달라 당혹스러울 수 있다. 하지만 양반들의 점복 행위는 상당히 흔했던 것으로 보인다. 같은 시대의 인물인 미암 유희춘(1513~1577)의 『미암일기』에서도 확인할 수 있기 때문이다. 요즘에도 부모들이 태아의 성별을 미리 알아보고 있는데, 옛사람이나 지금 사람이나 마찬가지 심리라 하겠다. 다만 점복이냐 첨단 의료기기의 힘을 빌리느냐의 차이만 있을 뿐.

3. 탯줄 자르기와 해독

당시에 가장 먼저 이루어진 것은 '탯줄자르기'와 '해독(解毒)' 등의 조치였다. 이문건의 『양아록』과 『묵재일기』에서 확인할 수 있다. 해산하자 여자종이 아기의 탯줄을 잘랐다고 되어 있다. 현행 민속에서의 '금줄치기'가 당대의 기록에서는 아직 발견되지 않지만, 실제로는 이루어졌을 것으로 짐작된다. 금줄은 일정 기간 외부인의 출입을 제한함으로써 산모와 영아에게 전염병이나 세균의 침투를 막는 예방의학적인 효과를 발휘하였는바, 의학이 덜 발달하였던 당시로서는 최선의 지혜였다 하겠다.

신생아의 해독을 위하여, 이문건은 '감초물'과 '주사가루 탄 꿀'을 삼키게 하고 있다. 그런 다음 젖을 먹여야 무병하게 자랄 수 있다고 본 전통적인 방식에 따른 것이다. 주사가 독성을 지닌 물질이지만, 살균력이 뛰어나서, 조금만 사용할 경우 인체에 전혀 해롭지 않으면서 해독 효과를 내기 때문에 먹인 것이라 하겠다. 출생 당시의 기록을 보이면 다음과 같다.

> 1551년 1월 5일 : 진시(辰時) 말경에 손자가 태어났다. 그 어미가 아침부터 복통이 점점 통증이 더하더니 진시중에는 한층 더했다. 진시 말에 이르러서야 사내아이를 낳았는데 포동포동 건장하다고 하니 기쁘다. 아기에게 감초탕물, 주사가루 탄 꿀을 삼키게 하였다.

4. 태의 처리

요즘에는 임산부나 그 가족이 아이를 쌌던 태반에 대해 아무런 관심을 기울이지 않는다. 다만 태반 엑기스에서 추출한 태반주사가, 갱년기 장애, 노화방지, 피부 미용 등에 거의 만병통치의 효능이 있다고 알려지면서, 병원에서 이를 모아 수입을 올리고 있는 형편이다.

이문건 당시에는 이와 달랐다. 해산 당시의 조치 가운데 태반(胎盤) 처리도 아주 중요하였다. 전통사회에서는 태반 처리가 동생의 임신에 결정적인 영향을 미치는 것으로 알았다. 그래서 태반은 부정타는 일이 없도록 하여 좋은 방위의 정결한 장소에 묻거나 태우되, 반드시 날짜와 시간을 택하였다. 이문건의 『묵재일기』에는 다음과 같은 단계를 밟아 처리한 것으로 나타나 있다.

> 1551년 1월 6일(생후 2일) : 여자종들로 하여금 태를 가지고 개울가로 나가게 했는데, 나도 뒤따라 가서 깨끗이 씻도록 해서는 항아리 속에 담아 기름종이로 싸게 했다. 그리고는 또한 생기(生氣)의 방위인 동쪽에다 매달게 하고, 그 자리에 머물러서, 그 태를 풀 위에 놓고 태우는 모습을 지켜보았다. 그러고는 저들과 함께 그 태 불태운 것을 핏물 속에다 채워서 묻고는 돌아왔다.

> 1551년 1월 8일(생후 4일) : 남자종 만수와 귀손 등으로 하여금 태를 넣은 항아리를 가지고 북산(北山)에다 묻으라고 했더니, 그 말을 지나쳐 듣고 남산에 가서 먼 곳에 묻고 왔으니 마음에 걸린다.

> 1551년 1월 10일(생후 6일) : 만수로 하여금 태 담은 그릇을 도로 가지고 와서 전에 있던 곳에다 두게 했다.

> 1551년 1월 18일(생후 14일) : 남자종 귀손이로 하여금 태의 껍질을 담은 그릇을 가지고 일찍암치 북산(北山)에 가서, 남이 보지 않을 곳에 이르러 깊이 감추도록 시켰다. 남자종 거공이가 동행하였다.
>
> 1551년 1월 18일(생후 14일) : 오시(午時) 사이에 남자종들이 돌아와 항아리를 묻고 왔노라 보고하였다.

이 기록들의 내용을 정리해 보면 다음과 같다. 여러 단계를 거쳐서 태반을 처리하였다는 것을 알 수 있다.

①냇가에서 깨끗이 씻는다. ②항아리에 담아 기름종이로 싼다. ③생기방(生氣方)인 동쪽에 매달아 놓고 풀위에 올려놓아 태운다. ④핏물에 채워 임시로 묻는다(이상 생후 이틀째 되는 날의 일임). ⑤생후 나흘째 되는 날, 북산(北山)에 묻도록 지시한다. ⑥종들이 분부대로 묻지 않은 것을 알고, 생후 14일째(두이레째) 되는 날, 제자리에 환원한 후 다시 북산에 완전하게 매장한다.

태를 소중히 여기는 의식은 왕실과 동일함을 알 수 있다. 이문건이 아이의 태반을 태워서 장소는 바로 왕실의 태실이 있는 태봉산이었다고 여겨지는데, 감히 그 영역내에는 들이지 못했을 것이고, 그 아래쪽에 묻었으리라 보인다.

5. 작명(作名)

『양아록』을 보면, 작명 및 개명(改名)할 때 고심한 흔적이 나온다.

오행의 원리에 따라 예비로 두 개의 이름을 지은 다음, 산가지를 다섯 번 집어 많이 나온 쪽을 선택하고 있다. 해산에서 작명에 이르기까지의 과정을 산문으로 요약 서술한 『양아록』의 관련 대목을 소개하면 다음과 같다.

> 아이의 용모는 단아하고 골격상이 비범하였다. 숙길(淑吉)이라 명명했는데 성장하면 길하라고 그렇게 지은 것이다. 방경(邦慶)을 그 자

> 로 삼는 것이 좋을 것이며, 다른 한편 자봉(子逢)도 좋다. 후에 길(吉)자를 상고해 보니, 종토종구(從土從口)라 오행상생의 뜻이 아니라서 개명해 준숙(遵塾)이라 하였으며 자(字)는 희순(希順)이라 했다. 갑자년(1554) 9월 二十八日 밤에 개정하고 이튿날 기록했다. 갑자년(1564년) 시월 11일 밤 다시 개명하여 수봉(守封)이라 하고 자(字)를 경무(景茂)라 했다. 산가지를 다섯 번 집었는데 수봉이 네 번이나 나왔다. 그래서 많은 것을 따라 개정했다.

여러 번 바꾼 끝에 역학적으로 양호한 글자를 사용하여 최종적으로 작명했다. 이문건 집안의 이름은 철저하게 오행의 순서로 지었음을 확인할 수 있다(木→火→土). 숙길의 이름이 여러 차례 바뀌지만 철저하게 土자를 유지하고 있는 것을 보면 알 수 있다.

이문건의 작명 대목에서 우리는 묵재의 치밀한 성격과 성명학적 운명론을 간과하고 있지 않다는 것을 알 수 있다. 이문건이 이렇게 공들여서 손자의 이름을 지은 덕일까? 숙길이에서 수봉이로 개명한 그 손자는 임진왜란 때 의병으로 참여하여 공을 세우는 등 바른 사람으로 장성하였다고 한다.

6. 아기의 운명 점치기와 제의

조선시대에는 의학이 발달하지 못하였기 때문에, 영아의 사망률이 아주 높았다. 그래서 아이의 사주를 미리 보아 그 운명을 예측함으로써 사전에 대처하려 하였다. 그것은 당시 부모에게는 육아를 위해 필수적인 의무였다.

실제로 이문건의 『묵재일기』에는 아이가 태어난 후 점쟁이를 통하여 그 사주팔자를 점치는 대목이 나온다. 이문건이 손자의 팔자를 뽑아 점쟁이에게 보내자, 점쟁이가 그 결과를 알려주고 있는 것이다. 이문건은 그 예언에 따라 아이가 액운에서 벗어나도록 주성(主星)에게 제사를 지낸다. 해당 기사는 다음과 같다.

1551년 1월 9일(생후 5일) : 신해생(辛亥生; 손자 숙길의 생년)의 팔자를 뽑아, 자공을 시켜 김자수 사는 곳에 가서 묻도록 했는데 쌀을 주어 보냈다.

1551년 1월 10일(생후 6일) : 자공이 돌아와 김자수의 답장을 전했는데, 이 아이의 운명은 귀한 듯하며, 3세와 7세 때 액이 있으니, 수명을 주관하는 별에 기도하는 것이 좋겠다고 하였다. 또한 친모가 길러서는 안 되며 반드시 유모에게 맡기는 것이 좋겠다고 하였다.

1551년 1월 15일(생후 11일) : 김자수가 와서 말하기를, 아이를 위해 주성(主星)에 제사지내야 하는데, 따로 택일해서 시행하는 것이 좋으니 마땅히 택일해서 보이겠다며 바로 갔다.

1551년 3월 25일(생후 55일) : 초제에 쓸 축문을 써서 봉하고, 제수 보따리를 점검하였다. 서동이를 김자수에게 보내, 초제 지낼 일에 대해 묻도록 하고, 문어 한 마리도 보냈다. 저녁에 답장을 가지고 돌아왔는데, 26일에 제수품을 보내면 27일 새벽에 시행하도록 하겠다고 하였다.

1551년 3월 26일(생후 71일) : 귀손으로 하여금 축문 1통·쌀 다섯 말·무명 1필·초 일곱 자루·향 1봉·아기옷 한 벌·보통 종이 5권·기름 5홉 등의 물품을 가지고 일찌감치 가리현의 김자수 처소로 보내었다. 이는 청명일 새벽에 초제를 행하여 신생아가 액운을 면하게 하기 위한 것이다. 어린 종 효원이가 나누어서 가지고 갔다.

1551년 3월 27일(생후 72일) : 새벽에 가리현산에서 신생아가 재액으로부터 구제되게 하기 위한 초제를 베풀어 행하였는데, 김자수가 산승을 시켜 주재하도록 했다고 한다. 효원 등이 오후 3~4시쯤에 돌아왔는데, 마침 비가 오지 않아서 초제 지내기 좋았다고 김자수가 말했다고 한다. 가족이 아침부터 고기를 먹기 시작하였다.

한편 이때 올린 초제에서 이문건은 어떤 기도를 드렸을까? 『양아록』에 자세하게 실려 있는데, 아이를 내려준 데 대한 감사를 표현한 다음에 무병하게 해달라고 빌고 있다.

1551년 3월 기축 27일에, 조선국 경상도 성주 동리에 사는 귀양살이 하는 신하이며 급제한 이문건의 아들 유학(幼學) 이온(李熅)과 그 아내 김종금 등은 황송하게 머리 숙이옵니다. 저희는 천지신명의 생성을 주재하시는 덕을 입어, 이미 금년 정월 초5일에 아들을 출산하여 대를 이어가게 되었으니, 삼가 오늘 밤 이 시각에 공손히 향불을 사르오며 아울러 쌀과 돈도 진설하여, 경건하고도 정성스레 기도를 올리옵니다. 삼가 생각하건대, 옥황상제께서는 제 자식으로 하여금 일체의 재액과 질병이 다 제거되어 보호받아 장성하게 해 주실 것을 지극히 소원드리옵나이다. 저희가 엎드려 생각하건대, 옥황상제께서 사물의 생성을 주재하시므로, 저희가 그 크게 도와주시는 덕을 깊이 입어 그 명령 맡은 신이 (아기를) 안아 보내주심으로, 특별히 돌봐주시는 은혜를 입었으니, 백 개의 몸을 가지고도 그 은혜를 갚기가 어려워, 한마음으로 기뻐서 추앙하옵나이다. 삼가 생각하옵건대, 옥황상제께서는 성관(星官)들에게 명하시어, 저희가 꺾이어 패망하는 것을 불쌍히 여기시사 보존해 완전하게 도와주시었으니, 그래서 아들을 주시사 천세의 경사를 열게 하심으로 후사를 이어가게 되었고, 만복의 근원을 파게 되었습니다. 이에 감히 예물을 드리는 뜻을 펼쳐서 신명의 감찰하심을 더럽히는 바입니다. 저희가 엎드려 바라기는, 이미 내려주시고 이미 주셨고, 또 주관하시고 사랑해 주셨으니, 함부로 침범하는 재앙을 쫓아서 제거해 주시어 능히 장성해 자라도록 하시고, 장수와 복이 구비되도록 분부하시어, 이 아이로 하여금 단단하게 해주시옵소서. 그런즉 영원히 신의 아름다움을 힘입고 신령의 보우하심을 덧입어 계계승승하여 무궁토록 가문을 보존하고, 자자손손 대를 이어 없어지지 않을 것이옵니다. 저희는 떨리고 두려운 마음을 가누지 못하오며, 삼가 백배하오며 이 축문을 읽어 기도 올리옵니다.

7. 유모 선정

『묵재일기』는 유모를 선정할 때 어떤 기준을 적용했는지 잘 보여준다. 첫째, 젖의 양이 풍부할 것, 둘째는 성품이 좋아야 할 것이다. 이문건은 여자종 춘비(春非)를 유모로 발탁하지 않은 이유를, “그 성격이 험해서”라고 밝히고 있다.

이는 성격이 험한 춘비의 젖을 먹이면 아기의 성격도 험해질 수 있다는 생각과 함께 성격이 험하면 아기를 함부로 다룰 것이 염려되어 그랬던 것으로 생각한다. 해당 기사는 다음과 같다.

> 1551년(1세) 1월 6일(생후 2일) : 여자종 눌질개가 양육하겠다고 자원하여 꺼리지 않으니 기쁘다. 여자종 춘비는 비록 아이가 있어 젖을 먹이고는 있으나 젖의 양이 많지도 않고 또 그 성격이 매우 험해서 젖을 먹이라고 하지 않았다.

나중에 눌질개가 마음이 바뀌어, 젖이 부족하다고 거짓으로 핑계를 대는 바람에(아마도 자기 아이에게 젖을 충분히 주기 위한 것일 수도 있음), 성격은 좋지 않으나 하는 수 없이 춘비를 유모로 삼아 그 젖을 먹이게 한다. 춘비의 아들 검동이가 갓난아이 상태로 죽고, 춘비도 입술에 난 종기가 자꾸만 전신으로 퍼진 끝에 사망하는 일이 생이런 희생의 바탕 위에 이수봉이 자라났음을 알 수 있다.

8. 목욕과 아기옷 입히기

태반 처리와 함께 행한 것이 아기의 목욕이었다. 『묵재일기』에는 생후 나흘만에 복숭아와 자두와 매화의 뿌리를 끓인 물로 아이를 씻기고 있다.

복숭아나무를 아기 목욕에 사용하는 이유는 다른 데 있지 않다. 전통사회에서 복숭아 나무는 다산력과 잡귀 퇴치력의 상징이었다. 꽃이 잎보다 먼저 피고 열매가 많이 열리기 때문이었다. 허준의 『동의보감』에서도 "사흘 아침을 아이를 씻는데, 동쪽으로 뻗어간 복숭아 나뭇가지 달인 물에 씻어, 아기가 놀라는 것을 예방한다."고 하였다. 목욕과 아울러, 처음으로 아기에게 옷을 입혀 포대기에 쌌다.

> 1551년 1월 8일(생후 4일):복숭아와 자두와 매화의 뿌리를 얻어서 그 껍질을 벗겨 끓여 가지고 午時에 아이를 씻기었고, 비로소 옷을 입히어 포대기에 쌌는데 젖을 잘 먹는다고 한다.

III. 성장

1. 발육과정

처음부터 어른은 아니다. 철저하게 단계를 밟아 성장해 갔음을 보여준다. 우리는 내남없이 올챙이 적 생활을 잊어버리기 쉬운데, 이문건의 기록은 그 점을 일깨워준다. <워낭소리>에서 보듯, 송아지는 낳자마자 뛰어다니지만, 사람은 그렇지 않다. '포손(抱孫)', '호손(護孫)'이 필요한 존재이다. 처음에는 짐승과 같은 처지이다가 나중에 직립하기에 이른다. 그 영적인 의미에 대해 이어령 씨는 <창조문예> 2009년 2월호에서 언급한 바 있다. 말 배우는 데 대해서는 김기택 시인의 시 <말랑말랑한 말들을>이 참고가 된다.

(1) 안을 수 있고 고개 가누며 앉기

"4개월이 되니 들춰 안아도 되고,
고개를 제법 가누어 잡아주지 않아도 되네.
6개월이 되어 앉아 있기도 하는데,
아침 저녁으로 점점 달라져 가는구나."

(2) 첫니가 남(齒生)

"7월 초 잇몸이 몽그렇게 돋아오르더니, 보름께 되어 뾰족하게 드러나고, 그믐께 되어 점점 자라났다.".

(3) 기어다님

"7월 보름 때 비로소 몸을 엎드려 기려는 형세를 짓더니, 8월 보름후 기어다닌다." 한비야, "독수리도 기는 법부터 배운다" 지도 밖으로 행군하라, 2005, 20

(4) 윗니가 남

9월 초에 윗니 2개가 처음 났다. 10월 초에 윗니 오른 쪽 1개가 더

났다. 11월 열흘게 왼쪽 1개가 다시 더 났다.

(5) 일어서기(始立)(신해 11월 15일)(11개월째)

11월 15일 처음 일어섰다. 이날 동지 전 수일인데 또한 처음 스스로 일어섰다고 한다.

兩手提他物 두손으로 다른 물건을 붙잡고,
蹲踞任兩足 쪼그려 두 다리에 힘을 주네.
如斯一朔餘 이러길 한 달 남짓,
稍自伸股立 점점 제 스스로 오금(정강이)을 펴고 일어서네.
冬至陽復生 동지에 양의 기운이 되살아나니,
爾立會此日 네가 일어서는 것이 이 날에 맞추었구나.
祝汝步由玆 네가 걸음마하기 시작한 것을 축하하니,
勿爲非橫跌 잘못 디뎌 넘어지거나 미끄러지지 마라.
從容禮義途 차분히 예의를 갖추어
永言保終吉 오래도록 大吉하길 바라노라.

(6) 걸음마연습(習步)

12월 보름 후 능히 발짝을 뗄 수 있었다. 손으로 창문살을 붙들고, 옆걸음질로 걸음마 연습하네. 점점 한 발짝씩 떼기는 하지만, 자주 넘어지고 일어서고 하는구나. 쉴 사이 없이 움직이며 뒹굴더니, 전날과 달리 여러 발짝을 떼네. 나를 향해 두손 들고, 웃으며 다가오는데 미끄러질까 겁내는 듯하구나. 등을 어루만지고 다시 뺨을 비벼주며, "우리 숙길이" 하며 끌어 안고 환호했네.

(7) 독서 흉내

12월 28일. 손자가 천택(從孫子)이 독서하는 것을 보고는, 책을 집어 들고 몸을 흔들며 소리를 내어, 그 책 읽는 모습을 흉내내는 것 같으니, 참으로 하나의 풍류이다. 이에 단편으로 기술한다.

習見讀書狀 독서하는 모습을 자주 보더니

俯昻效其爲 머리 끄덕이며 그대로 흉내내는구나.
取卷發聲長 책을 들고 한참을 웅얼웅얼하는데
作戱非女兒 여자애들 노는 것과는 다르구나.
安知不業文 어찌 문장을 업으로 삼으려
早自勉于玆 어릴 적부터 스스로 여기에 힘쓰려 하는 것 아니리요?
窮人身縱已 궁벽하게 된 나는 비록 신세가 끝나가지만
所希天定時 이 손자에겐 하늘이 때를 정해주길 바란다.

(8) 말 배우기(계축 1월 2일)(이미 시작. 더 나아짐. 25개월째)

喜見兒孫長 커가는 손자 지켜보는 일 즐거워,
仍忘已老衰 내 자신 늙는 줄도 모르네.
效人言語了 사람의 말 분명하게 흉내내는 것이
日日勝前時 나날이 전보다 나아지는구나.

(9) 젖니 갈기

1556년(6세) 12월 23일. 숙길이 끈을 가지고 씹어서 끊다가 먼저 아랫니 두 개 튀어나왔다. 끈을 당길 대 문득 밖으로 빠졌는데, 크게 울면서 두려워했다. 여종 돌금이 달래어 울음을 그치게 하고 살펴보자, 입안에 이미 새로난 이 두 개가 뾰족이 나와 있으니, 실로 이는 뜻하지 않은 일이다.

2. 질병

9월 21일 처음 아프기 시작. "9월 21일 아침 손자를 안자 무릎에 앉혔네. 방긋 웃으며 아장아장 걷다가, 그때 한 방울 누런 설사를 하네. 이를 대수롭지 않은 일로 여겼더니, 이것이 이질의 시초였다네. 설사는 밤낮으로 그치지 않고, 점점 붉은 색으로 변해 가네.(…중략…) 다른 아이라 해서 어찌 이질을 앓지 않으랴마는, 우리 가문이 박복해서 그런가 두렵기 때문이다.(…중략…) 무당을 불러 병을 낫게 하라 했더니, 날로 차도 있으리라 위로해 주는데, 할애비의 정은 끝없어, 허망된 말도 귀기울여 믿는다네." 10월 그믐까지도 이질 증세 계속. 차도 보임.

학질. 1553 윤3월 26일에 처음 아프기 시작했다. 27일 한열(寒熱)이 나고 놀라며, 두려워하고 고통스러워하는데, 처음엔 학질인지 알지 못했다. 29일 또 고통이 있었다. 4월 초 2일, 초 4일, 초 6일, 모두 몸이 먼저 싸늘해지더니 그후에 열이 났다. 초8일 나무에 빌고서 좀 멈추는 듯했는데, 다시 11일에서 16일까지 매일 연속해서 음식을 입에 넣지 않았다. 17일 저녁부터는 곤하게 잠을 잤기 때문에 한열이 있는지 알지 못했는데, 이때부터 멎는 듯하더니, 끝내는 누렇게 뜨고 수척해져, 매우 가련했다. "먼저 오한이 나다가 그후 열이 나네. 오한이 나면 곧 '아이구 추워.' 외쳐대며, 어미 무릎에서만 맴도는구나. 열이 나면 피곤하여 눈을 감고 있으며, 조는 듯하고 숨이 가빠지네. 때로 다시 물과 먹을 것을 찾아 바싹 마른 목을 축이는구나. (…중략…) 쇠고기와 생과일이, 어린아이에게 병을 잘 걸리게 한다는데, 사람을 보면 이걸 달라, 울부짖으며 찾아대 절제할 줄 모르네."

안질. 1554년 9월 보름이 지난 후. "손자의 왼쪽 눈에 처음 붉은 기미가 보이네. 안질이 생겨 눈꼽이 끼고 눈물이 질질 흐르며, 흰동자에 핏발이 선 것 같고 까칠까칠하구나. (…중략…) 여종이 업고 다니는데, 두 손으로 제 눈 가리며, 신음하며 울부짖는 가련한 모습, 손에 잡힐 듯하네."

더위먹기. 1555년 7월. 더위를 먹어 열이 장까지 스며들 적에,(…중략…) 처음 한기가 있더니 이어 열이 나서, 온몸이 불덩이처럼 뜨끈뜨끈. 미음도 물리치고 먹지 않아 정신과 기운이 날로 쇠약해져 가네. (…중략…) 약을 끓여 유모에게 먹도록 하여, 밤에 손자에게 그 젖을 먹이게 하였네. 힘껏 빌어서라도 병을 물리쳐보고자 하니, 꺼림칙하고 편벽한 일을 하지 않을 수 없다오. (…중략…) 11일에 점점 덜한 듯하다가, 13일에는 다행히 차도가 있어라.

경기(驚氣) 일으키기. 1555년 12월. "손자는 체질이 허약한데, 놀기를 좋아하고 옷을 잘 벗어 제친다. 피로하고 땀흘린 후 바람을 쐬게 되면, 맥이 늘어지고 경락이 막히네. 왕왕 그런 증세가 발동되면, 어두운 곳을 가리키며 겁을 내네. 아이들과 어울려 놀다 헤어지면, 혼자서 있다가 놀라네.(…중략…) 나의 운명이 험액하여, 자녀가 모두 병치레하고 반편이 되었네."

천연두. 병진년(1556) 봄에서 여름 사이에 묵재가 유배생활하는 마을인 경북 성주성 동남쪽 옥산리에 천연두가 집단으로 발생했다. 손자 이수봉은 집노루고기를 먹은 이튿날 발병했다. <행역탄>을 통해 실감해 보자.

翌朝體氣溫 이튿날 아침 몸에 미지근한 열이 나는데
倦困異常昔. 전과 달리 노곤해 하는구나.
十日身轉熱 10일째 몸에 두루 열이 나는데
惕動更頻數. 갑자기 몸을 움츠리며 뒤틀곤 하네.
十一日乃視 11일째 살펴보니
腕面朱點着. 팔뚝과 얼굴에 붉은 점이 보이는구나.
由玆發不停 이때부터 멈추지 않고 돋아났으며
三日三次出. 3일 3차에 걸쳐 돋아나네.
出者色鮮明 돋아나온 것은 색깔이 선명하며
不稀又不密. 드물지도 촘촘하지도 않네.
扶護日夜勤 밤낮으로 간호하느라 붙어있자니
及抵十六七. 어느새 16, 7일이 지나
熱炊瘡盛膿 열이 불덩이 같도 물집은 곪았는데
周身摠如一. 몸 전체가 모두 한결같도다.
臥痛抱亦傷 눕혀놔도 고통스러워하고 안아줘도 아파하며
號訴救無術. 호소하나 구제할 의술이 없어라.
腦足任拒地 머리와 발이 바닥에 닿는 것을 싫어하고
騰身如木屈. 몸을 들추기면 구부러진 나무 같다오.
長呼痛苦深 고통이 심하여 길게 울부짖으며
濟拔聲不輟. 낫게 해달라고 애원하는 소리가 끊이지 않네.
見聞實難忍 차마 보고 듣기 실로 어려워
二夜兼兩日. 이틀 밤낮을
俟隙灌糜水 틈틈이 미음을 먹이고

撫循慰煩鬱. 어루만져주며 답답함을 위로해 주네.
夫婦遞照管 부부가 번갈아 돌보며
一毫懼有失. 털끝 하나라도 잃을까 걱정이라.
膿稠色向黃 곪은 언저리가 누르스름하게 변하고
熱勢差少歇. 열이 차도가 있어 좀 덜하구나.
先後次爲痂 돋아난 순서대로 딱지가 생겼다.
頭胸至肱膝. 머리 가슴에서부터 넓적다리 무릎까지.
凝黑試爪解 검은 딱지가 손톱으로 떼어지는데
去之痕若凸. 그것을 떼어내니 흉터가 볼록 돋아나 있구나.
稍稍眠食便 점점 잠도 잘 자고 잘 먹었으나
節以妨害物. 해로운 음식은 절제시키네.
平居樂酒果 평소 술과 과일을 좋아했는데
胃弱不嗜食. 위가 약해져 먹는 것을 좋아하지 않네.
유래호우편 이로부터 좋아하는 음식을 더욱 편식했으며
雖禁亦難抑. 비록 금지하고자 했으나 또한 억제하기 어려워라.
孟秋初旬際, 7월 초열흘께
右頷下成癧, 턱 오른쪽에 물집이 잡히더니
連腮忽腫高 갑자기 뺨에 연이어 종기가 뾰족이 돋아나는데
堅硬色不赤. 딱딱하고 굳으며 색깔이 붉지는 않네.
人言時令然 사람들이 계절 탓이라고 하지만
我懼結餘毒 나는 여독이 뭉친 것이 아닌가 두려워
和與安神丸 안신환을 지어 주고
間以菉豆粥. 간간이 녹두죽을 먹였다.
腫退不成膿 종기는 곪지 않고 그쳐
千金軀可畜. 천금처럼 귀한 손자 무사히 양육하게 되었네.

불고기 먹고 탈나기. 1559년 3월. "3월 20일 남쪽 정자에 올라, 성주 목사 휘하의 관리들과 손님을 맞아 노네. 집노루 불고기가 스무 꼬치 남았는데, 손자가 내 옆에 앉아 맛있게 먹네. (중략) 진실로 손자의 열이 더 나는 것 같아 절제하여 많이 먹지 말라 타일렀네. 다음날 아침 혓바늘이 오톨도톨 돋더니, 그 이튿날 위 잇몬의 허물이 벗겨져 걱정되네. 손자야! 열병이 본디 너의 고질병이니, 모름지기 술과 불고기 전부터도 조심해야 하지 않았는가?"

귓병. 개고기를 먹고 아파서 열이 났다. 또 (1559년) 4월 13일에 대성을 따라서 앞내에 나가서 양쪽 넓적다리를 씻기는데, 한열로 손상되어 귀가 아프기 시작했다. 귀가 째져서 흐르는 진물이 그치지 않았다. "한밤중에 갑자기 '오른 쪽 귀가 아프다.' 울부짖어, 등잔불을 켜고 약을 썼으나 병이 낫지 않네. 아침에도 밥을 먹지 않고 눈 감고 누워 있으며, 한낮이 되자 귀는 속으로 이미 터졌다네. 누런 진물이 질질 흘러 그치지 않고, 귀가 잉잉 울리고 말소리가 들리지 않는다 하네."

귀 뒤의 종기. 1559년 5월 초 7일, 박인형에게 보이니, 농은 없다 한다. 초 9일에 침으로 째니, 농은 나오지 않고, 다만 피가 나왔는데, 아파해서 만질 수가 없었다. 17일 독이 눈꼬리까지 뻗쳤다. 18일 약을 복용시키니 설사를 하여, 붉은 해바라기 뿌리를 침구멍 위에 붙이니 고름이 흘러내렸다. "귀가 통통하게 부어 꼿꼿해졌으며, 귀바퀴 뒤로 붉은 빛이 감도는구나. 그 독이 턱밑까지 미쳐, 심하게 통증을 느끼며 만지지도 못하게 하네. 온종일 여종 옥춘이가 업고 다니는데, 밤 내내 열이 화끈화끈. 잠깐 자다가 갑자기 기침을 하고, 물을 자주 달래는구나. 쓰라리고 고통스러워 울부짖고, 할애비를 부르며, 오래 붙들고 있네."

홍역. 1560년 2월 초8일, 처음 열이 나더니, 11일 붉은 좁쌀 같은 반점이 조금씩 나타났다. 12일에 현저히 나타나더니, 13일에 많이 돋아났으며 비로소 가렵다고 했다. 14일 전신에 두루 많이 돋아났으며 매우 가렵다고 하더니, 15일 붉은 점이 사그라들고 가려움도 줄어들었다. 16일에 비로소 차도가 있어, 17일 일어나 돌아다녔다. 18일 머리를 빗기도 하였는데, 이로부터 평상으로 회복되었다. "손자도 또한 앓는데, 열이 많이 나고 숨이 거칠어지네. 처음 얼굴에 좁쌀같은 망울이가 돋아나더니, 다음엔 팔다리 그 다음엔 등으로 번지네. 열로 가려운 증세가 날로 심해져, 긁은 자국에 손을 댈 수도 없구나."

묵재는 잦은 질병과 사고로 손자의 건강이 염려되자 <액병양초문>을 작성하여 무병장수를 축원했다.

가정 을축년(1565년) 4월 2일, 김씨정사생, 액병양초문. 점쟁이 김자수의 말을 따라 그렇게 했다. 널리 포용하고 두루 덮고 계신 하늘의 뜻은 진실로 사사로이 하는 것이 없으며, 죽음을 피하고 살 수 있는 길을 좇아가는 것은 사람 누구나 가지고 있는 정(情)이니, 이것은 모두가 바라는 바입니다. 삼가 변변치 못한 것들을 차려놓아 신명을 더럽혔습니다. 엎드려 바라옵건대, 수명과 운수가 기박하고, 타고난 기질이 아주 약하여, 일찍이 자녀를 양육하는데, 모두 중도에 요절했습니다. 우연히 손자를 얻었으니, 끝까지 온전히 보존되어, 혼인 때까지 갔으면 하고 바라는데, 질병과 액운을 지탱하기가 어려울까 두렵습니다. 엎드려 원하옵나니, 특별히 재생할 수 있도록 인자하심을 내리시고, 만전의 행운을 모두 이루게 하시사, 쇠퇴해 가는 실마리를 다시 떨치게 하시고, 연속하여 은혜를 베풀어 주시어, 늙은 나무에 거듭 꽃이 피게 하고, 잎마다 윤기가 흐르게 해 주시옵소서.

3. 사고

손톱 다치기. 1555년 9월 초 손상을 입었는데, 시월 보름께 상처가 아물어, 동짓달 초에 손톱이 살아났다.

兒戲弄錯耳　손자가 자귀를 가지고 놀다가
打封拇甲央　엄지손톱 중앙을 찍어
縱裂血迸流　세로로 찢어져 피가 흐르니
驚啼淚淋浪　놀라서 울며 눈물을 줄줄 흘리네.
人爲纏布紙　사람들이 종이로 싸매주었는데
忍痛縮袖藏　아픔을 참으며 소매를 당겨내려 감추네.
聞來心緒散　다쳤다는 말을 들으니 마음이 어수선해지기 시작하고
欲見堅匿瘡　상처를 보려고 하니 단단히 숨기네.
累日乃肯出　여러 날 지나 겨우 손가락을 내보이는데
身竦看難詳　몸이 떨려 자세히 살펴보기 어렵구나.
固知甲可改　손톱이 변형되어 나온다는 걸 진실로 잘 알고 있으니
或恐不復臧　혹 다시 나오는 손톱이 제대로 나오지 않을까 두렵다.
創合舊爪逆　상처가 아물자 다쳤던 손톱이 거슬려
出入挨痛妨　나가 놀 적에나 집에 있을 때 아프게하고 걸리적거리네.

輕輕隨勢剪 살짝살짝 손톱의 세를 따라 가위로 자르니
赤股生其旁 붉은 살점이 그 옆에서 돋아나 있네.
刮眼視本根 눈을 비비고 그 뿌리를 보니
軟甲露端芒 연한 새 손톱의 끝이 자라나 있구나.
深憐傷際驚 다쳤을 때 놀란 것을 매우 가련하게 여겼는데
漸喜爪復常 손톱이 원상태로 되니 기쁘도다.
一指不如人 손가락 하나가 남과 같지 않으니
雖非甚不祥 비록심한 것은 아니지만 상서롭지 못하지.
天生百體具 하늘이 온전하게 육신을 내려주셨는데
愛護不謹將 잘 보호하며 조심해 지녀야 되지 않겠는가?
指禿甲不存 손가락에 손톱이 없다면
平生餘恨長 평생 한이 남아 오래 가리라.
昔賢啓手足 옛날에 증자는 수족을 온전히 보존하여
千載仰遺芳 오랜 세월 아름다운 자취로 추앙받았으니
兒須體此意 아가는 모름지기 이런 뜻을 몸삼아서
一毫毋敢傷 털끝 하나라도 감히 훼상치 마라.
豈但一指惜 어찌 다만 손가락 하나 다친 것을 애석해 하리?
莫大心性良 심성이 어진 것보다 중대한 것이 없을지니
治心以成性 마음을 수양하여 품성을 완성해서
惕若貴矯强 근신하는 마음을 가지고 심성을 더욱 견강하게 하여라.
存存道義旺 덕을 잘 보존하고 도의를 왕성하게 해서
福慶收無疆 복과 경사를 무궁하게 하라.

이마 다치기. (1555년) 11월 24일. 달려가다가 넘어져 상처가 났다. 상주로부터 돌아와 살펴보니 매우 애처로웠다. "이마의 상처를 살펴보니, 상처 부위가 부어오르고 핏망울이 불그레하네. 눈두덩이 부어올라 코옆까지 뻗쳐내려, 양쪽 광대뼈가 검붉게 멍이 들었네. "어찌하다 그렇게 됐느냐?" 물으니, "장난하고 뛰어놀다 걸려 넘어졌습니다." 하네. 말뚝에 이마를 부딪쳐서, 살갗이 찢어지고 속으로 다쳤네. 아! 액운이 두렵도다, 거의 두골이 뚫어질 뻔했네. 혹 눈을 다쳤을까 또한 걱정이 되는데, 재앙이 와서 발길을 돌리지 않는구나.(중략) 손자의 성품은 놀기를 좋아하는데, 보통아이보다 몇 배 더 앞선다네. 위험이 없는 날이 없으니, 무슨 방법으로 만전을 도모할까?

벌레에 물리기. 이문건은 이와 벼룩이 아기를 물어뜯지 않고 자신에게 왔으면 좋겠다고 적었다.

4. 돌잡이

조선시대에는 아이의 돌잔치를 어떻게 치렀을까? 이문건의 『묵재일기』에는 돌잡이의 양상이 잘 나타나 있다. 아기 돌날, 옥책(玉冊)·붓과 먹과 벼루·활·도장·토환(土環)·쌀·실·떡 등을 차려놓고 아기가 그 물건들을 차례로 집는 모습을 자세히 기술하고 있다.

이때 이문건의 손자는 필묵, 투환, 활, 쌀, 도장, 옥책의 순서로 잡았다고 하였다. 손자가 물건을 집을 때마다 이문건은 반응하였고 이를 『양아록』에 시의 형태를 빌어 기록해 놓았다.

> 1552년 정월 초5일, 숙길의 돌날이다. 잡물들을 늘어놓고 아기가 잡는 것을 보았으니, 옛사람들이 모두 이런 일을 해왔기 때문이다. 이에 절구 5수를 지어서 아기가 잡은 것들에 대해 읊고, 아울러 기도하는 뜻도 나타내었다.
>
> 〈첫번째로 필묵을 잡다〉 높다랗게 놀잇감들을 늘어놓아 돌날에 시험해 보니, 엉금엉금 기어와서는 필묵을 집네그려. 손을 들어 소리내며 한참 동안 가지고 노니, 참으로 훗날에 문장을 업으로 삼을 아이로구나.
>
> 〈두번째로 투환을 잡다〉 집안에 전해오던 장식품인데, 가운데는 옥이고 가장자리는 금으로 두른 것이다.
> 금과 옥이 단장되어 보배로운 고리 하나를 만들었는데, 아기가 끌어당겨서는 찬찬히 쉬지 않고 가지고 노네. 가만히 원하노니 네가 필경에는 덕을 이루어, 온화하고 순강(純剛)한 가운데 성인과 짝할 만큼 되기를.
>
> 〈세번째로 활을 잡다〉 남자가 태어나 천하사방에 뜻을 두어야 하는데, 문무의 지략에 모두 다 능하여야 하지. 활을 잡아 무예를 닦는 것이 진정 그 일이 되어야 할 것이니, 느슨하게 할 때와 당겨야 할 때 등 활쏘는 법을 배워야 할 일, 고귀함은 강한 데 있느니라.

〈네번째로 쌀을 잡다〉 활을 잡고 쉬다가는 다시 쌀을 잡더니, 집어서 입에 넣고 서너번 맛을 보는구나. 백성의 목숨을 살리는 것이 진실로 곡식에 의존해 있는 법, 도리에 맡긴 채 몸일랑 모름지기 양육되고 평강하게 되거라.

〈다섯번째로 도장을 잡다〉 나무를 깎아 네모난 도장을 새겼으니, 이것으로 시험삼아 관직에 오를 조짐을 점쳐보았네. 빙 둘러 보다가 필경에는 이것을 끌어당겼으니, 모름지기 좋은 신하가 되어 임금님을 보좌하거라.

이문건은 아이가 필묵을 집은 것은 문장을 업으로 삼게 되고, 옥으로 만든 투환(套環)을 잡은 것은 덕성을 갖춘 인물이 될 조짐으로 보았다. 활을 잡은 것은 무예도 겸비한 인물이 되며, 쌀을 집은 것은 잘 양육되어 평강을 누리며 살고, 도장을 집은 것은 관직에 나가 임금을 보필하게 될 징조로 보았다.

IV. 놀이

1. 그네타기

1560년 단오 후 1일.
端午鞦韆戲 단오 때는 그네뛰기를 하는데
處處兒曹戲. 곳곳에서 아이들이 그네를 타네.
吾兒亦效爲 우리 아이도 그네를 타겠다 조르기에
扣我我許爲. 허락하였네.
長泛風入身 오래도록 바람에 몸을 날리더니
翌日猶懸身 이튿날도 오로지 그네에 몸을 매달고 있네.
全然不顧書 전혀 책을 돌아보지 않기에
傳言兼讀書. 아울러 책도 읽으라 말을 전했다.

2. 술마시기

1563년(13세). 마을잔치에서 술 받아 마시고 횡설수설. "저녁이 돼서 그 집으로 가서, 석 잔을 마시네. 돌아오는데 이미 매우 취해서, 말이 거칠고 횡설수설하네. 안 취한 척했으나 끝내 억제하지 못하고, 마침내 그 사실을 실토하네. 지금쯤 한창 지식이 성숙할 때이며, 시비를 익혀 분별할 나이가 됐는데, 이렇게 어리석고 못나서, 좋아하는 게 있으면 절제하지 못하네."14세 권하는 대로 술 마시고 자주 탐닉. "금년 숙길의 나이 14세, 시골 사람들이 술 권하니 부끄럼없이 마시네. 손자 하나 이 지경으로 무심하게 행동해, 할애비 오히려 근심걱정하네. 늙은이 자식 잃고 손자에게 의지하는데, 손자는 지나치게 술을 탐해 자주 취하네. 빈번히 취하고 토하는 걸 한탄할 수도 없으니, 기박한 운명이 얼마나 한스러운가?"

3. 장난하고 놀기, 물가에 가서 고기 잡기

"독서를 싫어하고 장난하고 놀기를 좋아하며, 물가에 가서 고기 잡기를 즐긴다."(警醉嘆 경취탄)

V. 공부

1. 글공부

평민 가정의 아이와 가장 크게 구별되는 점이 글공부 즉 한문공부일 것이다. 양반은 그럴 여유도 있으려니와, 양반 신분을 유지하려면 글공부를 하여 과거 급제해야만 하였기 때문이다. 그래서 이수봉도 조부 이문건으로부터 글공부를 하게 된다. 글자 공부에 이어 문장 공부로 나아갔던 것으로 보인다.

(1) 글자 공부 : 글자 배우기 6세(1556년) 천자문 가르치기

<誨字吟 글자를 가르치며> (1556년) 9月 5日 새벽에 씀.

兒性日有覺 손자의 지각이 날로 발달돼
試教書字讀 시험삼아 글자를 쓰고 읽게 하니
舌短韻未諧 혀가 짧아 발음이 제대로 되지 않고
心擾忘難憶. 심란하여 잘 잊어버리고 제대로 외지 못하네.
兒稟足中人 손자의 천품 중간 수준은 되니
責望猶太急. 책망하는 것은 너무도 성급하다.
因之勸誨際 그렇지만 권하고 가르칠 때는
不能無怒勑. 성내며 지도하지 않을 수는 없지.
應須諭詳緩 응당 상세하고 천천히 깨우쳐줘야 할 것이니
躁迫有何益. 조급하게 윽박지른다고 무슨 이득이 있으리?

이수봉의 나이 6세 때이다. 묵재가 글자 읽는 법을 가르치는데 이수봉은 혀가 짧아 발음이 부정확하고 정서불안으로 말미암은 건망증이 있었다. 묵재는 이 단점을 알고 있었다. 아이의 수준이 중간 정도는 되기 때문에 책망하여 교육하는 것은 너무 하롭다는 것도 알고 있다.

(2) 문장 해석 공부

7세 천자문 1독.
11세 소학(1년만에 소학 2번 반복)
12세 대학, 맹자, 상서, 사략도 배우기.
16세 통감 배우기(남한테 배움).

병인년(1556) 4월 20일 쓰다. 병인년 초 4일. 손자 숙길에게 독습(讀習)하라 독려하나 태만하여 별 결과가 없어서, 황혼에 등잔을 밝히고 깨우쳐 주었다. 온공(溫公)이 한가(漢家)의 정치가 古(고)에 미치지 못한 곳에서 끝났다고 논한 대목에 이르러, 그것을 설명해 주었다. "한나라의 정치는 고대의 수준에 도달하지 못하고 끝났다는 것이다."라고 하니, 숙길이 "한나라의 정치는 끝내 고대의 수준에 도달하지 못했다."고 했다. 내가 다시 내 견해가 옳다고 한즉 손자가 이에 성질을 부리기에, 밤에 그것을 가르쳤다. (손자가) 고집부리고 분격하여 말하기를 "제가 풀이한 것과 같이 그것을 풀어야 (한나라의 정치가 고대의 수준보다) 뒤떨어진 것이 심하다는 뜻에 가까운 듯합니다."라고 했다. 내가 화를 내며 책을 밀어놓고 멈추었다. 이튿날 아침 늙은 아내에게 이에 대해 경각심을 주어야겠다고 말했다. 손자를 불러서 엎드리게 하고 말부리는 회초리로 엉덩이를 30대 때렸더니, 놀라 소리를 지르기에 그만두었다(〈老翁躁怒嘆〉. 丙寅 四月 卄日 書. 丙寅 四月 初四日, 督令孫吉讀習, 怠慢不果, 昏乃明燈, 誨之. 至溫公論漢家之治終於不古處, 解曰漢之治不及古而終已也云, 吉以爲漢治終乃不及古云. 吾再是己見, 卽孫乃慍, 夜訓之, 固秉忿言曰, 如是, 解之, 似近後孔云, 吾怒推卷而止. 翌朝與老妻, 誠此可警也. 召孫, 伏前, 用馬策柄, 敲打臀股, 二十下, 氣急而止.).

사마온공이 논평한 대목에 대해 묵재는 독해순서에 주안점을 두었다. 이수봉은 핵심내용의 이해에 주안점을 두었다. 묵재의 해설과 이수봉의 견해는 근본적인 내용은 차이가 없다. 요지는 한나라의 정치가 하은주 삼대시대보다 낙후됐다는 것이다.

이 문제에 대해 묵재는 전통적 독해순서를 따라 해석해야 한다고 강조하였다. 이수봉은 자기가 풀이한 대로 해야 한나라의 정치가 낙후됐다는 점이 부각된다고 하였다. 이렇듯 번역순서를 무시하고 자기의 주장을 완강히 고집하자 묵재는 역정을 냈다. 문장구조 존중 직역주의 : 문장 뜻 중시 의역 주의의 대립인 셈이다.

2. 인생 공부

(1) 급하게 화내는 버릇 야단맞기

溫恭卑自牧 온순·공손하게 하며, 낮추어 스스로 수양하여
訥愼追愚魯. 삼가 행동하며 고자(高子)와 증자(曾子)를 따르라.
愚魯兩先師 고자와 증자 두 선생은
百世爲準矩. 백세의 준칙이라.
去汝躁妄心 너의 조급하고 경망한 마음을 없애고,
克從先賢武. 성현의 발자취를 따르도록 하라.
操存不喪失 인의와 천성을 지키고 상실하지 않는 것
是善學尼父. 이것이 공자를 잘 배우는 것이라.

善留凝爾躬 그런 마음을 네 자신이 잘 유지하면
焉知受陰祜. 조상의 복을 받게 될지 어찌 알겠는가?
亨達政在命 형달은 진실로 운명에 달려있고
貴富有難賭. 부귀는 얻기가 어려우리.
操心以浴德 마음을 수양하여 덕을 갖추면
百行無所蠱. 모든 행동에 잘못이 없게 되리라.
卓立拔等夷 동년배중에서 우뚝 서고 빼어나게 되어서
迂疎無若祖. 할애비처럼 우활하고 거칠게 하지 마라.
男兒身甚大 남자로 태어난 것은 매우 중대한 것이며
此生難更遇 이승은 다시 만나기 어려우니
行行日深省 일상생활에 견강하게 하고 날로 깊이 성찰하여
一頃毋妄驚. 한 순간도 망령되게 하지 말아라.
庶幾愜吾望 바라노니, 내 소망을 잘 알고
眷眷宜永慕 잊지 않고 오래도록 생각하는 것이 좋으리라.

묵재는 인성교육을 소홀히 하지 않았다. 묵재가 목표로 하는 이상적인 인성교육의 모델은 유가의 성현들이었다. 공자로부터 '어리석다(愚)'고 평가받았던 고자(高子)와 '둔하다(魯)'하다고 평가받았던 증자의 성격과 행동을 본받을 것을 바라고 있다. 남자로 태어난 점과 이승은 다시 만나기 어렵다고 강조하면서, 행동을 조심하고 일순간도 망령되게 말라고 훈계한다.

(2) 놀기만 좋아하다 야단맞기

兒心嗜戲遊 손자는 놀기를 좋아하여
未肯閑一時. 한때도 쉴새가 없도다.
畏景劇流金 땀이 나고 열이 날 만큼 내달리는데
浪走效常兒 보통아이들과 덩달아 함부로 달음질치네.
(…중략…)
何時神識長 언제 정신과 식견이 성장하여
將護得自知. 제 몸 제가 보호할 줄 알까?
庶保千金軀 천금같은 몸을 보존해야 하니
夷險能謹持. 삼가 안전하게하고 위험으로부터 보호해야 하리.

今當幼穉際 지금 아직 어린 나이라서
見物意先隨. 뭘 보기만 해도 마음이 먼저 따라가니
喩之不能解 깨우쳐줘도 이해하지 못하고
訶之又難威. 꾸짖어도 위엄보이기 어렵네.
保養誠不易 보살피고 기르는 일 진실로 쉽지 않으나,
豈敢以難隳. 어찌 감히 어렵다 해서 소홀히 하리요?
所以老翁心 늙은 할애비 마음인 까닭에
念玆日在玆 날마다 여기에 마음 두고 있노라.

(3) 탈선과 매맞기

아이는 자랄수록 공부 시간에 딴청을 부렸다. 아버지가 죽은 뒤(1557. 6. 25 사망)에는 술에 만취하는 등 엇나가기 일쑤였다. 매질이 시작됐다. 피울음같은 매질이었다. 세상을 떠나기 1년 전에야 이문건은 자신의 난폭함을 경계하고 절대 매를 들지 않는다.

종아리를 때림(1). 1557년 9월 초. 종아리를 한 대 때리니, 눈물을 흘리며 목메어 울어, 차마 다시 때리지 못했다. "노닥이는 말이 잡스럽고 쌍스러워, 할머니가 꾸짖으며 금지하네. 되바라진 손자는 반성하지 못하고, 도량이 부족하여 분하게 여기며 반항하네.(…중략…) 똑바로 서게 하여 바지를 걷어 올리게 하고, 종아리를 때리며 꾸짖고 가르치네. 목이 메이고 두 줄기 눈물 흘리며, 얼굴을 가리고 발짝을 잘 떼지 못하네."

종아리를 때림(2) <責兒吟 책아음> 1559년 3월 13일. 아이가 학업을 하지 않아 앞에 앉게 하고 나무랐는데, 또 주의깊게 듣지 않았다. 잠시후 일어나 나가서 다른 아이들과 어울려 동문 밖에 나갔다. 곧 바로 종을 보내 불러오게 했는데, 돌아온 후 사립문 밖에서 머뭇거리고 들어오지 않았다. 성난 목소리로 불렀으나, 오랫동안 그렇게 하고 있다. 꾸중을 들을까봐 그런 것이다. 묵재가 막 아랫집에 있다가 내려가서 그 불손함을 꾸짖으며 친히 데리고 들어왔다. 들어오면서 그 뒤통수를 손바닥으로 다섯 번 때렸다. 들어오게 하여 창쪽으로 서있게 하고 그 엉덩이를 그 엉덩이를 손바닥으로 때렸다. 이에 손자가 엎드려 울었다. 이 모습을 보고 묵재는 가련하게 생각한다(嘉靖 己未 暮春 十三日, 兒不習業, 使坐于前, 責之, 亦不省聽. 頃然, 起出, 與兒伴, 投東門外, 卽遣奴, 招之, 來後扉外, 曳不入來, 厲聲號之. 良久, 吾方在下家, 怒其不遜, 親出領入來. 入來時, 指打其頂後五下. 入置囱, 肉掌打其臀四下, 伏而泣之, 旋有憐心).

종아리를 때림(3) <撻兒嘆 달아탄>. 1560년 단오 다음날.
撻兒我非惡 아이의 종아리를 때리는 것은 내가 악독해서가 아니요
冀禁兒習惡. 아이의 나쁜 습관을 금지시키기 위해서라.
惡習如不禁 만약 악습을 금지시키지 않으면
癖痼終難禁. 고질이 되어 금지시키기 어려우리.
習氣初起時 악습의 기미는 초창기에
正是訶禁時. 바로 꾸짖고 금해야 하는 법.
所以起吾怒, 내가 화 내는 까닭은
楚懲制兒怒. 화 잘 내는 아이를 회초리로 징계하여 절제시키려는 것.
姑息怜兒心 아이를 가여워하는 고식적인 마음이
事事循厥心. 사사건건 그렇게 그 아이의 마음을 반복되게 했도다.
端午鞦韆戲 단오 때는 그네뛰기를 하는데
處處兒曹戲. 곳곳에서 아이들이 그네를 타네.
吾兒亦效爲 우리 아이도 그네를 타겠다 조르기에
扣我我許爲. 허락하였네.
長泛風入身 오래도록 바람에 몸을 날리더니
翌日猶懸身 이튿날도 오로지 그네에 몸을 매달고 있네.
全然不顧書 전혀 책을 돌아보지 않기에
傳言兼讀書. 아울러 책도 읽으라 말을 전했다.
聯句可作之 연구로 글을 지으라고 했으며
不然當斷之. 그렇게 하지 않으면 그네를 끊겠다 했네.
兒嫌所欲咈 손자는 남이 제 뜻을 거스르는 건 싫어하면서도
不曾知忤咈. 거슬리게 해서는 안된다는 건 일찍이 깨닫지 못하네.
揮刃亟打絶 단칼에 그네를 끊어버렸으나
餘憤未爲絶. 남은 분이 풀리지 않는구나.
招兒詰責峻 손자를 불러 준엄하게 꾸짖고
懸手示嚴峻. "손들고 있으라." 준엄하게 벌 주었네.

取條撾腿疾 회초리로 종아리를 세차게 때리니
痛號聲發疾. 외마디 비명소리가 터져 나오네.
十餘不忍加 10여 대를 때리고 차마 더 때리지 못하고,
勅言視後加. 나중에 봐가면서 더 때린다고 타일렀네.
解之久伏泣 때리는 걸 멈추자 한참을 엎드려서 우는데
翁心亦思泣 늙은이의 마음 또한 울고 싶을 뿐이라.
天慈自然悲 혈육간의 천성적 자애심이 슬프게 하는 것이라오.
豈容爲人悲. 어찌 남의 일이라면 슬퍼하리요?
安得兒智明 언제 손자의 지혜가 밝아져
時能自咎明. 때가 되면 스스로 허물을 알게 될꼬?
可揆老翁情 할애비 마음을 헤아려야 할 것이니
冀善眞至情 개선하길 바라는 것이 참으로 지극한 정이라.
應知來後日 응당 후일에 알게 될 것이니
庶有起感日. 거의 느끼게 되는 날이 있으리라.
見此不惕動. 이를 보고도 마음을 긴장하여 행동하지 않으면
耽耽利欲動. 탐탐 이욕을 따라 움직이게 되리라.
嗟吾亦將何 아! 내 또한 장차 어찌한단 말인가?
自棄無奈何. 자포자기해야지 어찌할 바 없도다.

묵재가 매를 댄 것은 손자가 놀이보다는 학습에 열중하기를 바랐기 때문이다. 손자는 이튿날도 그네타기에 몰두해 독서를 하지 않았으며, 연구(聯句)를 지으라 해도 하지 않았다. 묵재는 그네 줄을 끊는 극단적인 방법을 택한다. 그래도 분이 풀리지 않아 손을 들게 하고 종아리를 때린다. 매맞고 울부짖는 손자를 보고, 묵재는 자신도 울고 싶다고 토로하고 있다. 훗날에는 손자가 할아버지가 매를 대던 취지를 이해하리라 기대하면서 <노옹조노탄>이 양아록에 남긴 마지막 시이다. '하나 있는 손자에게 진심으로 바라는 것은, 학문을 이루어 시종여일하게 가문을 일으켜 세우는 것'이라고 피력한다.

VI. 맺음말

이문건의 기록을 볼 때, 양반도 사람이다. 평민과 똑같은 과정을 거쳐서 태어나 병도 앓고 사고도 겪으며 놀이도 하면서 성장하였다. 때로는 말썽도 부렸고 매를 맞기도 하였다. 다만 천민이나 평민과는 달리, 일정 시기에 이르면 한문 교육을 받았다. 과거 급제를 해야만 양반이라는 지체를 유지할 수 있었기 때문이다.

조선시대 양반의 유년생활에서 오늘날 우리가 주목할 것은 무엇일까? 양반은 태어나는 것이 아니라 만들어진다는 사실이 아닐까? 이숙길 즉 이수봉의 경우, 할아버지로 대표되는 어른들의 지극한 보살핌과 정성, 그리고 때로는 매질하기까지 하는 교육이 아니었다면 과연 살아남을 수 있었으며, 국가의 위기 앞에서 의연히 충성을 바치고도 그 공을 자랑하지 않음으로써 추앙을 받는 인물이 될 수 있었을까?

오늘날도 우리의 자녀가 모두 이 시대의 양반이 되기를 원한다. 특별한 존재로 살아가기를 원한다. 그렇다면 조선조 양반의 경우에서 온고이지신하는 지혜를 발견하여 적용할 필요가 있을 것이다.

제 4 강

북한의 유머, 민간신앙, 현대판 속담

I. 머리말

"분단 이후 북한에도 우리 남한처럼 설화, 전통 민속이 존재할까?"

분단 이후의 북한 설화를 다룬 책과 논문들을 읽다가, 거기에 인용한 설화 원문이, 아무래도 개작한 냄새가 물씬 풍긴다는 생각이 들면서 가졌던, 바로 이 의문이 마침내 이 글을 쓰게 하였다.

국가보안법이 살아있는 분단 현실에서 그 의문을 풀 길이 없다는 것을 알고 절망했으나, 우연히 듣게 된 새터민(탈북귀순동포)의 수가 급증하고 있다는 뉴우스에서 착상을 얻었을 때의 감격은 컸다. '그분들을 만나면 되겠구나' 싶었으나, 정작 새터민을 만나는 일이 난제라는 사실을 알면서 다시 고심하게 되었다. 자원봉사하면서 조사하면 되겠다는 아이디어가 떠올라, (그다지 순수하지 못한 동기로) 사단법인 북한인권시민연합에서 정기적으로 실시하는 '대학생수련회'에 등록하여 3박 4일간 지내기도 하였다.

하지만 그 노력도 무위로 돌아가고, 국가정보원의 결정적인 도움을 받아 그분들을 한분씩 만남으로써 일은 풀리기 시작하였다. 뜻이 있는 곳에 길이 있다는 말을 다시금 실감하는 기회였다.

이 글은 2002년 봄부터 2004년 여름까지 새터민들을 만나서 채록한 북한의 구전설화 자료를 바탕으로 한 것이다. 이 일은 애초에 한국학술진흥재단의 연구비 지원을 받아 진행하였다. 나라의 은혜를 입은 바 크다.

제보자들이 북한 각 지역을 대표하는 사람들도 아니고 평양·함경도·평안도 출신 제보자 위주다. 따라서 이것이 북한 구전설화의 전모를 보여주는 것은 아니지만, 분단 이후, 그간 북한에 대한 논문이나 단행본 및 방송 프로그램 그 어디에서도 다루지 않았던 북한 주민의 구전설화의 실상을 비로소 그 일단이나마 세상에 알리게 되었다는 점에서, 보람으로 생각한다.

그간 북한 설화 연구 논저가 몇 건 있으나, 모두 분단 이전에 채록한 자료를 대상으로 한 것이 아니면, 분단 이후 북한에서 마구 변개시켜서 출판한 자료들을 대상으로 한 것이라는 근본적인 한계점을 지니고 있었던 것이 사실이다. 남북이 분단된 현실에서 어쩔 수 없는 것이었습니다. 하지만 1990년대 들어서 북한의 식량난이 가중되면서 새터민이 급증하였고, 이분들의 도움을 받아 이나마 북한 구전설화의 일단을 파악할 수 있게 된 점, 다행이라고 생각한다.

남북의 이질화 극복 및 통일이 이 시대를 살아가는 우리 모두의 화두요 지상과제인데, 이 문제를 해결하는 데 이 글이 약간이나마 보탬이 되기를 간절히 바란다. 우리가 북한 구전설화를 채록하고 정리하면서 느낀 바로는, 충분히 그럴 수 있다고 확신한다. 북한 주민들도 우리와 똑같은 이야기 문화를 유지하고 있다는 점에서 그렇다. 제사관행면에서 민족적 동질성을 여전히 유지하고 있듯이, 전통적인 이야기와 함께 현대판 유머를 만들어 주고받음으로써, 삶의 애환을 표현하고, 체제와 시대상에 대한 비판적인 생각도 드러내며, 유머를 즐긴다는 점에서 우리와 다를 바 없다고 판단되기에 그렇다.

그 동안에는 언어가 달라진 점을 비롯하여 자꾸만 이질화 양상을 강조해 온 게 사실이다., 이제는 여기 담긴 자료를 통해 여전히 같은 점을 의도적으로라도 주목하고 관심을 가져서, 동질성을 회복하는 데 노력을 기울여야 한다고 감히 제언하고 싶다. 물론 지금은 짝사랑에 불과합니다. 북한에서도 우리 설화를 이해하려고 노력해야 하며 특히 주민들에게 알려야 한다. 그래서 이야기 문화에서 같고 다른 점을 분명하게 알 수 있을 때 진정한 남북교류와 협력이 가능해지고 성공적인 통일도 이루어낼 수 있으리라 믿는다.

설화만 조사하려고 시작한 일인데, 작업을 수행하는 과정에서, 자연스럽게 민간신앙과 속담 등 민속의 양상에 대해서도 알게 되었다. 설화와 함께 이들에 대해서도 함께 나누고자 한다.

II. 북한의 구전설화

1. 북한에도 구전설화가 존재하는가?

북한에도 구전설화가 존재한다. 머리말에서 지적한 것과 같이, 현재까지 우리가 입수할 수 있는 분단 이후의 북한설화자료집이 하나같이 원형 그대로의 설화자료가 아니라 다분히 윤색·개작한 것들이다 보니, 과연 북한에는 구전설화가 존재하는 것인지 궁금했던 게 사실이다.

하지만 탈북자들을 만나서 조사해 본 결과, 북한에도 엄연히 설화가 존재한다는 것을 알 수 있었다. 예컨대 김응서 장군의 고향 마을에서 자란 새터민(김○○·남·46세)은 어릴 때부터 들어온 김응서 장군 관련 전설과 여타 지명전설을 구술하였으며, 다른 인사들도 기존의 북한설화집에서는 발견하기 어려운 자료들을 많이 제보하였다. <내가 죽은 다음날 죽겠습니다>, <평양깍쟁이와 개성깍쟁이>, <김선달 이야기> 등이 그것이다.

2. 북한의 구전설화는 어떤 형태로 존재하는가?

북한의 구전설화는 크게 네 가지 형태로 존재하고 있는 것을 확인할 수 있었다. ① 전통적인 구전설화 ② 개변되어 출판된 설화 ③ 현대적 유머 ④동화책·영상매체계 설화 등이 그것이다.

첫째, 전통적인 구전설화는 분단 이전부터 전해오던 설화를 말한다. 우리가 애초에 주목했던 설화는 바로 이것이었다. 하지만 채록하는 과정에서 전통적인 구전설화를 채록한다는 것이 여간 어렵지 않다는 사실을 절감하게 되었다. 물론 남한에서도, 제보자들을 만나기 어렵거나, 만난다 해도 제보자들이 설화 구연의 기회를 가지지 못하다 보니 이미 많이 망각해 버려서 온전한 자료를 구술하지 못하는 경우가 점증하고 있는 실정이다.

하지만 북한의 경우는 다른 차원에서 어렵다. 다음 항에서 언급하겠지만, 김일성유일체제가 형성되기 시작한 1967년 무렵부터는 기존의 『옛말』을 비롯해 모든 책을 수거해다 불태운 이래, 현재까지 생활의 모든 영역에서 주민들을 김일성설화 및 김정일설화를 반복적으로 세뇌한 결과, 원래의 전통적 설화를 거의 다 망각해 버렸기 때문이다. 사정이 이렇다 보니, 새터민들의 경우 전통적 구전설화를 구술하는 일은 아주 고역이라 토로하기 일쑤였다.

둘째, 개변된 설화는 김일성유일체제 확립 이후 일정한 이념적인 의도가 개입되어 만들어진 설화들이다. 『백두산전설집(김일성설화집)』(1987), 『백두광명전설집(김정일설화집)』(1993) 시리즈가 대표적이다. 새터민 최○○ 씨(43세. 김형직 사범대 작가양성반 출신)의 증언에 의하면, 『백두산전설집』은 처음에 김형직사범대 작가양성반 출신인 김우경이라는 아동문학작가의 아이디어로 만들었던 것이다. 김일성유일체제를 강화해 가던 북한당국의 의도와 부합해 환영받자, 다른 작가들까지 동원되어 계속 출간되기에 이르렀다고 한다. 그밖에도 『구전문학자료집』(1964), 『옛말』1·2(1964~1965), 『재미나는 옛이야기』(1986) 등도 개변된 설화라고 할 수 있다.

셋째, 현대적 유머는 우리 남한에서 유행하는 <최불암시리즈>, <사오정시리즈>, <달묘전설>처럼 북한에 존재하는 각종의 우스개 이야기들을 말한다. 필자가 보기에, 어쩌면 북한사회에서 가장 광범위하게 주민들에게 퍼져 있으며, 생생하게 기능을 발휘하면서 유통되는, 살아있는 구전설화는 이들 현대적 유머가 아닌가 생각한다. 고위

층의 부정을 비판하는 <당일꾼은 당당하게 해먹고>, 당일꾼의 무식함을 나무라는 <악기의 모양을 하나로 만들어라>, 군대의 부패를 풍자하는 <대대장은 대대적으로 떼어먹고>, 사회주의체제의 실패를 꼬집는 <맑스가 망태기이론을 만들고>, 유일사상학습에 대한 불만을 은근히 표출한 <동무는 당의 유일사상체계 10대원칙을 알고 있습네까?>, 육담으로서 북한에서도 성적인 욕구는 마찬가지임을 보여주는 <서서도 합니다>, <조직인교?> 등이 그것이다.

이들 유머들은 북한 주민들도 체제의 모순이나 비리에 대해 일정한 비판의식을 가지고 살아가고 있으며, 우리와 똑같이 본능적인 욕망과 유머 감각을 가지고 살아가는 엄연한 사람들임을 보여주는 사례라고 생각한다. 한편 동음이의어를 활용한 유머도 상당수 존재하는데, <감정제대>, <구두표창>, <비당원> 등이 그것이다.

넷째, 동화책·영상매체계 설화는 그 원천이 설화가 아니라, 설화 및 고전 산문을 소재로 재창작한 동화책·만화책(그림책)이나 영화·TV 드라마(연속극·연속소설)·애니메이션(만화·만화연속극·아동영화) 등의 영상물을 보고 나서 이것을 다시 구술한 경우이다. 임○(17세. 남. 2001년 탈북) 군이 구술한 바에 의하면, 할아버지로부터 들은 이야기도 있지만, 동화책·만화책이나 TV·영화·애니메이션 등의 영상매체를 통해서 알고 있는 게 더 많았다. <흥부와 놀부>·<은혜 갚은 까치>·<토끼와 거북이>·<선녀와 나무꾼>·<은망울>·<심청전> 등을 주로 동화책을 통해서 접했다는 것을 알 수 있었다. <토끼와 거북이>, <토끼전>은 애니메이션으로, <춘향전>, <바보 온달>, <낙랑공주와 호동왕자>는 영화로 보았다고 하였다.

최○○(38세) 씨에 의하면, <춘향전>·<흥부전>은 영화로만 보았다 하고, <토끼전>은 애니메이션(만화영화)로만 보았다고 하였다. 마○○(46세) 씨가 구연한 <강낭떡과 금덩이>·<슬기로운 총각>·<금강선녀와 나무꾼>, 최영실이 구연한 <두 장수 이야기>·<강낭떡과 황금덩이>·<토끼와 거북이> 등의 자료도 동화책에서 본 것이라고 하였다.

3. 북한에서 구전설화는 어떻게 전승되고 있는가?

첫째, 전통적 구전설화, 고소설계 설화의 전승은 가족간이나 친구간처럼 사적인 관계에서 이루어지는 것이 일반적이다. 북한에서는 전력사정이 좋지 않아(정전이 잦아) 대부분 9시~10시 정도면 잠자리에 들며, 대개 단칸방에서 온 가족이 생활하는바, 자리에 누워 잠이 들 때까지, 이런 이야기 저런 이야기를 하는 과정에서, 더러 전통적인 구전설화도 화제에 오른다는 것을 알 수 있었다.

임○○씨(42세)는 60년대 말 초등학교 시절에, 베갯머리에서 할아버지로부터 많은 구전설화를 들으며 자랐다고 회고하였으며, 최○○씨(43세)는 어린시절부터 어머니한테서 수시로 구전설화를 들었다고 하였다. 친구간의 전승은, 북한 초등학생들은 하교후 함께 공부하고 나서 놀이삼아 <옛말나누기>시간을 가지곤 하는데, 그때 돌아가면서 각자가 알고 있는 설화를 구연하는 기회가 많았다는 것을 알 수 있다. <변소간 귀신 이야기>, <중태할아버지> 같이 무서운 이야기를 비롯하여, <장화홍련전>이나 <심청전> 이야기 등이 그 예이다.

최○○씨의 제보에 의하면, 가정에서는 학교와 달리, 책에 없는 이야기도 들려줄 수는 있지만, 부모가 자녀에게 옛날이야기를 들려줄 때는 아무 것이나 들려주지는 않고, '가늠해서' 구술한다고 한다. 말하자면 이념적으로 문제가 될 만한 이야기는 배제하고, 문제가 되지 않을 자료만 구술한다는 것을 알 수 있다.

둘째, 개변된 설화는 가족간이나 친구간처럼 사적인 관계에서는 구연되지 않고, 공식적인 자리에서만 구연되는 것으로 보인다. 학교 수업의 경우, 인민학교 교사로 근무하다 탈북한 최○○씨에 의하면, 국어 교과서에 실린 자료인 <강낭떡과 황금덩이>, <두 장수 이야기>를 활용해, 수업을 진행하다 필요할 때 구연해 주었다 하고, 여타의 다양한 교양자료에 실린 이야기나 만화의 내용을 활용해서 학생들에게 이른바 '교양지도'를 했다고 한다.

수업시간에 옛날이야기를 들려주고자 할 때는 미리 <교양지도안>(남한의 수업지도안)을 작성하여 제출해 허가를 받아야 하고, 이 때는 반드시 이미 발간된 자료집에 들어 있는 이야기(이른바 '출처'가 분명한 이야기)만 반영할 수 있다고 한다. 책에 없는 이야기 즉 개인적으로 들은 이야기('출처'가 없는 이야기)는 절대로 가르칠 수가 없다고 한다. 학교 수업 외에, 교양시간에 교사나 당일꾼이 책에 있는 내용을, 학생이나 주민에게 들려준다든지, 백두산을 견학하거나 김일성·김정일 생일을 맞이할 즈음에 들려준다고 한다. 이 경우도 학교 수업에서와 마찬가지로, 전통적인 설화는 이용하지 않는 것이 확실하고, 북한에서 개변되어 출판된 자료만 활용하고 있다는 것을 알 수 있다. 아울러, 북한에서는 종이가 귀해, 거의 모든 책이 제한적으로 출판되어 도서관에만 꽂혀있거나 학교에 비치용으로 소량 지급되어 있기 때문에, 학생이나 주민은 주로 귀로 듣는 것에 의존하고 있다는 것도 알 수 있다.

4. 북한에서 1965년에서 1985년까지 설화집 발간 실적이 없는 이유는 무엇인가?

북한의 구전설화를 연구하기 위해 북한자료센터 소장자료를 중심으로 관련문헌을 검색·열람하면서 가졌던 의문 하나가 있다. 어째서 1965년에서 1985년까지 20년 동안에는 설화집 발간 실적이 없는가 하는 것이었다.

해방 이후 1965년까지 꾸준히 각종의 설화집이 출판되었고, 1960년과 1960년에는 『인민창작』이라는 잡지에 각처에서 수집한 구전문학 자료들이 게재되었는데, 1965년부터 20년간 완전한 공백기간을 이루다가 1986년 무렵부터 다시 설화집이 나타난 것을 알 수 있다. 그 어간에 과연 어떤 사정이 있었을까 궁금했는데, 최근에 면담한 새터민들의 증언을 통해서 그 까닭을 알게 되었다.

새터민들의 증언에 따르면 1960년대 중반부터, 이전에 나온 모든 책들, 특히 고전 번역물과 외국책 번역본들을 철저하게 수거해 불태웠다고 한다. 작가동맹 회원이었던 어느 시인의 경우, 1971~1972년 무렵에 문예출판사에 근무할 때, 그 출판사 뒷마당에 여기저기에서 수거해 온 책들이 산더미같이 쌓여 있었고, 경비원이 한눈 팔 때 몰래 한두 권씩 빼돌리기도 했는데 발각되면 몽둥이로 맞기도 했다고 한다. (최○○ 씨의 전언) 최진이 씨의 기억으로도, 초등학교 2학년이었던 1969년에 이르자, 그 이전까지 오빠 방에 걸려있던 맑스와 엥겔스의 사진이 제거되고, 오빠가 보던 수많은 책들은 박스에 봉인된 채 숨겨졌다고 한다.

그 결과 김일성 탄생 70주년 기념으로 1982년에 완공된 인민대학습당에 진열할 책이 절대부족인 사태가 벌어져, 숨겨놓은 책들을 기부하라고 독려할 정도였다고 하며, 그때 기부한 책들은 일제시기의 책과 남한 책들과 함께 현재 특수열람실에 진열되어, 불온문서 취급허가를 받은 사람들만 열람이 가능하다고 하니, 김일성유일체제로 전환되던 1960년대 중반부터는 진시황의 분서갱유와 방불한 북한판 분서갱유 조치가 있었던 것을 확인할 수 있다.

따라서 북한에서도 옛날에 출판된 책들 가운데 볼 수 없는 게 아주 많으며, 인민대학습당 소장 자료가 유일본인 경우가 많다는 것이 최○○씨의 증언이다. 필자가 그간 북한자료센터 소장도서를 열람하면서 1960년에 나온 『인민창작』 창간호가 왜 결본인가 의아하게 여겼는데, 북한의 사정을 감안해 보건대, 어쩌면 북한에도 『인민창작』 창간호는 존재하지 않아 우리쪽에서 입수할 수 없었던 것이 아닌가 여겨진다.

5. 북한 구전설화의 유형별 분포상황은 어떤가?

학계에서 보편적으로 통용하고 있는 이른바 설화의 3분법(신화·전설·민담이 셋으로 설화를 구분하기)을 존중하되 북한구전설화의 실상을 고려하면 다음과 같이 전설, 민담, 현대적 유머, 기타 등으로 구분할 수 있다.

3분법에 충실하려면 신화도 들어가야 마땅하나 채록하지 못하였다. 아마도 종래의 신화 대신에 근래 만들어진 김일성신화, 김정일신화 등 김일성가문신화가 이를 대체하고 있다고 판단되는데, 앞으로 더 정밀한 조사와 확인이 필요하리라 생각한다.

전설 중에서는 인물전설이 가장 많기는 하나, 초인적인 능력을 발휘하는 장수전설은 김일성신화가 등장하면서 거의 사라져 가는 것으로 보이는 점이 주목되고, 민담 중에서는 재기와 지략을 주제로 한 이야기가 압도적으로 많은 점이 눈에 띈다.

6. 북한의 유머(현대판 민담) 자료들

(1) 조직인교?

일본에서 온 귀국 동포 딸이 있었거든요. 있었는데 그 처녀 시절에 이젠 대상을 구할 그러한 연령이 됐답니다. 그래서 자기네끼리 나가서 연애 걸었죠. 그래 우리 어머이한테 가서 합격되믄 된다, 그러니까 이 사랑하는 애인 데리고 집에 가서 어머니한테 합격되야 한다니까, 거저 군대갔다 제대됐으며, 동시에 당원일 때 얻을라 하거든요.

그러니까 조직원인가? 원래 이렇게 물어보면 정확하게 알아듣갔는데. 그렇게 말을 하지 않고 억양을 달리해 말을 "조직인교?" 이렇게 물어봤거든요. 조직원인가 물어본다는게 억양이 다르니까 "조지긴교?"하니깐[엮은이 주 : '○이 긴가요?'의 뜻임] 그 말을 길다 하믄 좋갔는지 짧다 하믄 좋다하는지 그걸 생각했거든요.

그래 보통이라 해야 길지도 않고 짧지도 않고 되갔다해서 "보통이지요"했대요. 그러니까 이 어머니가 퇴자를 놨답니다. 이건 무슨 조직원이면 조직원이고 아니믄 아니다 인데 '보통 조직원'이 없는데 이건 보통이라고 해서 퇴빵을 놨다합니다. 그런 이야깁니다.

(2) 군인이 먹는 밥의 종류

북한에서 그러니까 군에서 일반적으로 이야기하는, 북한에서는 식량난이 심하니까나 밥 양을 가지고 많이 따져요. 밥그릇 높이 가지고. 여기처럼 어떤 음식이 맛있냐 이게 아니고, 북한이 지금까지 내려오는 의식주에 대한 생각이, 북한 사람들은 삼겹살 맛있다? 갈비 맛있다? 이런 생각들을 절대로 안해요. 아 오늘 밥 많이 먹었다, 이것 가지고 현재까지도 많이 논의하는데, 북한 군軍에서 지금 어떤 설이 돌아가는가 하면.

식당에 군인들이 식사하러 들어갈 때,

① 폭탄 밥. 그러니까 폭탄 구뎅이 밥, 푹 패인 폭탄 구뎅이 밥. 그러니까 장교들이라면 쌀이랑 다 떼먹고 군인들한테 공급되는 쌀을 다 떼먹지 않아요? 쌀 내다 팔아먹느라고. 그래서 자기네 밥 양이 줄어들었다 해서, 폭탄 구뎅이 밥.

② 골짜기 밥. 쑤욱 내려갔다 해서. 기본적으로 불룩하게 올라온 것을 기준으로 하거든요? 그러니까 이렇게 골짜기 밥.

③ 그 다음에 파리 밥. 밥을 풀기 있게 제대로 하지 않고, 증기에다 밥을 쪄내요. 쪄냈다가, 아니 쌀을 먼저 살짝 익혔다가 증기에다 쪄내요. 그럼 밥이 부실부실해지며, 불군 쌀 알처럼 툭툭 말하자면 알이 커져요. 쌀 알이. 그래서 훅 불면 날아간다 해서 파리 밥, 이렇게 이야기 하고요.

(3) 군대의 부정부패의 종류

그 다음에는 일반적으로 군에서 많이 군수물자를 떼먹어서 생활에 대한 것이 있거든요.

① 연대장은 연대적으로 떼먹고. 아주 그러니까 연달아 떼먹고.

② 대대장은 대대적으로 떼먹고.

③ 중대장은 중간에서 떼먹고.

④ 소대장은 소소하게 떼먹고.
⑤ 분대장은 분할해서 떼먹는다.

(4) 사회주의 이론 풍자 유머

이론에 대한 것도 현재 북한에서 돌아가는 소리가 있어요. 북한의 기본 사상원리가 맑스레닌주의 아니예요? 맑스엔겔스레닌주의, 사회주의 공산주의를 주장한 사람들이 아니예요? 북한에서는 이걸 가지고, 북한 현재 상황이 한심하니까, 97년도 그때 막 식량난이 심하고 그러니까 일반주민들이 하는 소리가 뭐냐면.

① 맑스가 사회주의를 건설한 데 대해서, 맑스가 망태기(마구잡이) 이론을 내놓아서.
② 엥겔스가 엉터리로 믿고.
③ 레닌이, 소련에서 사회주의를 처음 건설한 레닌이, 례를 들어서 해봤더니, 례를 들어서 사회주의를 해봤더니, 역시 망태기 이론이 옳았다는 거. 그러니까 맑스가 망태기 이론을 내놨으니까, 역시 레닌이 례를 들어서 해봤더니, 역시 망태기 이론이었다는 거.

그러니까 북한사회에 대한 정의를 주민들이 내렸거든요? [채록자 : 이거 언제쯤 돌아다닌 거예요?] 97년도 제가 탈북할 때, 북한에서 주민들 속에서 공공연하게 돌아가는 소리인데, 완전히 뭐 명답 명언이예요. 결국 북한사회라는 게 사회주의거든요? 맑스나 엥겔스 레닌에 의해서, 북한이란 나라가, 사회주의 모체가 생겨났거든요.

그러니까 그런 소리를, 북한에서 지금 주민들 속에서. [채록자 : 경도 지역에서?] 함경도가 아니라 북한 전국 곳곳에 이런 말이 다 돌아가요. 이 이론을 다 알아요. [채록자 : 그런데 공공연히 하면 걸리지요?] 그러니까 자기네끼리 우스운 소리로. 이 이야기 하는 자체는 사회에 대한 불만과 김정일과 김일성이에 대한 욕질, 말하자면 욕질이

섞여 있지요.

[채록자 : 그런데 고발 안해요?] 이것까지는 안해요. 왜 안하는가 하면, 북한에서 맑스나 레닌에 대해서 현재는 부정하거든요? [채록자 : 북한 당국에서도?] 왜 부정하는고 하니, 북한에서는 김일성이를 하늘의 신으로 묘사하자니까, 맑스 레닌 엥겔스의 실체를 깔아버리는 거예요.

그러나 이거 북한에서 잘못하고 있지요. 80년대까지 골수에 사무치도록 맑스 엥겔스 레닌에 대해서 듣다가, 이제 와선 이 사람들을 탁 깔아버리고 김일성이를 하늘의 신으로 턱 내세워 버리니까, 아직까지도 주민들 속에는 이 맑스 엥겔스 이론이 살아있는 거예요. [채록자 : 그러니까 김일성 김정일을 비판하면 걸리지만, 맑스 레닌은 괜찮다?] 네. 북한에서 점점 부정해 버리니까요.

(5) 권력에 대한 유머

그 다음에 북한에는 권력에 대한 유모어도 있어요. 그러니까 북한에서는 정보기관이 국가보위부거든요?

① 노동당 당일꾼은 당당하게 해먹고.
② 국가보위부는, 이것도 생활에 대해서 많이 흔히 막 하는 이야기인데, 북한에서는 생활밖에 이야기할 수 없으니까. 보위부는 보이지 않게 해먹고.
③ 안전부(경찰)는 안전하게 해먹는다.

그러니까, 일반 권력에 대한 비유거든요? 그 다음에 행정이라는 것은, 북한에서는 애당초 권력기관에서 치지를 않아요. 놓지를 않으니까요. [채록자 : 이거는 언제쯤 돌아다닌 것 같습니까?] 이거는 식량난이 들기 전부터 북한에서 거저, 90년대초부터 시작해서 지금까지 돌아가는 유모어예요. 말하자면 권력기관에 대한 비난이지요.

(6) 감정 제대

[채록자 : 감정제대 이야기 들어보셨어요?] 많이 들어봤어요. 누구나 알고 있는 이야기죠. 감정제대 이야기도 지방마다 조금 달라요. 북한에서 감정제대라고 하는 건, 일반적으로 군에서 군 복무기간에 생활을 제대로 못해서, 군 있을 형편이 되지 못한, 말하자면 범죄를 저지른 사람들, 그런 류에 속하는 사람들을 군에서 축출해 내는 걸 보고 감정제대라고 하거든요? 그런데 얘네가 집에 돌아가서는, 제내 일화가 많아요.

집에 돌아가서는, 어머니가 "네가 어떻게 왔냐? 아직 제대할 나이가 아니잖냐?" 그러니깐, "내 감정제대당했어요." 그러니까, "참 네가 어릴 때부터 감정이 풍부했으니 뭐 표창으로 제대됐구나." 이런 소리도 하고요.

그 다음엔 또, 집에 가니까 한 어머니가, "네가 어떻게 왔니?" 하니까, 감정제대해서 왔다니까, "제대하는 것도 감정을 하느냐?" (자신없어 하며) 이런 식으로? 아리송해요. 사람들이 말은 많이 해요.

(7) 구두표창

ㄱ.

구두표창이라는 것은 일반적으로, 표창하는데, 지휘관이 나서서, 사격을 잘했다거나 군 생활에서 모범생을 불러내다가 한 달에 한 번이나 분기에 한 번씩 표창하는 모임이 있어요. 이럴 때 앞에서, 이건 표창장이 없이 말로 하거든요? 누가 어느 군사 칭호를 부르며, "어느 하사 동무가 이번 사격에서, 사격이 우량 이렇게 가르거든요? 사격에서 우를 맞았기 때문에, 대대장의 권한으로, 아니면 중대장의 권한으로 감사를 줍니다." 이렇게 하거든요?

이런 것보고 구두표창이라고 해요. [채록자 : 감사를 줍니다 그렇게 말을 해요?] 예. 감사를 줍니다. 이런 걸 보고서리, 구두표창을 줍니다 이렇게 안하고요, 감사를 줍니다, 말로 한다고 해서 구두표창이다 딱 이렇게 정해놨는데, 그런데 이것도 어디까지나 자랑이니까, 집에 같은 데, 혹시 이런 휴가를 가거나 해서 나온 말이예요.

집에 가서, "어머니, 제가 우리 중대장 동지한테서 구두표창을 받았어요." 이렇게 말했거든요? 그러니까 어머니가, 동네사람들한테 다니면서, "우리 아들이 중대장한테 구두를 표창받았네." 이렇게 말하고 다녀서 사람들이 웃었다는 거여요. 그러니까 구두표창이란 거는 말로 감사를 주는 걸 가지고 구두표창 받았다. 이렇게 한 것이 있고요.

ㄴ.

그 다음에는 [채록자: 아껴 신으라고 한 것도 있다고 하더라고요. 그쪽에서는.] 저의 어머니가 잠자리에 들어와서 아들한테 이야기하기를, "네가 중대장 동지한테서 구두를 표창받았다는데, 그걸 기념으로 아껴 신어라." 이래서 아들이 웃었다는 거요.

그걸 군에 돌아와서 화젯거리가 됐다는 거. 이런 이야기들이 민간에서 돌아가고요.

(8) 북한의 용어 이야기—감정제대, 구두표창

[화자 : 감정제대 저, 들어보셨죠? 감정제대, 뭐…구두표창 그런 거.] 예, 예. 그런 거 많이 들었죠. [채록자 : 그런 얘기 한 번 해보세요. 생각나시는 대로.] 감정제대란 그, 군대 복무 제대로 못하고 그, 군대 규율을 위반해서, 제대시키는 거란 말요. 부대 생활에 둘 수 없으니까.[발음 부정확] (감정제대를)안 시키면 다른 사람들에게 영향이 가니까.

그 말에, 저, 북조선 인민군은 하전사들, 하전사 생활할 때는 여자들과 상대를 못해요. 하전사 생활할 때는 군관 돼야 장가갈 수 있구, 하전사는 여잘 대면도 못하게 해. 여자 손만 대도 벌써 제대시킨단 말요. 그리, 그리기 땜에 그런 일이 많으믄, 여자들 손, 이거는 뭐, 군대는 그러는 게 많으니까.

지금 북한군대 들어가는 사람이 여자, 여자란 말요. [채록자 : 여자? (놀라며)아~여자!] 예. 남자들 없으니까 여자들. 여자부대 많죠, 뭐. 그러니까, 여자랑 접촉할 일이 많단 말요. 그 전엔, 전쟁치를…. 6·25 때, 그 때는 여자 군대가 없었는데 지금은 여자군대 절반이란 말요. 기니까, 고사포…. 그, 고사포도 다 여자고, 또 힘들지 않는 부분, 병원, 항공…뭐, 많죠. 통신근무. 그러니까, 맨 여자니까, 여자를 접촉할 일이 많으니까, 사고 많단 말이요. 남녀간의 사고. 그래, 부대에서 임신돼서 제대시키는 걸루…. 그건 남자, 여자 다 제대시킨다는 말이요.

그러면 그게 다 감정제대야, 그게 다. 그런 게 없이, 제대루 군대복무 13, 13년 하구 제대하면 그게 명령제댄디, 건, 명예롭게…. 그, 부대나 집에 가도 떳떳하단 말요. 감정제대하면 집에 가서 당에도 못 들구, 학교두 못 가구, 그 담에 일해두 탄광이나 가 일해, 딴 데는 일 못해요. 직업도 못 든단 말이요.

[화자 : 구두표창 얘기는 들어보셨어요?] 구두표창은 거, 부대에서 저, 구두표창이 많습니다. 말루 표창하는 거. 뭐, 전사…동무, 뭐 군사규율을 잘 지키고 그래서, 어, 중대장의 명으로 표창한다. 이렇게 하면 게, 표창이란 말…. 등록, 등록하죠, 등록. 연대장 표창, 무슨…중대장 표창. 그게 구두표창이죠, 뭐.

(9) 비당원

ㄱ.

[채록자 : 중매와 관련된 얘기는 기억나는 게 없어요? 당원 비당원…] 아, 네네네, 있어요. 그러니까 북한에서는 어떻게든 노동당에 입당해야 간부로 될 수 있는 자격을 갖추거든요? 그렇지 않으면 간부로 추천을 해줄 수 없게 모든 서류가 꾸며져요. 그런데 이 이야기 또

여러 갈래로 퍼져 있는데요, 지방마다.

중매장이가 중매 서서 선볼라 갔어요. 선볼라 가니까, 여자가 제일 처음 물어보는 게, 그 "당원인가?", 그러니까 시골에 갔어요. 도시 남자가 시골 여자한테 턱 선보러 갔어요.

시골여자가 하는 소리가, "동무는 당원인가?" 동무는 당원인가 아닌가 그러니까, 남자가, "비(非)당원이요" 그랬거든요? 그러니까 시골 여자가, "비 내릴 때 당원이 되었습니까?"하고서리[웃음] 그렇게 말했거든요? 비당원은 당원이 아니라는 뜻인데, 하도 시골여자니까.[웃음]

ㄴ.

[전에 구술했으나 미처 녹음하지 못했던 <서서도 합네다> 등의 이야기를 요구하자, <비당원> 이야기의 구술을 시작하면서] 이것은 북한의 신분제도를 비꼬는 은어, 이걸 뭐라고 하나? [채록자: 유언비어?] 유언비어도 아니고, 풍자하는 어떤 얘긴데. 은어에 속한다고 봐야 하나? 좌우가 보통의 일상적인 사람들 속에 흔히 웃기는 말로 돌아가는 경운데, 상당히 가시가 돋친 얘기란 말이죠. 어떻게 보면.

그러니까, 북한에서 당원이냐 아니냐는, 우리로 말하면, 여기로 말하면 너 서울 연고대 졸업했냐 안했냐 이런 정도로 사회적 신분을 규정하는 데 중요하거든요. 그러니까 처녀 총각이 결혼할 때는 첫째로, 당원이냐 아니냐, 대학을 졸업했냐 이걸 먼저 물어보는 게 아니라, 당에 입당했냐 안했냐, 그 정도로 중요하다 그 얘기여.

그래서 이제 한 총각이 장가갈 나이가 됐는데, 자기가 좋아하는 처녀가 그만 당원이 아니야. 그런데 시골에 있는 자기 어머니는 무조건 당원인 여자를 얻어라, 그걸 강요를 하다 보니까, 애가 고민에 빠진 거라. 그래서 그 어머니한테 하루는, 속일라고 속인 게 아니고, 어머니는 무식한 사람이거든. 공부도 못하고.

그래서 데리고 가니까. "어머니, 이제 결혼할려고 아가씰 데리고 왔다." 북한에서 처녀라고 하거든요? 처녀 동무, 이렇게 말하는데. 우려

되니까 엄마가 이제 물어볼 거 아니에요? "어머니, 비당원입니다." 그러니까 엄마가, "그럼 잘됐다. 결혼을 하라."

그러니까 아들이 다시 한 번[웃음], "어머니, 비당원인데도 괜찮아요?" 그러니까 엄마가 하는 얘기가, "당원이든 비(非)당원이든 당원은 당원 아니냐?"[웃음] 그게 우리로 말하면 후보당원, 정당원 아니면, 당원 종류에도 여러 가지가 있는데, 비당원도 그중의 하나인 줄 안 거라. 어머니가 '아닐 비非'자라는 것을 모르는 거라. [웃음] 무식한 시골로 지내니까. 당원이든 비당원이든 당원은 당원 아니냐?[웃음] 그래서 동의를 한 거라.

이런 말들이 실제 사실에 근거한 것 같아요. 그런데 실제로는 북한에서는 당원이냐 아니냐가 그렇게 중요하지 않아요. 잘 사는 것도, 특별 대우 받는 것도 없고. 북한 사람들은 모두가 정치조직에 망라돼 있어요. 당에 못 들어가면, 사로총 또는 여맹, 농군맹, 직맹, 이게 다 정치조직입니다. 조직생활은 다 똑같거든요. 그런데 이제 간부가 되려면 반드시 당원이어야 해요. 그래서 출세에는 좀 도움이 돼요. 그리고 그게 아니면 좀 부끄러워하고. 그러니까 행정조직으로서 가령 내가 어떤 연구소의 팀장이다, 실장돼 해야 하고 과장, 차장 이렇게 올라가잖아요? 여기로 하면. 그 행정조직에서 승진하는 데 이 사람이 당원이다 아니다가 중요해요. 그러니까 당원이 아니면 조그만 간부도 할 수가 없어요. [채록자 : 당원이 전인구의 몇 프로나 되는 거에요? 대략.] 한 30퍼센트 정도. 대학교수들은 99퍼센트가 당원이에요. 당원 아니면 교수 자격이 안되니까. 그 다음에, 대학 졸업하자마자 어린 상태에서 교수가 되는 경우, 간혹 그런 사람들 제외하고는 99프로는 아니라 하더라고 95프로는 당원이라고 봐야 되고요. 그 다음에 여기로 말해서, 과장급 이상 간부는 다 당원이라고 보면 돼요. 그러니까 당원이 특별한 게 아니에요. 왜냐면 관리자급에 속하는 사람은 다 당원이라고 보면 돼요. 간부 선발 기준의 첫째 징표가 당원이에요. 당원이냐 아니냐가.

(10) 당 일꾼의 무식함

어느 당일꾼이 악기공장에 배치받아 왔는데, 그 악기공장에서 첼로도 만들고 기타도 만들고 여러 가지를 만들죠. 당비서가 그걸 보더니, "저거 왜 저렇게 질서 없이 각이하게 만들었느냐? 첼로든 기타든 한 타이틀로 만들어라. 하나의 형태로 만들어라."[웃음] 그런 것도 있었고.

(11) 뇌물 유머

당일꾼들은 당당하게 해먹고, 보위원들은 보이지 않게 먹고, 안전원들은 안전하게 먹고, 기자들은 기신기신(자존심 없이 비굴하게) 빌어먹고, 작가들은 작게 먹고[제보자 : 작가들은 북한에서도 인격적으로 존경해요.] 80년대 중반에 퍼진 말인데, 여자들, 이른바 성폭행이라고 할까? 그것도 그렇게 들었어요. 당일꾼들은 당당하게 해먹고, 보위원들 보이지 않게 해먹고, 안전원들 안전하게 해먹는다고 그러죠.

(12) 동문서답 – 배추밭 김매고 있어?

시골에서 두 노인네가, 귀머거리가, 한 귀머거리가 길을 가는데, 이웃집 귀머거리가 텃밭에서 김을 매고 있는 거라. 큰 소리로 지나가면서, "임자, 배추밭 김매고 있나?" "아니, 나 배추밭 김매고 있어."[웃음] 이게 말이 안되잖아요? 부정을 하고는 "나 배추밭 김매고 있어."[웃음] 그러니까 뭐라고 했는고 하니, 이 사람. "어, 나는, 배추밭 김매고 있다고……" 서로 제 소리만 하는 거여. 진짜로 배추밭 김매고 있는데, "임자, 배추밭 김매고 있나?" 그러니까, "아니, 나 배추밭 김매고 있어." [채록자 : 잘 안들리니까?] 응. 귀가 먹어 놓으니까. 그러니까 이 친구는, "아, 나는 배추밭 김매고 있는 줄 알았지."[웃음]

(13) 이거 다 팔면 뭐하지?

어린 기집애 하나가, 옛날이겠지 그러니까. 학교에도 못 가고 매일 시장바닥에 나가서 추운데, 이제 감을 바구니에다 갖다 놓고, 길가는 사람들한테 팔고 이랬던가 봐요.

그런데 조금 잘 사는 집의 총각이 보니까, 기집애가 추운 데 앉아서 감을 팔고 있으니까, 학교 갈 때도 보이고 올 때도 보이고. 그래서 용돈으로 하나씩 사주고, 그래서 어느 정도 알게 됐단 말입니다.

그런데 하루는 학교 갔다 오는데, 날씨가 너무 추운 거라. 감도 요만큼 있고. 그러니까 얘가, 걔가 너무 안쓰러우니까, 부모님한테 거짓말을 해서 용돈은 많이 타낸 거라. 내일 뭐 학교에 일있는데 가지고 가얀다고 해가지고. 그리곤 막 달려갔어. 걔가 너무 불쌍하니까. 추운데 앉아서 그걸 팔고 있으니까. "야, 감 이거 다 몇 개냐, 내가 다 살게." 다 사주면 갈 거니까.

그러니까 그 기집애가, "야, 이거 다 팔면 나는 뭐하냐, 저녁까지." [웃음] 안 팔겠다는 거 아녜요? "이거 다 팔면 난 심심해서 뭐하지?" 그러니까 그거는 코미디라기보다는, 나와서 장사하는 것이 돈벌기 위한 목적만 있는 건만은 아니고, 나름대로 낙이 있었다 그거여.

그런 뜻으로. 얘는 걔를 생각해서, 빨리 팔고……, 그런데 걔는 시장거리 앉어서 그걸 파는 게 목적이 아니라, 지나가는 사람들 구경하고, 그래서 매일 앉아있었던 거라, 추운데도.

실제 최근에 북한 사람들이 많이 쓰는 은어중에, 사회를 비꼬는 이런 형태의 은어들이 상당히 많아요. 아까 <생활조절위원회>라든가, <당원 비당원>이야기도 그렇고, 그 다음에 아가씨하고 맞선 보면서 엉뚱한 얘기하는 것도 그렇고, <서서도 합니다>도 그렇고, <계란하고 빵 먹고 나오면 되지> 그것도 그렇고, 당간부들이 국민들이 어떻게 사는지 전혀 모르는 거지. 그런 얘기가 많아요.

아마 최근엔 더할 것 같아요. 내가 기억은 다 안나는데, 여기 최근에 귀순해 온 사람들 몇 명 있었는데, 험악해요. 개네 말 들어 보면. 계층별로 부르는 명칭이 있더라고요. 당간부보고는 뭐라고 부르고, 안전원보고는 뭐라고 그러고, 보위부원보고는 뭐라고 부르고 별명 같은 게 있더라고요. 여기서 경찰보고 '짭새' 이렇게 부르는 것처럼. [채록자 : 빈부차 때문에 그런 것도 있지요?]

북한이 급격하게 못 살게 된 게, 내가 유학가던 해, 1987년도인데, 그해부터 식량, 정식으로 자르기 시작했어요. 내가 저녁 한 끼는 죽을 먹었었다니까요. 실제로. [채록자 : 배급이 중단된 거에요?] 완전 중단이 아니고, 식량 양을 줄인 거죠. 86년도에 흉작 들었거든요? 87년도부터 배급을 줄였어요. 실제로 저녁에는 죽을 먹었었어요. 퇴근해 가지고. 그래 나는 9월달에 모스크바로 갔으니까 9개월만 죽을 먹은 거지.

그러니까 그때부터 벌써 15년째 북한이 식량난……, 평양에서 살았는데도. 대학생 신분으로……그런데도 똑같아요. 간부라고 더 많이 주고 이런 거 없어요. [채록자 : 시골은 더 심했겠네?] 아니, 시골은 오히려 낫지요. 주변에 농작물이 항상 있잖아요. 산나물도 있고.

도시 사람들이 제일 걱정이지. 교사들, 연구원들, 이런 사람들이 제일 힘들죠. 도둑질도 못해, 이건 뭐 사기도 못해. 주지 않으면 못 먹으니까 이거는. [채록자 : 이런 말도 있더라고요? 북한에서는 3부가 잘 산다.] 3부? [채록자 : 농부, 어부, 과부. 뭐든지 먹을 수 있으니까.] 그건 최근에 나온 말이겠네요. [채록자 : 예. 과부도 딸린 식구가 없으니까. 그러니까 잘 산다는 거지요.] 과부는 아마 몸 판다는 뜻으로 아마…….

(14) 언어유희

군대간 아들이 집이다 편지 했답니다. 아버지 어머이 잘 있는가? 난 건강하게 잘 있다고 난 지금 뻰찌 올린다고. 뻰지는 군대에서 잘한다는 소리지요. 뻰찌를 올린다[채록자 : 뻰찌가 뭐죠?]잘 한다고. 뻰찌를 채우고 있다. 뻰찌를 아주 잘 한다는 그런 얘깁니다이.

그런데 아버지 편지를 하니까 뻰찌를 도둑질인가 싶어 집에 워디 뻰찌를 채워라, 아버지집에다 편지를 했답니다. 아, 서울말은 잘 통하지 안해![채록자 : 잘 못알아 듣는다?] 뻰찌를 다고 하믄 잘 한다는 말입니다. 아버지는 긴대내(군대내)에서 뭘 훔쳐오라는가 해서 뻰찌는 있는데 뻰치를 채워라 편지했답니다. 그런 얘기 못들었습니까?

(15) 꽃제비(거지)이야기

꽃제비 아들이 있습니다이. 그래 너네 집이 어딘, 이름이 뭐니, 하니 제비라고 해요. 그래 무슨 제비냐고 하니까 꽃제비라고 해요. 그래 니 집이 어디야, 하니까 수도, 무슨 수도? 하수도라고 그럽니다.[청중 모두 웃음]

뭘 먹고 사나? 하니까 오리 먹고 산다합니다. 무슨 오리? 하니까 국수오리 먹고산다 합니다. [채록자 : 국수오리요? 그게 뭐예요?] 하수도 떠내려오는거. 불쌍한 아아들, 빌어묵는 아아들 [할머니 1 : 요새 거지를 말하지]그렇게 먹고 산다고.

(16) 생활조절위원회

그 다음에 북한사회를 잘 반증하는 코미디 중의 하나가 '생활조절위원회'라는 게 있어요. 근데 그게 도둑이거든요, 그게. 가정집 털이하는, 여기는 절도범이라고 하나? 그걸 북한에서는 좋은 말로, '생활조절위원회'라고 그러는데. 가정집을 터는데 평민의 집을 털어야 뭐 훔쳐갈 게 없잖아요? 그래서 간부네 집을 많이 턴다고요. 당비서네 집이라든가.

한 당간부가 이제 괜찮게 이제, 집에 TV도 있고 냉장고도 있고, 사진기, 이런 전축도 있고. 그렇게 갖춰 놓고 사는 집인데, 하루는 퇴근해 오니까 집이 털린 거라. 그래서 당황해 가지고 신고하려고 문으로 나가려고 하니까, 문에다가 종이짝을 하나 써붙였는데, 거기다 뭐라고 써놨냐면[웃음].

'골고루 삽시다. 생활조절위원회'

라고 써논 거에요.[웃음] 그래서 이 사람이 신고를 못했대요. 당비서도 봉급 타는 거는 노동자나 비슷하거든요. 다. 계산상으로는 잘 살 수가 없는데, 뇌물받거나 좌우간 불법이지. 근데 거기 '골고루 삽시다.' 써놨으니까 뜨끔한 거야.

그런데 그런 도적질하는 행위가 상당히 많거든요. 북한에서는 일반 집을 털어봐야 털 게 없으니까 간부들이 당한다고요. 그러니까 그거를 뭐라고 그러겠어요. 도적놈이라고 할 수도 없고, 그러니까 '요새 생활조절위원회가 많이 활동한다는데' 이런 식으로 일반사람들이 하죠. 간부들을 비꼬는 말이에요.

그게 [채록자 : 모든 간부가 그렇다고 생각합니까? 일부가 썩었다고 생각합니까?] 다 그렇다고 보죠. 또 당연한 거로 보고. 사실은요, 북한에서 장관이라고 해봐야, 여기서 정식 회사에 다니는 공원이나 일반 셀러리맨만 못해요. 객관적으로 사는 걸 보면. 물질생활을 말하는 거죠.

개인 승용차라든가 자기 집 쓰고 사는 거라든가, 집안의 가구라든가 이런 거를 봐서는 여기는 내가 아무리 노동자라도 지금이라도 당장 어디 가서 맥주 먹을 수 있고, 회도 먹을 수 있고, 자동차 타고 강원도에도 갈 수 있고. 그런데 거기는 장관이라도 그걸 못해요. 그렇게 파는 상점이 없고, 먹을 게 없단 말입니다.

객관적으로 물질문화생활만 따진다면 여기 보통 구청 공무원이 거기 장관보다 잘 살아요. 물질적인 것만 비교한다면. [채록자 : 봉급도 적고] 봉급이 적을뿐더러 파는 데가 없지. 취급하는 데가 없지. 간부가 먹고 싶어도 못 먹는다 이거요. 뇌물을 먹지 않는다면 안되지. 고기도 남보다는 자주 구할 수 있고, 불법적인 방법으로. 술이라든가 먹고 사는 문제도 남보다는 조금 편하지만, 항상 언제든지 집안에 먹을 수 있는 건 아니다 그거에요.

가령 지금 여기서 '회 먹으러 가자' 그러면 바로 회를 먹을 수 있잖아요? 거기는 중앙 장관이래도 회를 취급하는 데가 없단 말에요. '야 생맥주 먹으러 가자'고 나가면 먹잖아요? 그런데 거기는 장관이래도 맥주 파는 데가 없으니까 못 먹는다 그거야. 그러니까 집에서 맥주 먹을려면 오래 전부터 공작을 해서 어떻게 해서든지 몰래 빼와야 하는 거야. 그러니까 간부들이 좀 잘 사는 데 대한 어떤 비꼬는 건데.

III. 북한의 민간신앙과 현대판 속담

김일성유일사상 혹은 유물론이 지배하는 북한 사회에도 민간신앙이 존재할까? 남한에서처럼 북한에도 현대판 구비문학의 일환으로서 현대판 속담이 존재할까?

이와 같은 궁금증을 푸는 데 도움을 주기 위해 이 글은 씌어졌다. 물론 북한의 민속 관련 논저가 이미 여럿 나와 있는 게 사실이다. 하지만 필자가 보기에 북한의 현행 민간신앙과 현대판 속담의 실상을 살피는 데는 일정한 한계가 있다고 생각한다.

예컨대 북한의 현행 민속에 대해 가장 자세하게 다루었다고 할 수 있는 주강현의 『북한의 민족생활풍습』(1994)의 경우, 의생활, 식생활, 주생활, 명절, 혼상제, 민속놀이, 여가생활 등 모두 7가지 영역에 대해 소개하였으나, 민간신앙과 현대판 속담에 대해서는 전혀 언급하지 않았다. 이기춘 외, 『북한의 가정생활문화』(2001), 『오늘의 북한민속』(1989)이란 표제로 나온 김열규의 저서도 마찬가지이다. 70년대에 나온 『한국민속종합보고서』(함경남북도편) 및 『한국민속종합보고서』(황해·평안남북편)에는 '민간신앙'이란 항목이 들어있기는 하나, 6·25 피난민들을 면담해 얻은 자료와 조선총독부에서 낸 자료집에 의존함으로써 분단 이전의 정보만 담고 있다.

이같은 아쉬움은 북한과 중국 조선족 학자의 연구성과에서 더 많이 나타난다. 선희창, 『조선의 민속』(1991)을 보면, '민속'을 표제로 내걸

었음에도 불구하고, 식생활풍습, 옷차림풍습, 주택생활풍습, 가정생활풍습(가정성원들사이의 호상관계, 친척, 관혼상제), 공동생활풍습, 민간명절과 인사례법, 민속놀이 등 모두 7장으로 구성하였으면서, 민간신앙 항목은 설정하지 않았다. 연변의 조선족 학자인 조성일이 쓴 『조선민족의 민속세계』(원제 : 조선민족의 다채로운 민속세계, 1986)(1996 남한에서 재출간)에서는 '민간신앙' 항목을 별도의 장으로 설정하여, "신에 대한 숭배, 굿, 점치기, 조상숭배, 풍수설, 속신과 금기" 등의 순서로 서술함으로써 일단 기대를 가지게 한다. 하지만 그 서술 내용이 북한의 현행 민속을 대상으로 한 것이 아니라 과거의 사실(그것도 막연한 과거의 사실)을 지적하는 데서 그쳤다.

예컨대 '점복'에 대한 서술에서, "옛날에 우리 민족 인민들 사이에서는 점복 즉 점치기가 매우 성행하였다"(451쪽)고 한다든지, '속신'에 대한 서술에서는, "우리 민족의 조상들은 옛날에 어떠한 징조에 의해서 한 사물이나 현상의 결과를 상상하고 판단을 내리고 예비적인 행동을 한 동시에 그를 실천에 옮겨왔던 것이다"(460쪽), 이렇게 과거적인 사실로만 기술하고 있다. 분단 이후의 현재적 상황에 대해서는 일체 거론하지 않고 있다. 북한 학자나 조선족 학자나 분단 이후의 상황을 현지조사를 통해서 연구한 흔적은 전혀 보이지 않는다.

속담의 경우, 북한에서 나온 속담집이 있으나, 북한에만 존재하는 속담만 묶은 것은 아니다. 더욱이 현대판 북한 속담을 담고 있지도 않다. 하지만 필자가 판단하기에, 진정한 의미에서의 북한 속담이란, 북한 사회·지역의 특수성을 잘 반영하는 속담이라고 생각한다. 전통적인 속담보다는 분단 이후에 새로 생성된 속담들이 여기 해당하겠는데 기존 속담집에서는 확인할 수 없다.

요컨대 지금까지의 북한 민속 연구성과들은 분단 이후 북한 민속의 실상에 대한 궁금증을 풀어주는 데는 미흡하다. 분단 이후에도 북한 주민이 남한처럼 민간신앙을 가지고 있는지, 현대판 속담을 유통하며 사는지, 그 양상은 어떤가 하는 의문들을 충족시켜 주지 못하는 아쉬움을 안고 있다. 그렇게 되고 만 것은, 북한 현지조사를 실시할 수 없었던 근본적인 제약 때문에, 북한에서 출간한 자료에 의존하다 보니 그럴 수밖에 없었다고 이해된다.

현재 상황에서, 이와 같은 문제를 해결할 수 있는 최선의 방책은 무엇일까? 그것은 탈북자를 상대로 한 면담 조사이다. 급증 추세에 있는 탈북자들을 조사하면 북한에 들어가서 조사하는 것과 거의 같은 효과를 거둘 수 있기 때문이다. 이런 확신을 가지고, 2002년 봄부터 필자는 다수의 탈북자들을 만나 민간신앙 및 속담 자료와 구전설화 등 북한의 민속 자료를 채록하였는데, 그 가운데 4인으로부터 민간신앙과 현대판 속담 자료를 제보 받았다.

이들 북한 민속 자료 중에서, 구전설화 자료는 따로 정리해 보고했고, 이 글에서는 민간신앙과 현대판 속담 자료를 소개하면서 그 의의에 대해서도 언급하기로 한다.

얼핏 생각하기에, 민간신앙과 속담을 한자리에서 다루는 것이 부자연스럽게 여겨질 수 있다. 하지만 신앙적인 자료든 문학적인 자료든 민속이라는 점에서는 포괄될 수 있고, 서둘러 보고함으로써, 이 방면 조사와 연구의 활성화에 기여하고자 하는 희망에서, 다소 어색하다는 것을 알면서도 함께 소개하였다는 것을 밝혀둔다.

1. 북한의 민간신앙

얼핏 생각하기에, 김일성유일사상 내지 유물론이 지배하는 북한에서, 상당 부분 주술적인 사고가 강하게 반영되어 있는 민간신앙이 지속되고 있을까 의문시하였던 것이 사실이다. 하지만 북한에도 민간신앙이 있다. 필자가 면담한 탈북자들은 한결같이 북한에 민간신앙이 존재함을 증언하고 있기 때문이다. 현재까지의 조사에서 확인한 북한의 민속은 점복과 꿈풀이다.

(1) 점복

① 점복행위의 급증현상 및 점치는 동기 : 북한에서 점복은 공식적으로 금지되어 있다. 단속 대상이다. 그러므로 대부분의 점복행위는 은밀하게 비공개적으로 이루어지고 있다.

예외도 있다. 최○○ 씨에 따르면, 북한에서도 순천처럼 먹고 살기가 특히 힘들고 깡패가 득실거리는 등 분위기가 너무도 '살벌한' 지역에는 당국도 손을 놓고 있는 실정이라, 그곳의 기차역에서는 점쟁이들이 '노골적'으로 점복행위를 하고 있다고 한다. 하지만 당국에서 금지하고 있는데도 불구하고, 부부불화시, 자손이 잘 안될 때, 궁합볼 때 등 필요에 따라 행해져 오는데, 1997년도부터 배급이 끊기고 식량난이 가중되면서 장사에 나서거나 탈북하고자 하는 사람들이 늘면서 더욱 빈번하게 행해진다고 한다.

장사가 망하지는 않을까, 무사히 탈북할 수 있을까, 평양에서 추방당한 후 어디로 가서 사는 게 좋을까 등등 현실과 미래에 대한 불안감을 해소하기 위해, 더욱 많은 사람이 점복자를 찾아가고 있다는 것이다.

필자가 면담한 탈북자들의 경우, 평소에는 인텔리로서 점복을 미신시하였으나, 막상 탈북을 앞두고 앞날에 대한 불안감 때문에 결국은 용한 점쟁이를 찾아가 점을 쳤다고 하였다. 최○○ 씨(43세)도 작가로 활동하는 인텔리지만, 1998년에 평양으로부터 추방당하게 되자, '추방후 어디로 가야 할까? 어디로 가야 먹고 살 수 있을까?' 하는 불안감에서, 친구의 권유로 점을 쳤다고 한다. 그 결과 '동북쪽'으로 가라고 해서 청진으로 갔다고 한다, 일반 주민만 그런 게 아니라, 일꾼들도 겉으로는 단속하나, 점복자들을 밤에 은밀히 자신의 집으로 불러들여서 점을 치는 일이 공공연한 비밀로 알려져 있다고 탈북자들은 말하고 있다. 당일꾼들 역시 김정일체제 아래에서 동요하며 불안감을 느끼는 것은 마찬가지라는 사실을 알게 해주는 대목이라 하겠다.

② 점복자의 유형 : 북한의 점복자에는 '신을 업은 점쟁이'로 표현

되는 강신점복자, 사주와 성명 등을 풀어서 알아 맞추는 역리점복자, 관상을 보아 알아 맞추는 상점복자, 명당자리를 알아 맞추는 풍수점복자 등 남한과 동일한 유형들이 존재함을 알 수 있었다.

역리점복자의 경우, 『토정비결』류의 책자는 원칙적으로 북한에 존재할 수 없는 것인데도, 최○○ 씨(38세)의 경우에는 1998년도 당시 점쟁이가 그런 책('당수책')을 펴놓고 점치는 것을 목격했다고 하는 것으로 미루어, 60년대 말에 벌어진 서적수거시 빼돌려 숨겨가지고 있다가 활용하는 것으로 추정된다. 북한에서는 현재 이런 류의 책은 일체 출판할 수가 없기 때문이다.

1998년도에 점을 쳤다는 최○○ 씨도, 평양예술영화촬영소 출신으로 활동하다 청진으로 추방당해 호구지책으로 점복행위를 하던 당시 60여 세의 여성 점쟁이가 오래 된 책을 펼쳐놓고 나이를 물어본 다음에 궁합이며 오행을 따지면서 점을 쳤다고 진술하고 있는데, 토정비결이나 그 부류의 점복서를 가지고 점복행위를 했다고 여겨진다.

이와 관련하여, 최○○ (38세) 씨의 할머니는 화투를 몰래 숨겨가지고 있으면서, 1994년에 작고할 때까지, 음력 설이면 화투짝을 뒤집어 놓아가며 '해년풀이'라 하여 가족의 1년 신수를 점쳤다는 사례를 보면, 북한에도 당국의 탄압이나 금지조치에도 불구하고, 얼마든지 종래의 점복서가 전해질 수 있다는 것을 알 수 있다. 최○○ 씨에 따르면, 그 당시 50 고개의 여성 신점자는 그 조부로부터 교육을 받아서 점복행위를 하는 세습점복자였는데, 그 신통력으로 도둑을 잡는 일도 있었다고 기억하였다.

③ 복채 : 일정하게 정해져 있지는 않은 듯하다. 최○○ 씨의 경우는, 탈북하던 해인 2000년에 할머니 점쟁이에게 100원을 주고 점을 쳤는데, 당시 교원신분이었던 자신의 월급이 80원이었다고 한다. 왜 그렇게 많은 돈을 주었느냐는 조사자의 물음에 "아끼지 않고 많이 주어야 점을 정성껏 쳐주기 때문"이라고 대답하였다. 이것으로 미루어, 중국으로 떠난 남편이 과연 장사에 성공해서 자신을 찾아올지 아닐지

불안한 상황에서 있는 돈을 다 바쳐서라도 그 해답을 찾고자 했던 것으로 이해되는 대목이다. 북한사람들 역시 '정성제일주의'를 가지고 살아간다는 사실을 확인할 수 있는 대목이 아닌가 한다.

하지만 늘 그렇게 고액의 복채를 지불하는 것은 아닌 듯하다. 특히 자발적으로가 아니라 친구의 권유로 찾아간다든지 할 때는 소주 2병을, 최○○ 씨의 경우에는 그 친구가 대신 지불한 것이지만 강냉이 석되 정도였다고도 하니, 다양한 형태로 복채가 주어지고 있음을 알 수 있다. 대부분 현금으로 바뀐 남한과는 달리, 식량 문제가 심각한 북한의 경우 과거와 같이 생활필수품같은 현물로 복채를 지불하기도 한다는 것이 특이한 점이라 하겠다.

(2) 꿈풀이

남한과 마찬가지로 북한에서도 꿈풀이는 일상적으로 행해지고 있다. 길몽, 흉몽, 양가적인 꿈으로 구분해서 소개하면 다음과 같다.

ㄱ. 길몽

① 꿈에 피를 보면 고기가 생긴다(남한에서는 길조로 보지 않는다. 양동인, 꿈해몽 대백과, 예지원출판사, 1999, 179쪽에서 '피를 흘리는 사람에 관한 꿈'을 풀이하기를 "좋은 징후라고는 할 수 없다. 피는 모든 사물의 근원을 상징하는 것이다. 그러므로 모든 사물이 근본적으로 뒤집힐 우려가 있다. 벽에 부딪히고 침체 상태에 빠져 자신감을 상실하는 당신을 암시하고 있다."라고 하였다).

② 불을 보면 큰돈이 들어온다.

③ 황소(또는 조상)가 들어오면 좋다.

④ 물로 목욕하면 시름을 던다.

⑤ 돼지(새끼)꿈을 꾸면 목돈 생긴다(또는 아들을 낳는다).

⑥ 골짜기에 떨어지면 돈이나 먹거리가 생길 징조이다(남한에서는 '추락하는 꿈'을 양가적으로 풀이한다. '높은 곳에서 아래로 떨어지는 꿈'은 "직위나 신분의 몰락, 의욕 상실 등의 일을 체험한다."로, '고의로 아래로 뛰어내리는

꿈'은 "소원충족을 가져올 일과 상부에서 하부로 시달하는 일이 성취됨을 뜻한다."로 분리해서 해몽하고 있다. 양동인, 같은 책, 455쪽 참조).

⑦ 용꿈을 꾸면 출세한다(간부, 합격, 입당 등).

ㄴ. 흉몽

① 이빨 뽑히는 꿈을 꾸면 안 좋다(윗니는 윗사람에게, 아랫니는 아랫사람에게 좋지 않은 일이 생길 징조).

② 바닷고기를 보면 날이 궂다(남한에서는 '바닷물고기'에 관한 꿈만을 따로 다루지는 않았으나, 산 물고기 꿈은 길조로 풀고 있다. 양동인, 같은 책, 230쪽 참조).

③ 황소(또는 조상)가 나가면 좋지 않다.

⑥ 뱀꿈을 꾸면 딸을 낳는다.

⑦ 개에 물리면 좋지 않다.

ㄷ. 양가적인 꿈 : 죽은 어머니가 꿈에 보임(사람에 따라 좋게도, 나쁘게도 받아들임)

이들을 보면, 몇 가지 차이도 있지만, 대체적으로 흉몽과 길몽의 내용이 남한과 일치하여 동질성을 강하게 느낄 수 있다. 분단되어 이념과 체제가 달라졌지만 여전히 같은 꿈을 꾸고 같은 풀이를 하며 산다는 것을 확인할 수 있는 것이다.

남북 문화의 이질성을 강조할 때가 많은데, 꿈풀이에서의 이같은 동질성은 남북의 화해와 교류에서 소중하게 활용할 수 있는 공통 코드 가운데 하나가 아닌가 여겨진다(예컨대 남북 인사가 만났을 때, 지난 밤의 꿈 이야기를 하면서 자연스럽게 대화할 경우 훨씬 부드러운 분위기가 될 수 있을 것이다).

(3) 무속

무속신앙은 발각될 경우 처벌받는 대상이라 점복처럼 흔하지는 않으나 아주 은밀한 형태로나마 전해지고 있다는 것을 알 수 있다. 최○○씨(38세) 증언에 의하면, 1979년 당시 그 어머니(80대의 노인)가 중병에 시달리자, 할머니가 밤중(10시~12시쯤)에 산골에 사는 무당 전력을 가진 노파(80대의 노인)를 집으로 불러들여, 불빛과 소리가 밖으로 새어 나가지 않도록 한 다음 무속행위가 이루어졌는데, 칼을 던진다든지, 병의 원인으로 밝혀진 플라스틱 그릇을 부수는 절차가 있었다고 한다. 어머니의 병을 칼에 담아 던지는 한편 플라스틱 용기에 몰아넣어서 이를 깨는 것으로 병마를 퇴치시켰던 것이 아닌가 추정된다.

하지만 일부 탈북자는 무당의 존재를 강하게 부정하고 있다. 아주 예외적으로, 그야말로 은밀하게만 무당 및 무속행위가 존재함을 알 수 있다.

최○○씨가 제보한 할머니가 과연 무당이겠는지, 구두발표 자리에서 논란이 있었다. 무당이 아니라 해도 그런 축귀의례를 행할 수 있다는 게 논란의 핵심이었다. 하지만 최○○씨의 제보에서, "그 사람이 한 복장은 우리 할머니와 같은 옷은 아니었어요 이런 일반인이 입는 옷이 아니고 별나게 입고 왔어요. 무섭더라니까 그 할머니를 보는 순간에. (…중략…) 집안이니까 볼 순 있었는데, 일단 옷은 특이했기 때문에, 그 할머니를 보니까 저는 무서운 생각만 들더라니까요?"라고 하는 것을 보아, 무당으로 보아야 자연스럽다고 생각한다.

일반인이 특별한 복장을 입고 그런 의례를 행한다는 것은 납득하기 어렵기 때문이다. 북한 무속에 밝은 양종승 박사도 이 할머니를 무당으로 보아야 한다는 의견이었다.

2. 북한의 현대판 속담

(1) 북한 현대판 속담의 존재 여부

우리 남한에서 이른바 현대판 구비문학의 한 범주로서, 남한의 변화하는 세태를 반영하는 각양의 유머와 속담이나 수수께끼가 존재하듯이, 북한에도 그런 속담이 유통된다면 북한을 이해하는 데 도움이 될 것이다. 과연 북한에도 그런 새로운 속담이 있을까?

북한에도 새로운 속담이 있다. 탈북자들은 대부분 요즘들어 새로 유통되는 속담자료들을 제보하였다. 어쩌면 설화 구연은 부담스러워 해도 속담 제보는 어려워하지 않았다. 하지만 김일성유일체제하에서 새로 생겨난 속담들이 상당수 존재하는바, 이들 현대판 북한 속담이야말로 남한의 새로운 속담들과 구별되면서 북한사회의 특수성을 드러내는 자료라고 생각한다.

(2) 북한의 새로운 속담들

① 남자는 집안의 멍멍이, 자식은 짹짹이, 여자는 집안의 희망새
② 3부가 잘 산다
③ 딸 없는 여자(아들만 있는 여자)는 국제고아다
④ 무자식이 상팔자
⑤ 군대 나가면 굶겨죽이기
⑥ 입당하려니 세포비서가 바뀌고, 또 입당하려니 당비서가 바뀐다.
⑦ 사과가 되지 말고 토마토가 되라
⑧ 외유내강하지 마라
⑨ 강계 색시면 다 미인이냐?
⑩ 병아리도 평양이 그리워 "피양피양" 한다
⑪ 잘 생긴 도시남자보다 돈 많은 곱사둥이가 낫다.
⑫ 달러 1장만 있으면 고운 여자들을 한 삼태기 건질 수 있다.

①의 속담들은 식량난이 심해진 북한의 상황을 잘 보여주는 속담 중의 하나이다. 북한의 남성들은 가부장제적인 의식이 강해서, 배급이 끊긴 상황에서도 가족을 부양하기 위한 적극적인 노력을 기울이지

않는다. 남자의 체면을 더 의식하기 때문이다. 그래서 집이나 지키다 주인이 주는 밥을 얻어먹는 개처럼 소비적인 존재로 전락되어 있음을 나타내는 게 '남자는 집안의 멍멍이'라는 속담이다.

'자식은 짹짹이'는 설명할 필요도 없이, 노동력 즉 생산력은 없이 부모에게 밥이나 달라고 보채는 존재이기에 그렇게 명명하는 것이다. '여자는 집안의 희망새'란, 남자와는 달리 북한 여성은 강한 모성을 발휘하여 가족을 먹여 살리기 위해, 행상·구걸은 물론 심지어는 몸을 팔기까지 해서 가족을 부양하기에, 그만큼 가정에서 여성 역할의 비중이 더 커진 세태를 여실하게 반영하는 속담이다.

②의 '3부가 잘 산다'란 속담은, 남한에서 '사'자 돌림 직업인(의사, 판사, 검사)이 잘 사는 걸로 인식되어 있듯, 북한에서는 '부'자가 들어가는 세 부류가 잘 산다는 속담이다. 농부, 어부, 과부가 그것이다. 농부와 어부는 자연을 근거로 1차 생산에 종사하므로, 최소한 굶어죽지는 않을 수 있으므로 그렇게 말하는 것이고, 과부는 부양해야 할 가족이 없어 자유로운 데다가 몸을 팔 수도 있어 물질적 여유를 가지기 때문에 그렇다.

③의 '딸 없는 여자는 국제고아다'라는 속담은, 아들은 일단 결혼하고 나서 자기 아내한테 빠지면 어머니에게 관심을 가지지 않을 수 있으나, 딸이 있으면 친정어머니를 모셔다 살든 식량을 제공하여 부양하든 한다는 것이다. 실제로 북한에서는 현재 아들보다는 훨씬 딸을 선호한다고 한다. 남한과는 달리 여자가 가정 경제활동의 주역이기 때문이다. ①번 속담에서도 이미 드러났듯, 북한 가정에서 생계를 유지하는 중심 역할을 여성이 담당하는 비중이 커졌다는 것을 다시 한번 일깨우는 속담이라 하겠다.

④의 '무자식이 상팔자'라는 속담은, 남북한 공통의 전통적인 속담이다. 하지만 현재 북한에서 그 함의가 약간 축소되어 있다. 전통적인 의미('자식이 없는 것이 도리어 걱정이 없이 편하다는 말'로 『표준국어대사전』에서 규정하는 것처럼, 다분히 심리적인 함의를 지님)와는 달리, 식량난의 격화와

함께, 부양 능력이 없어 자식을 하나만 낳는 것도 부담을 느끼게 된 상황을 드러내는 속담 즉 물질적인 함의만 지닌 속담으로 변화되어 있다고 보이기 때문이다. 국가에서는 더 낳으라고 출산을 장려하는데, 비밀리에 피임들을 하고 있는 실정이라고 한다(최진이 씨의 제보).

⑤의 '군대나가면 굶겨죽이기'는 90년대 중반부터 유행하기 시작한 속담이다. 일반 인민은 궁핍해도 군인들만은 잘 먹였던 북한이지만, 식량난이 심해져 군인에 대한 식량배급 사정도 악화되자 이런 속담이 나돌게 되었다. 굶주림을 못 견딘 군인들이 인근의 닭이나 돼지를 끌고가는 일도 일어나며, 어렵게 구한 소금을 화장실에 몰래 들어가서 먹기도 한다니, 이런 속담이 나올 법하다고 이해된다.

⑥의 '입당하려니 세포비서가 바뀌고, 또 입당하려니 당비서가 바뀐다'는 속담은 불운한 사람을 일컬을 때 하는 속담이면서, 노동당 당원을 선망하는 북한 사람들의 의식, 그리고 입당을 위한 뇌물 수수의 존재를 반영하는 속담이다. 1980년대부터 이런 속담이 유행하기 시작하였다고 한다.

⑦의 '표리부동하지 마라'는 우리 남한에서도 사용하는 말이지만, 북한에서는 약간 변형되어 있다. 남한에서는 개인적인 차원에서, 분열된 인격을 보이지 말라는 것이지만, 북한에서는 사회체제와 관련하여 겉으로는 체제에 순응하는 척하고 속으로는 반대되는 성향을 가져서는 안된다는 요청을 담고 있다.

⑧의 '사과가 되지 말고 토마토가 되라'는 속담은 김정일이 명제로서 내세운 이래 유통되는 신종 속담인데, 면종복배하지 말라는 뜻이다. 겉만 빨갛고 속은 그렇지 않은 사과처럼 살지 말고, 안팎이 새빨간 토마토처럼 철저한 사회주의자로 살아야 한다는 주문이다. ⑦번 속담과 같은 맥락의 것이라 하겠다. 이런 속담이 유통된다는 것은 북한 주민(특히 인텔리 계층)의 사회주의 의식에 동요가 일어나고 있다는 것을 보여주는 증거가 아닌가 해석되기도 한다.

⑨의 '강계 색시면 다 미인이냐?'는 속담은, 북한의 지역적 특성을

드러낸 속담이라 생각된다. 남남북녀라는 말이 있지만, 특히 강계 지역은 미인이 많기로 유명한 곳인데, 그곳 처녀라고 다 미인은 아니라는 것이다. 의미론적인 용어를 빌자면, 일치적(一値的) 혹은 흑백논리적 사고를 해서는 안된다는 교훈을 담고 있는 속담이라 하겠다.

⑩의 '병아리도 평양이 그리워 피양피양 한다'는 평양에 대한 북한 사람들의 동경심을 표현한 속담이다. 평양에는 100만 명만 거주할 수 있게 제한되어 있으며, 당원들 중에서만 들어가게 되어 있다. 배급의 문제, 지하철 수용능력의 한계 등을 고려해서 김정일이 그렇게 평양 인구를 100만으로 제한한 것인데, 평양에 들어가 살고 싶은 소망은 있으나 그게 불가능한 것이 일반 주민이므로 그 간절한 정도를 병아리에 투사하여 표현한 속담이라 하겠다. 북한 사투리로 평양을 '피양'이라고 하는 데 착안하여, 병아리가 울 때 '피양피양'하며 우는 것을, 마치 평양에 가서 살고 싶어서 '평양평양' 소리를 낸다고 해석한 것이다.

⑪의 "잘 생긴 도시남자보다 돈 많은 곱사둥이가 낫다."는 물질중시 풍조를 반영하는 속담이다. 일반적으로 북한이 너무 물질에 치중하니까, 잘 생긴 도시남자보다 차라리 돈 많은 곱사둥이를 선호할 만큼 북한 처녀들의 인식이 바뀌었음을 나타내는 말이다.

⑫의 "달러 1장만 있으면 고운 여자들을 한 삼태기 건질 수 있다." 달러 1장은 100달러를 의미한다. 100달러만 있으면 예쁜 여자들을 얼마든지 구할 수 있다는 이 말은, 북한에서 달러가 얼마나 큰 위력을 발휘하는지 잘 보여준다 하겠다.

3. 북한 민간신앙과 현대판 속담의 존재 의의

북한에 민간신앙과 현대판 속담이 존재한다는 사실이 지니는 의의는 무엇일까?

첫째, 북한 민속의 실상을 알아내기 위해서는 방법론의 전환이 이루어져야 한다는 사실을 일깨워준다. 그간의 연구는 주로 북한 당국에서 공식적으로 발간하거나 방영한 자료에 의존하였으나, 그 방법으로는 알아낼 수 없었던 사실이, 거의 현지조사와 맞먹는 효과를 가진, 탈북자와의 면담을 통한 조사를 통해, 그 일부나마 구체적으로 드러났기 때문이다. 북한 민속의 연구에 있어서, 현지조사 혹은 면담조사로의 방법론적 전환의 필요성이 입증되었다고 보이는바, 차후 다른 분야에 대해서도 이와 같은 방법으로 접근하면 종래보다 진전된 성과를 거두리라는 기대를 가지게 한다.

둘째, 사회주의 혹은 김일성유일사상이 지배하는 북한에도 점복신앙을 위시하여 민간신앙이 활발하게 존재하고 있다는 사실은 그간의 편견을 시정하게 한다. 소설가 황석영 씨가 북한을 방문하고 와서 <그곳에도 사람이 살고 있었네>라는 글을 쓴 적이 있는데, 민간신앙의 존재 사실도 그런 류의 느낌을 가지게 한다.

당에서 금지하고 규제하는데도 점복신앙 같은 민간신앙이 활발하게 존재한다는 것은, 북한 주민들도, 체제나 이데올로기로는 도저히 해결할 수 없는 삶의 절실한 문제 앞에서, 남한의 우리와 다를 바 없이 대처한다는 생각이 들기 때문이다. 아니 지금의 우리만이 아니라, 그와 같은 심리적 기제는, 유교를 신봉하는 사대부이면서도, 절손의 위기에 몰리게 되자, 기자치성과 점복 등의 민간신앙에 의존했던 조선 전기의 문사 묵재 이문건의 예에서 보듯, 어느 시대 누구에게서나 확인되는 동질성이기도 하다.

그럼에도 불구하고, 북한 사람들은 사회주의 혹은 김일성유일사상으로 무장된 나머지, 민간신앙과는 절연된 채 살아갈 것이라는 선입견을 가졌던 게 사실이다. 하지만 이들 민간신앙 자료들은, 북한 사람들도 절박한 상황에서 민간신앙의 힘이라도 빌리려는 양태를 보인다는 점에서 그간의 편견을 불식하게 한다.

셋째, 북한의 현대판 속담을 통해, 식량난이 심해진 북한의 실정을 여실하게 확인할 수 있는 한편, 일당독재체제 아래에서도 다분히 체제비판적인 속담이 존재한다는 사실도 알 수 있는바. 특히 후자는 새롭게 알려진 내용으로서 주목할 만하다.

기존의 북한 속담집은 물론이고 어떤 매체에서도 확인할 수 없었던 이들 현대판 속담들과 거기 담긴 의식이야말로, 북한 사람들이 분단 이후의 상황에서, 체제에 대해, 현실에 대해 어떤 의식을 가지고 살아가는지 여과 없이 보여주는 자료로서 소중한 가치를 지니기 때문이다. 북한 사람들 역시 남한 사람들과 마찬가지로, 비판 의식이 있다는 사실을 일깨워 주기 때문이다.

어쩌면 북한 사람들의 내면의식은, 구전되어 유통되고 있는 이들 속담에 잘 담겨 있는지도 모를 일이다. 말로서 형성되고 말로 존재하는 민속문학 혹은 구비문학이기에, 이럴 수 있다는 점에서, 이들 속담 자료는, 21세기에 들어와서도 민속문학 혹은 구비문학의 중요성과 존재 가치를 웅변으로 증명하고 있다. 아울러 탈북자를 통한 현대판 속담 채록 작업이 계속해서 이루어져야 할 필요성과 가능성을, 이들 자료는 강하게 시사한다고 할 수 있다.

넷째, 북한에도 민간신앙과 현대판 속담이 존재한다는 사실이 지닌 의의를 한마디로 요약해 말하면, 남북한 동질성 회복의 가능성을 확인하게 해준다는 점이다. 점복신앙과 현대판 속담에 대해서는 이미 언급했으므로 재론하지 않거니와, 특히 꿈풀이의 내용 같은 것은 남한과 아주 유사하기 때문에 동질성이 더 크다고 보인다.

흔히들 분단 이후 남북간의 이질화가 심화되는 양상에 대하여 지적하며 우려하는데, 다른 점만 자꾸 강조해서는 남북 교류와 통일에 도움이 되지 않는다. 체제와 이데올로기의 차이에도 불구하고 민족문화 차원에서 여전히 같은 점이 무엇인지 드러내어 강조해야 남북의 화해와 교류, 나아가 민족 통일로 나아가는 데 유익하다고 본다.

그렇다고 달라진 점을 부정하거나 모른 체하자는 것은 아니다. 언어의 경우에서 보듯, '코너킥'을 '구석차기'로, '아이스크림'을 '얼음보숭이'로 일컫는 등 명백히 이질화한 부분이 있는 게 사실이다. 하지만 이질화한 부분과 함께 여전히 동질성을 유지하는 측면에 대해서도 힘써 연구해 보고함으로써, 균형감각을 지니도록 도와주는 것이 연구자의 책무라고 생각한다.

북한의 민간신앙 자료야말로, 그 동질성을 가장 명징하게 보여주는 사례이다. 현대판 속담 자료 역시 그 일단을 확인시켜 주는 예로서 그 의의를 인정할 수 있다.

IV. 맺음말

이 글은 분단 이후 북한 민속 중에서 민간신앙과 현대판 속담의 양상을, 최근 탈북한 사람들의 구술을 통해 얻어낸 결과를 소개한 것이다. 분단 이전의 상황을 거론한 기존의 보고와는 구별된다 할 수 있다.

북한에서 출판한 자료나 신문 및 북한 방송을 아무리 살펴보고 들어도 포착할 수 없는 북한 민간신앙과 현대판 속담의 실상을 부분적이나마 알아낼 수 있었다고 생각한다. 아마 북한에 들어가서 조사한다 해도, 민간신앙은 금지되어 있기 때문에, 현대판 속담은 다분히 체제비판적이기 때문에 제보자들로부터 순순히 그 실상을 제보받기 어려울 것이라는 점에서, 탈북자를 통해서 얻어낸 이 보고는 나름대로 의의를 지닌다고 생각한다.

하지만 이 글은 몇 가지 한계를 지니고 있다. 우선 제보자의 지역면에서, 북한 전역을 망라하지 못하고, 평양·함경도 출신 제보자 위주의 조사였고 그 수도 4인에 불과하였다. 조사 대상도, 속담 및 민간신앙중의 점복·꿈풀이·무속만으로 제한되어 있다.

앞으로 다른 지역 출신자까지로 제보자를 더 확충하고 조사 항목도 광역화하며, 시기별 변모양상까지도 추적해야만 명실상부한 '분단 이후 북한 민속의 실상'에 대한 보고로서 손색이 없을 것이다. 구전문학 중에서 민요와 수수께끼, 민간신앙 중에서 '금기·주술·풍수·민간의료' 등에 대해 계속 조사할 필요가 있다.

한정된 자료를 근거로 한 글이지만, 북한 민간신앙과 현대판 속담의 실상이 어떤지 한 단면은 분명히 확인한 기회였다고 생각한다. 이 글이 북한 민속 연구의 활성화에 자극제가 되고, 남북 동질성 회복과 통일이라는 시대적 과업에 작으나마 기여할 수 있기를 희망한다.

제5강

기원(祈願)의 전개 양상과 인문학적 의의

I. 머리말

기원은 한국문학사에서 지속적으로 나타나는 요소인데도 그간 제대로 조명되지 않았다고 여겨진다. 예컨대 남한에서 가장 방대한 문학사라고 할 수 있는 조동일 교수의 ≪한국문학통사≫에서도 기원은 주목하지 않았다. 중요한 형상이나 모티프의 통시적 전개 양상을 추적한 김열규 교수의 ≪한국문학사－그 형상과 해석－≫에도 따로 고찰하지 않았다.

존재로서의 문학사와 기술로서의 문학사는 다를 수밖에 없다고들 한다. 하지만, 현전 최초의 문학작품인 <단군신화> 또는 <광개토호태왕비문>에서부터 등장해 현대의 김현승의 기도시에 이르기까지, 문학사에 지속으로 나타나는 기원을 도외시할 수는 없다. 간과할 경우 문학사의 실상을 온전히 파악할 수도 없으며, 자칫 왜곡하는 결과를 초래할 수도 있다. 근대적인 시각으로 과거의 문학이나 역사를 재단할 때 그런 오류가 생길 수 있다. 두 가지 예를 들어본다.

고려시대의 이규보를 흔히 객관적인 관념론자 또는 다분히 유물론적인 성향의 작가로 규정하기 쉬운데, 초월적인 존재에 기원하는 글이 아주 많다. 조선시대의 사대부들에 대해서도 선입견이 강한 편이다. 무신론적인 성격이 강한 성리학으로 무장해 초월적인 존재에 대해 기원하는 것과는 거리가 먼 집단으로 여기기 십상이다. 하지만 사대부가 기원한 사례가 일기, 여행기, 가사, 소설 작품에서 보이므로 재조명해 볼 필요가 있다.

있는 대로 본다고들 하지만, 보는 대로 있다고도 할 수 있다. 인간을 기원하는 존재(homo orans)로 규정하고 그렇게 문학사를 들여다 보면, 이 기원의 측면이 온전히 보일 수 있다.

이 글에서는, 그간의 연구에서 비교적 소홀하게 다뤄온 이 기원이 우리 고전문학사에 전개된 양상을 들어 보이고, 그 인문학적인 의의 또는 앞으로 연구해 봄직한 과제들을 제시하는 데 힘쓰기로 하겠다. 기원 연구를 종합해서 무슨 결론을 내려는 게 아니라 앞으로의 기원 연구를 위해 필요한 자료들에 어떤 게 있는지 보이고, 연구할 거리들을 소개하는 성격이 강하다. 그래서 끝에 '시론' 두 글자를 추가하였다는 점도 아울러 밝혀둔다.

II. 기원의 한국문학사적 전개 양상

1. 원시 고대

이 시대의 기원 관련 대표적인 문헌 자료는 <단군신화>이다. 웅녀의 "늘 단수 아래에서 소원을 빌기를, 임신하게 해달라고 하였다(每於壇樹下呪願有孕)." 대목이 문헌기록으로서는 최초의 기원이다. 기자(祈子) 기도의 첫 사례이기도 하다. 우리 민족이 자녀 생산을 중시했다는 사실, 자녀를 가져야만 행복한 삶으로 여겼던 사실을 보여주는 예라 하겠다.

금석문 자료로는 <광개토호태왕비문>(광개토호태왕비문)라는 기도가 그것이다. 동부여왕 해부루의 기자(祈子) 기도문도 있다. 광개토대왕비문의 기도부터 보면, "왕이 나루에 임해 기도하였다. '저는 하느님의 아들이요, 어머님은 하백신의 따님인, 추모왕입니다. 저를 위해 갈대를 이어주시고 거북이를 띄워주소서.'(王臨津言曰 "我是皇天之子 母河伯女郎 鄒牟王 爲我連葭浮龜)"(광개토호태왕비문)라는 기록이 그것이다. 부여에서

도망해 남하하다 물을 만나 위기에 봉착했을 때에 드린 기도다.

자신을 황천 즉 하느님의 아들로 부르고 있어 주목된다. 원칙적으로는 해모수의 아들이라고 해야 하지만, 동일한 신성의 소유자 또는 계승자라고 여기는 의식의 반영이라 해석되는 대목이다. 고대에서는 다른 지역에서도, 누구의 아들이란 표현은 그 아버지와 동일하다는 의식을 나타내는 것이라 한다.

이규보의 <동명왕편>에서는 이렇게 기술하고 있다. "건너려 하나 배는 없고 쫓는 군사가 곧 이를 것을 두려워하여 채찍으로 하늘을 가리키며 개연히 탄식하기를, '나는 천제의 손자요 하백의 외손인데 지금 난을 피하여 여기에 이르렀으니 황천과 후토(后土)는 나 고자(孤子)를 불쌍히 여기시어 속히 배와 다리를 주소서.'하고, 말을 마치고 활로 물을 치니 고기와 자라가 나와 다리를 이루어 주몽이 건넜는데 한참 뒤에 쫓는 군사가 이르렀다."라는 기록이 그것이다.

해부루의 기도는 이렇다. "부여왕(夫餘王) 해부루(解夫婁)가 늙도록 아들이 없어 산천(山川)에 제사하여 아들 낳기를 빌러 가는데, 탄 말이 곤연(鯤淵)에 이르자 큰 돌을 보고 눈물을 흘렸다. 왕이 괴이하게 여기어 사람을 시켜 그 돌을 굴리니 금빛 나는 개구리 형상의 작은 아이가 있었다. 왕이, '이것은 하늘이 내게 아들을 준 것이다.' 하며, 길러서 금와(金蛙)라 하고 태자(太子)로 삼았다."

다른 기록도 있다. 주몽이 송양왕과의 대결에서 흰 사슴을 잡아서 하늘에 비를 내리도록 겁박해 그 흰 사슴이 올렸다는 기도가 그것이다. <동명왕편>의 기록을 인용하면 이렇다. "서쪽을 순행하다가 사슴 한 마리를 얻었는데 해원에 거꾸로 달아매고 저주하기를, '하늘이 만일 비를 내려 비류왕의 도읍을 표몰시키지 않는다면 내가 너를 놓아주지 않을 것이니, 이 곤란을 면하려거든 네가 하늘에 호소하라.' 하였다.

그 사슴이 슬피 울어 소리가 하늘에 사무치니 장마비가 이레를 퍼부어 송양의 도읍을 표몰시켰다, 송양왕이 갈대 밧줄로 흐르는 물을 횡단하고 오리 말을 타고 백성들은 모두 그 밧줄을 잡아당겼다. 주몽이 채찍으로 물을 긋자 물이 곧 줄어들었다. 6월에 송양이 나라를 들어 항복하였다 한다."

이 밖에도, 우리 문화의 원시 또는 고대의 모습을 어느 정도 담았다고 여겨지는 현전 무가 중의 '축원굿무가'를 보조자료로 참고할 수 있다. <구지가>도 명백한 기원문의 사례이지만 공동 기원을 담은 것이므로 이 논문에서는 제외한다. 하지만 그 원천은 <두껍아 두껍아 헌 집 줄게 새 집 다오> 따위의 동요에서 볼 수 있듯이 다분히 개인적인 기원을 담은 것에서 유래했으리라고 보이므로 언젠가는 함께 포괄해 다루어야 하리라고 본다.

위에서 보인 자료들의 경우, 기원의 대상으로서의 최고신이 환웅(환인의 아들이니 환인과 동격), 천제(天帝) 등으로 표기되어 있으나, 우리말 명칭은 따로 있었을 것이다. 한글 창제 이전이므로, 우리말 발음의 그 원래 명칭을 적을 수 없어, 중국의 한자를 빌어 적다 보니, 중국과 함께 天(천)이나 귀신으로 표기한 것일 뿐이라는 사실을 늘 염두에 두어야 할 것이다.

국어학자 홍윤교 교수의 추정으로는 '하늘'이 최고신의 우리말 명칭이었을 것이라 한다. 훈민정음 창제 이후에 나온 노계 박인로의 <노계가>에서 '하ᄂᆞ님'으로 표기하는 것을 보아 그렇다고 한다. '하늘님, 하ᄂᆞ님, 하늘임' 등의 다른 표기도 보인다는 게 홍 교수의 귀띔이다. 한편 '-님' 접미사는 14세기 이후에 와서야 등장한 것으로서, 전통적인 호격은 '-하'였으며, '-이시여'란 호격 조사도 19세기 들어와서야 생겨난 것이라고 한다.

2. 중세전기(삼국, 남북국, 고려전기)

이 시기 기원 자료로, 김유신의 석굴 기도을 우선 들 수 있다. 『삼국사기』 열전의욱면비의 기도문은 나와 있지 않다. 문면으로 보아 염불만 한 것으로 보아 "나무아미타불" 같은 어구를 반복해서 염송했을 가능성이 크다. 욱면비의 기도에서 주목할 점은 그 자세이다. 욱면의 기도 자세는 매우 비장하다. "아예 절 뜰의 좌우에다 말뚝을 세우고 두 손바닥을 뚫어 끈으로 꿴 다음 그 말뚝에다 붙잡아 매었다. 그리고는 합장한 채로 좌우로 놀리면서 스스로 격려하는 것이었다." 주인이 부과한 지나칠 정도의 일을 염불하고자 하는 일념으로 마치고 달려와 기도할 때 졸음에 방해받을까 봐 이를 차단하기 위해 비상수단을 강구한 결과이다. 우리가 기도할 때 어떤 자세로 할 것이냐 하는 물음을 가질 경우, 욱면비는 그 전범을 보였다 할 만하다. 금식이나 단식기도를 하는 것은 많이 알려졌지만, 자기 지체에 구멍을 뚫어 붙들어 매면서까지 기도에 몰입한 경우는 들어보기 어렵기 때문이다. 관련 기록을 인용하면 다음과 같다.

> 공의 나이 15세에 화랑이 되니, 한때 사람이 기꺼이 복종하여 칭호를 용화향도라 하였다. 진평왕 건복 28년 신미에 공의 나이 17세였다. 고구려, 백제, 말갈이 국토를 침략하는 것을 보고 비분 강개하여 적구를 평정하고야 말겠다는 뜻이 있어 홀로 떠나 중악산 석굴 속에 들어가 목욕재계하고 하느님께 아뢰며 맹세하되(戒告天誓盟曰), '적국이 무도하여 범이나 이리 떼처럼 우리나라를 침략하여 조금도 편안한 날이 없으므로 저는 한낱 미신(微臣)으로 재주와 힘을 헤아릴 겨를이 없이 화란을 없앨 것을 뜻하오니 오직 하느님께옵서 하강하시와 저에게 솜씨를 빌려주옵소서(惟天降監, 假手於我)'라고 하였다. 나흘째 되던 날에 문득 한 노인이 갈의를 입고 와서 말하기를 '이곳은 독사와 맹수가 많아서 무서운 땅인데 귀한 소년이 여기 홀로 있는 것은 무슨 까닭이냐'라고 물으므로 대답하기를 '어른께서는 어디서 오셨으며 존명을 들려주실 수 있겠습니까?' 하였다. 노인은 '나는 일정한 거처가 없고 인연 따라 오가는데 이름은 난승이라 한다.'고 하였다.

김유신의 기도는 산기도와 애국 기도의 전범이라 할 수 있다. 기도의 목적이 개인의 욕망을 이루기 위한 것이 아니라 나라를 구하는 데 있기 때문이다. "고구려, 백제, 말갈이 국토를 침략하는 것을 보고 비분 강개하여 적구를 평정하고야 말겠다는 뜻이 있어 홀로 떠나 중악산 석굴 속에 들어가 목욕재계하고 하느님께 아뢰며 맹세하(戒告天誓盟曰)"다고 했다, 인용문 그대로 김유신은 나라가 외침을 받자 이 문제를 해결하기 위해 산에 들어가 기도를 시작하였다. 기도 내용은 이렇다. "적국이 무도하여 범이나 이리 떼처럼 우리나라를 침략하여 조금도 편안한 날이 없으므로 저는 한낱 미신(微臣)으로 재주와 힘을 헤아릴 겨를이 없이 화란을 없앨 것을 뜻하오니 오직 하느님께옵서 하강하시와 저에게 솜씨를 빌려주옵소서(惟天降監, 假手於我)" 자신에게 하느님이 솜씨를 빌려달라고 하였다. 나라가 침략당해 편안한 날이 없으므로 이 문제를 해소하기 위해 그렇게 해 달라는 기도이다. 이는 마치 ≪구약≫ 성경에 나오는, 이스라엘을 구하기 위해 드린 모세의 기도를 연상하게 한다.

욱면비가 손바닥을 뚫어 붙들어 매고 드린 기도도 있다. ≪삼국유사≫의 기록을 인용하면 다음과 같다.

> 경덕왕 때 강주(康州) [지금의 진주(晋州). 혹은 강주(剛州)라고도 쓰니 그렇다면 지금의 순안(順安)이다]에서 있었던 일이다.
> 남자 신도 수십 명이 서방(西方 : 극락세계)에 뜻을 두어, 그 고을 내에 미타사(彌陀寺)를 세우고, 1만 날을 기한으로 기도회를 열었다. 그때 아간(阿干) 귀진(貴珍)의 집에 계집종 하나가 있었는데, 이름은 욱면(郁面)이었다. 욱면은 주인을 따라 절에 와서는 불당 안으로는 들어가지 못하고 뜰에 선 채 스님이 하는 대로 염불하였다. 주인은 욱면이 주제 넘은 짓을 하는 게 얄미워서 매양 곡식 두 섬씩을 맡기면서 하루 저녁에 다 찧으라고 하였다. 그러면 욱면은 초저녁에 방아를 다 찧어 놓고는 절에 와서 염불하였다 ['내 일이 바빠서 주인 집 방아 서두른다'는 속담은 아마도 여기서 나온 듯하다].
>
> 이러기를 밤낮으로 게을리하지 않았다. 욱면은 아예 절 뜰의 좌우에다 말뚝을 세우고 두 손바닥을 뚫어 끈으로 꿴 다음 그 말뚝에다 붙잡아 매었다. 그리고는 합장한 채로 좌우로 놀리면서 스스로 격려하

는 것이었다. 그때였다. 공중에서 하늘의 외침이 들려왔다.
"욱면낭자는 불당에 들어가 염불하라."

절의 대중들이 그 소리를 듣고 욱면을 권하여 불당에 들어가 규례에 따라 정성드리게 했다. 얼마 지나지 않아서 하늘의 음악이 서쪽으로부터 들려오더니 욱면이 허공으로 솟구쳐 들보를 뚫고 나갔다. 욱면은 서쪽으로 가 교외에 이르자 형체를 버리고 진신(眞身)으로 변화하더니, 연화대(蓮花臺)에 앉아 대광명을 내비치면서 천천히 서쪽 하늘로 사라져가고, 음악소리는 하늘에서 그치지 않았다. 그 불당에는 지금도 구멍 뚫린 곳이 남아 있다고 한다.

욱면비의 기도문은 나와 있지 않다. 문면으로 보아 염불만 한 것으로 보아 "나무아미타불" 같은 어구를 반복해서 염송했을 가능성이 크다. 욱면비의 기도에서 주목할 점은 그 자세이다. 욱면의 기도 자세는 매우 비장하다. "아예 절 뜰의 좌우에다 말뚝을 세우고 두 손바닥을 뚫어 끈으로 꿴 다음 그 말뚝에다 붙잡아 매었다. 그리고는 합장한 채로 좌우로 놀리면서 스스로 격려하는 것이었다." 주인이 부과한 지나칠 정도의 일을 염불하고자 하는 일념으로 마치고 달려와 기도할 때 졸음에 방해받을까 봐 이를 차단하기 위해 비상수단을 강구한 결과이다. 우리가 기도할 때 어떤 자세로 할 것이냐 하는 물음을 가질 경우, 욱면비는 그 전범을 보였다 할 만하다. 금식이나 단식기도를 하는 것은 많이 알려졌지만, 자기 지체에 구멍을 뚫어 붙들어 매면서까지 기도에 몰입한 경우는 들어보기 어렵기 때문이다.

<원왕생가>, <도천수관음가> 등의 향가도 기도문이다.

"달 밑에 / 서쪽까지 가시랴고 / 무량수불 앞에 / 다시곰 많이 삷으로서 / 다짐 깊으신 님께 바라게 / 두 손 모아 가지고 / 가고파라 가고파라 / 그리는 사람 있다 삷으소서 / 아아 이 몸 보내 주고 / 사십팔대원 이룹소서"

"무릎을 고치오며 / 두 손 몯고 다가가라 / 즈믄 손 관음보살께 / 빌어

> 사뢰 두옵니다 / 즈믄 손 즈문 눈이나 / 같은 것에서 하나를 더소서 / 두 눈이 먼 저옵니다 / 하나쯤 주셔도 지나오리 / 아사라 내게 끼쳐 줄 것을 / 어디 쓰올 자비심이온지." 왕거인의 기도도 마찬가지다.

이들 작품은 전문이 기도로 되어 있다. 향가를 어떤 노래로 그 성격을 규정지을 것인지를 아직까지도 연구자 간에 논의가 분분한데, 필자의 경우, '기원(기원)'의 성격이 두드러지는 노래라고 이해하는 게 좋다고 생각한다. 고려시대의 고려속요나 경기체가, 조선시대의 시조나 가사, 현대시와 비교했을 때 가장 두드러지는 특징이라 할 수 있기 때문이다.

이 시기, 왕거인의 기도도 주목된다.

> 于公慟哭三年旱 우공이 통곡을 하니 3년이나 가뭄이 들고,
> 鄒衍含悲五月霜 추연이 비분을 머금으니 5월에 서리가 내렸다.
> 今我幽愁還似古 지금 내가 슬퍼하는 사연이야 옛 일과 흡사하건만
> 皇天無語但蒼蒼 하늘은 말이 없고 푸르디푸르기만 하구나.

국가 권력이 탄압하자 자신의 부당함을 황천 즉 하늘에 기도해 호소하자 기적이 일어났다는 관련 기록은 당대인의 천신의식을 엿보게 한다. 국왕의 힘보다 더 위에 있는 힘으로서 천신을 상정하고 있는바, 천신관념이 지속되고 있음을 보여준다.

3. 중세후기(고려후기, 조선전기)

이 시기, 특히 조선시대에 들어서 정치와 문화의 주역으로 등장한 사대부들도 기도를 했을까? 문집에 죽은 사람을 추모한 祭文들만 수록되어 있어, 초월적인 존재에 대한 기원은 하지 않은 것으로 여겨질 가능성이 크지만, 사대부들도 기도하였다. 최부(崔溥, 1454년~1504년)와 이문건(李文楗, 1494년~1547년)의 기도문이 그 사실을 보여준다. 인력으로는 어찌할 수 없는 절체절명의 순간, 위기의 순간에 초월자 앞에 무

륜을 끊었다는 것을 확인할 수 있다.

(1) 〈표해록〉에 나타난 최부의 기도

<표해록>은 조선 성종 시대의 사대부인 최부가 지은 작품으로서 우리나라 해양문학의 대표작이다. 배를 타고 가다가 표류하여 중국에까지 떠내려갔다 살아 돌아온 체험을 고스란히 담고 있어 일찍부터 학계의 주목을 받았다. 하지만 유교 사대부인 최부가 표류라는 절체절명의 위기를 만나서 보인 신앙적 반응의 실상과 그 의의에 대해서는 아무도 제대로 말하지 않았다.

무신론적인 성격을 지녔다고 알려진 유교로 무장된 최부가 그런 위기 앞에서 보인 반응의 실상이 무엇인지 자세히 살펴볼 필요가 있다. 부친상을 치르기 위해 배를 타고 제주도를 떠난 최부 일행이 표류하여 사경을 헤매다 13일만에 중국에 상륙하기까지, 그 죽음의 위기 앞에서 최부는 처음에는 기원을 거부하다 마침내 다음과 같이 기도한다.

> 신도 그 말과 같이 인장(印章)과 마패(馬牌)를 품안에 넣고 상관(喪冠)과 상복(喪服)을 갖추고는 근심스럽고 두려워하는 태도로 손을 비비고 하늘에 축원하기를(臣如其言。懷印與馬牌。具喪冠與服。惴惴然挼手祝天曰), "신이 세상에 살면서 오직 충효와 우애를 마음먹었으며, 마음에는 기망(欺罔)함이 없고 몸에는 원수진 일이 없었으며, 손으론 살해함이 없었으니, 하느님이 비록 높고 높지마는 실제로 굽어살피시는 바입니다. 지금 또 임금의 명령을 받들고 갔다가 먼 곳에서 친상(親喪)을 당하여 급히 돌아가는 길인데 신에게 무슨 죄와 과실이 있는지 알지 못하겠습니다. 혹시 신에게 죄가 있으면 신의 몸에만 벌이 미치게 하면 될 것입니다. 배를 같이 탄 40여 인은 죄도 없으면서 물에 빠져 죽게 되었으니 하느님께서는 어찌 가엾지 않습니까?(天其敢不矜憐乎) 하느님께서 만약 이 궁지에 빠진 사람들을 민망히 여기신다면(天若哀此窮人), 바람을 거두고 파도를 그치게 하여, 신으로 하여금 세상에 다시 살아나서 신의 갓 죽은 아비를 장사지내게 하고, 노인이 된 신의 어미를 봉양하게 하십시오. 다행히 또 궁궐의 뜰 아

> 래에 국궁(鞠躬)하게 한다면 그 후에는 비록 만 번 죽어 살지 못하더라도 신은 실로 마음에 만족하겠습니다." 하였습니다.

최부는 죽음의 위기 앞에서, 이성적이거나 합리적으로만 대처한 게 아니다. 위에 보인 것처럼, 하늘에 빌었다.

(2) 〈양아록〉에 나타난 이문건의 기도

『양아록(養兒錄)』은 아이의 출생과 성장 및 양육 과정을 비교적 소상하게 기록한 자료이다. 정암 조광조의 문인이며 승정원 좌부승지를 역임한 묵재(默齋) 이문건(李文楗 ; 1494~1567)이 쓴 것이다.

이문건은 큰형과 작은형이 당화(黨禍)로 죽은 데 이어, 역모죄로 몰려 죽은 조카(煇) 때문에 성주로 귀양을 떠나 23년 동안 유배의 굴레를 벗지 못하고 그곳에서 죽었다. 그런데 외아들(熅)마저 어릴 적에 열병을 앓은 후부터 반편이 되는 등 가계(家系) 단절의 위기상황이 닥치자 손자보기를 염원했고, 마침내 손자 숙길(淑吉)이가 태어나자 그 출산 당시와 그 이후의 성장 과정을 자신의 일기에 상세히 기록하고, 그 부분을 따로 발췌하여 『양아록(養兒錄)』이란 이름으로 묶었다. 이 기록에 이문건의 기도가 나오는데 그 구체적인 양상을 살펴보기로 한다.

이문건은 손자의 출산을 위하여, 출산 3년 전(1548년)에, 쌀·옷·종이·초·솜·기름·향 등의 물건을 보내 승려로 하여금 초제(醮祭)를 지내 아이를 얻게 해달라고 빌었다. 그때 이문건이 직접 작성한 기도문의 내용을 보면 손자의 출산을 염원하는 절절한 심정이 잘 나타나 있다.

> 엎드려 생각하옵건대, 제가 산과도 같은 앙화를 겪어, 실낱과도 같은 목숨을 남겨가지고 있사옵니다. 시작과 종말은 그 운수가 정해져 있어, 비록 크게 한정된 운명은 도피할 수가 없는 법이지만, 환난이 때로 찾아오면 그 횡액에서 벗어나기를 바라는바, 이에 저의 정성을 다해 옥황상제께 경건히 기도드리옵니다. 원하옵건대, 특별히 신묘한 기운으로 도와주시며, 바라옵건대 영험한 반응을 내려주시어, 근심을

> 전환하여 기쁨이 되게 하시사 재액에 얽매인 상태에서 면해지도록 해주시고, 죽음에서 삶으로 돌이키사 꺼져가는 생명을 이어가게 해 주시옵소서. 또한 저는 외롭고 위태로우며 돕는 이도 없어, 거꾸러지고 자빠져도 그 누가 부축해 주겠습니까? 우둔하고 병객인 제게 아들이 있어, 비록, 난리 속에 처자와 조카들을 이끌고 도망하다, 자꾸만 도적을 만나 위험해지자 자기 자식을 나무에 묶어 놓고, 아비를 일찍 여읜 조카들만 데리고 도망하여 무사하였으나 결국 자기 아이를 갖지 못했다는 등유(鄧攸)가 아들을 잃은 것과 같지는 않으나, 아들의 실마리를 계승하여, 감히 마묵(馬默)처럼 저도 손주 아이를 얻게 되기를 감히 희원하옵니다.(『양아록』)

비록 위탁의 형태였지만 이문건이 기자(祈子) 행위를 한 것은 분명하다. 일반 민속에서는 삼신이나 칠성신에게 정성을 바쳤던 것으로 알려져 있는데, 대상 신격은 다르지만, 초월적인 존재에게 빌었다는 점은 동일하다 하겠다. 유학을 배우고 익혀 그 실력으로 급제도 하고 생활하였던 양반도 유학의 힘으로는 해결할 수 없는 출산의 문제 앞에서는 일반 민중과 똑같이 초월적인 존재에게 빌었다는 사실을 확인할 수 있다. 통념적으로 알고 있는 것과는 달리, 양반 사대부도 목적을 이루기 위해서는 다른 신앙을 수용하였다는 것을 보여준다 하겠다.

4. 중세에서 근대로의 이행기(조선후기 : 임진왜란 이후)

역사는 단절적이지 않다. 앞 시대와 뒷 시대는 지속되면서 변화하고 변화하면서 지속되는 관계이다. 고대, 중세, 근대로 막바로 변화하는 게 아니라, 고대에서 중세로의 이행기를 거쳐 중세로, 중세에서 근대로의 이행기를 거쳐 근대로, 역사는 진행한다.

우리나라 역사에서 중세에서 근대로의 이행기는 조선후기 시기에 해당한다. 이 시기의 기도에서 가장 괄목할 것은 노계 박인로의 가사에 나오는 기도이다. 지금 우리가 쓰는 '하나님'이란 호칭이 처음 등장하기 때문이다. 천신신앙은 고대부터 있었을 테지만 한글 창제 이전이라 모두 한자를 빌어서 중국식으로 표기되어 왔던 건데, 박인로의 가사에 처음으로 우리말로 '하ᄂᆞ님'이라 적고 있다.

(1) 가사 : 박인로, 〈노계가〉

(전략) 時時로 머리드러 北辰을 ᄇᆞ라보고 / ᄂᆞᆷ모ᄅᆞᄂᆞᆫ 눈물을 天一方의 디이ᄂᆞ다 /一生애 품은 ᄯᅳᆺ을 비옵ᄂᆞ다 하ᄂᆞ님아 /山平 海渴토록 우리 聖主 萬歲소셔 /熙皞 世界예 三代 日月 빗취소셔 /於千萬年에 兵革을 쉬우소셔 / 耕田鑿井에 擊壤歌를 불리소셔 /이 몸은 이 江山 風月에 늘글주를 모ᄅᆞ로라

이 가사에 등장하는 '하ᄂᆞ님'이란 표기는 필자가 확인하기로는 순우리말 음가대로 고래의 천신의 이름을 적은 최초의 사례라고 생각한다. 고대에 민중들은 천신의 이름을 '하늘'로 불러오다가 '님' 접미사가 후대에 출현해, 비로소 박인로의 가사처럼 '하ᄂᆞ님'이라는 표기가 나온 것이라 여겨진다. 원래 있던 천신의 이름이 한글을 통해 수면위로 드러난 첫 사례라 하겠다. 새로운 명칭이 만들어진 게 아니라 원래 우리말로 부르던 명칭이 우리 글자가 없어 수면 아래 내려가고, 한자의 훈을 빌어 다른 음가로 표현되다가, 마침내 조선중기에 와서 순우리말 음가대로 한글을 빌어 실현된 셈이다.

따라서 그 이후에 전래된 개신교에서 오늘까지 절대자의 명칭을 '하나님'으로 통일해 쓰는 것의 내재적 소이연을 밝힐 수 있다 하겠다. 개신교에서 말하는 최고신은 '상제냐 신이냐 하나님이냐' 논쟁을 벌이다 '하나님'으로 귀착되었다. 하나님으로 귀결되는 데는, 이미 그 이전부터 '하늘→하늘님→하ᄂᆞ님→하나님'이라고 하는 변화 과정이 있어왔기에 자연스럽게 그리 되었다고 생각한다.

(2) 고소설 〈심청전〉(완판본)에서

"(전략) 인당수 용왕님은 사람 제물 받잡기로 유리국도 화동에 사는

> 십오 세 효녀 심청을 제물로 드리오니, 사해 용왕님은 고이고이 받으소서. 동해신 아명 서해신 거승이며, 남해신 축융 북해신 옹강이며, 칠금산 용왕님 자금산 용왕님 개개 섬 용왕 님 영각대감 성황님, 허리간에 화장성황 이물고물 성황님네 다 굽어보옵소서. 물길 천리 먼먼 길에 바람구멍 열어내고, 낮이면 골을 넘어 대야에 물 담은 듯이, 배도 무쇠가 되고 닻도 무쇠가 되고 용총마류 닻줄 모두 다 무쇠로 점지하시고, 빠질 근심 없삽 고 재물 잃을 근심도 없애시어 억십만금 이문 남겨 대끝에 봉기질러 웃음으로 즐기고 춤으로 기뻐하게 점지하여 주옵소서." (…중략…) 심청이 거동 보소. 두 손을 합장하고 일어나서 하느님 전 비는 말이, "비나이다, 비나이다, 하느님 전에 비나이다. 심청이 죽는 일은 추호라도 섧지 아니하여도, 병든 아버지 깊은 한을 생전에 풀려하고 이 죽음을 당하오니 명천은 감동하사 어두운 아비 눈을 밝게 띄워 주옵소서."

이 대목은 선원들이 심청을 사서 용왕에게 제물로 드릴 때 선원이 용왕에게 올린 기도와 심청이 하느님께 올린 기도 대목이다. 바다를 관장하는 신격은 용왕으로 여겼기에 선원들은 기도의 대상을 용왕으로 설정하여 무사히 항해하게 해달라고 빌고 있다. 다만 그 용왕이 단수가 아니라 복수로 등장하고 있어, 다신론적인 성격을 보인다 하겠다.

심청은 하느님께 빌고 있다. 심청의 관심사는 무사 항해에 있지 않고, 아버지의 개안에 있기 때문에 용왕이 아니라 하느님께 빌고 있어 차이를 보인다.

(3) 시조

> 天君衙門에 所志알외ᄂᆞ니 依所願題給 ᄒᆞ오소셔
> 人間 白髮이 平生에 게엄으로 ᄎᆞ마 못볼 老人광대 靑春少年들을 미러가며 다 ᄲᅵ오되 그中의 英雄豪傑으란 부듸 몬져 늙게ᄒᆞ니 이 辭緣 參商ᄒᆞᄉᆞ 白髮禁止ᄒᆞ오쇼셔
> 上帝 題辭內에 世間公道를 白髮로 맛져이셔 貴人頭上段置撓改치 못ᄒᆞ거든 너ᄉᆞ려 分揀不得이라 相考施行向事((천군아문에 소지 아뢰느니 의

소원제급하오소서 / 인간 백발이 평생에 게엄으로 차마 못 볼 노인 광대 청춘소년들을 밀어 가며 다 띄우되 그중에 영웅호걸으란 부디 먼저 늙게 하니 이 사연 참상하사 백발금지하오소서 / 상제 제사내에 세간공도를 백발로 맡겨 있어 귀인두상단치요개ㅎ지 못하거든 너더러 분간부득이라 상고시행향사)

이 시조는 고문서 양식 가운데 소지(所志)의 형식을 빌어, 화자의 메시지를 전하고 있는 작품이다. 다만 일상생활에서는 소지의 수신인이 관청을 비롯하여 인간 사회의 어떤 기관이나 담당자인 데 반해, 이 시조에 등장하는 가상 소지의 수신인은 천군(天君) 즉 하나님이다.

청원의 내용은 늙기 싫으니 백발을 금지시켜 달라는 것이다. 이에 대한 천군의 처분은 무엇일까? "세간의 공도를 백발로 맡겨 있어 구" 인간이 지닌 장수의 욕망을 피력한 작품이라 하겠다.

III. 한국문학사에 전개된 기원의 인문학적 의의 – 맺음말을 겸하여 –

이상에서 얻은 바를 요약하면 다음과 같다.

첫째, '기원(祈願)'은 한국문학사의 전 시기에 걸쳐 지속적으로 나타난다는 사실을 확인하였다. 최초의 작품이라 할 수 있는 <단군신화> 또는 <광개토대왕릉비문>에서부터 삼국, 남북국, 고려, 조선, 근현대에 이르기까지, 달리 표현하자면 고대로부터 중세를 거쳐 중세에서 근대로의 이행기와 근현대에 이르기까지 어느 시기도 거르는 일 없이 등장하고 있다는 것을 알았다.

둘째, 기원 모티프를 통해 통관해 보건대, 天(천), 上帝(상제), 神(신) 등으로 표상되는바, 초월적인 존재에 대한 기원은 고려시대까지 드러나게 존재하다가, 성리학의 나라인 조선시대에 들어와서는 수면 아래로 내려가고, 고인을 추모하는 제문(祭文) 일색으로 변화한다. 문집에 실린 허다한 제문들이 이를 보여준다. 적어도 개인적인 차원의 기원문의 경우는 이렇다.

그렇다고 해서 조선시대에 초월자에 대한 기원이 사라진 것은 아니다. 그 사실을 최부와 이문건, 박인로 등의 사례가 잘 보여준다. 시조, 민중의 주된 수용층이었던 고소설 작품에서 보이는 기원도 마찬가지다. 표면적인 잠재화, 이면적인 지속이라고나 할까? 사대부나 민중은 물론, 왕실에서 왕조 초기부터 말기까지 초월적인 존재에게 기원하는 의식을 계속했다는 사실은 이미 잘 알려진 바이기도 하다.

기원하지 않고는 살 수 없는 게 인간이라는 사실을 일깨운다 하겠다. 기원 대상 또는 목적도 개인이나 집단의 욕망을 성취하기 위한 기도만 나타나다가 나중에는 이타적인 기도도 등장함으로써, 우리의 가치관이나 인생관이 보편성을 확보해 갔다는 것도 확인할 수 있다 하겠다,

셋째, 인간을 여러 가지로 표현하지만, 우리 문학사상의 근거를 보면, "호모 오란스(homo orans)", 기원(기도)하는 사람(존재)이라고 말할 수 있다는 게 밝혀졌다. 원시와 고대 시기부터 근대, 아니 지금에 이르기까지 기원이 지속되고 있기 때문이다.

시대에 따라 그 기원 대상에 대한 명칭이나 기원 내용과 형식 등에서 변이가 보이며, 문학사에서 차지하는 비중에 차이가 있을 수는 있다. 하지만 통시적으로 기원이 있어 왔으며 있다는 사실은, 인간을 이해하는 데 기원이 중요한 키워드임을 확인하게 한다.

이상의 사실을 바탕으로, 앞으로의 연구와 관련해 몇 마디 강조하고자 한다.

첫째, 기원은 한민족에게 원형질적인 것이다. 한민족 또는 한국문학 연구에서 기원에 대한 관심은 우선적이다. 기원까지 다루어야 총체적·균형적인 한민족·한국문학 연구라 할 수 있다. 진(眞)·선(善)·미(美)·성(聖)이 인간이 추구하는 가치들의 총체라면, 기원은 聖과 연결된 개념이다. 우리가 종교를 "일상생활의 우아(優雅)에 매몰되어 있기만 하지 말고 '저 높은 곳을 향해' 초월적이고 영원한 영역의 숭고(崇高)로 나아가

자는 노력이나 운동"으로 규정한다면, 기원은 바로 그 '초월적이고 영원한 영역의 숭고'한 존재를 의식하고 의지하는 행위라 할 수 있다.

어떤 특정인만 하는 게 기원이 아니라는 것, 아주 보편적이며 자연스러운 행위가 기원이라는 사실을 문학사는 시사한다. 이는 다른 말로 표현하면, 인간은 진선미(眞善美)만으로는 만족하거나 행복할 수 없다는 사실을 일깨워준다고도 할 수 있다. 호모 사피엔스답게 살아야 인간이듯, '호모 오란스'로서 기원하며 살아야 인간다운 삶이며 행복한 삶이라고 하면 지나친 말일까?

둘째, 기원의 대상과 목적과 형식의 변화 양상을 추적해 총체적으로 종합할 필요가 있다. 내 가설로는, 천신숭배가 지속되다가, 중국의 영향력이 강해지면서 수면 아래도 내려가 있다가(무속의 굿으로 변형되어 존재하다가), 조선후기에 기독교가 전래되면서 다시 수면 위로 올라와 오늘에 이르렀다고 보는바, 전면적인 고찰이 필요하다. 天父(천부)란 표현 문제도 이 작업의 일환으로서 흥미있는 주제이다.

제 6 강

한국문화의 특징들

I. 식생활

1. 밥이 주식이다.
2. 젓가락과 숟가락을 함께 사용한다. 동시에 쥐지는 않는다. 네팔은 그냥 손으로 먹는다. 일본은 젓가락만 쓴다(나무 그릇). 서양은 포크와 나이프를 사용한다.
3. 밥 공기를 상위에 놓고 먹는다. 일본은 손으로 들고 먹는다.
4. 잔치나 행사 때, 겸상을 잘한다. 일본은 독상 위주이다.
5. 찌개나 반찬을 함께 먹는다. 일본에서나 서양에서는 주로 덜어서 따로 먹는다.
6. 냉수를 잘 마신다. 냉차, 냉커피도 잘 마신다. 중국이나 카자흐스탄에서는 금물이다.
7. 식당에서 기본반찬은 무료이다. 후식도 공짜로 제공하기 일쑤이다. 일본, 서양에서는 개별 계산을 한다.
8. 회식할 경우, 연장자나 어느 한 사람이 다 내려는 경향이 강하다.
9. 2차 3차까지 가야만 직성이 풀린다. 1차만 하고 가면 아쉽게 생각한다. 끝까지 가야 친밀하다고 생각한다.
10. 온식을 선호한다. 그래서 생긴 말이 '찬밥 신세'라는 표현이다.
11. 국 문화이다. 그래서 만들어지 말이 '국물도 없다'이다. 몽골족은 육포 문화라 징기스칸의 정복전쟁이 가능했다.

12. 떡 문화이다. 굿문화와 관련이 있다. 우리만큼 다양한 떡도 드물다. 서구의 꽃문화 만큼이나 다양하다.
13. 김치 문화이다. 김치 없이는 밥을 못 먹는다.
14. 비빔밥 문화이다. 제사, 특히 묘사 지내고 나서, 참석한 전원에게 밥 먹일 때 편리해서 만들어졌다는 설이 있다. 우리 문화가 다른 문화를 개방적으로 포용하고 융합하는 성격이 있다는 것을 상징적으로 나타내주기도 한다.

II. 의생활

전통 한복은 예복으로만 입는 경향이 있으나, 양장에 영향을 미치고 있다. 서양에서는 원피스 개념으로 입어 상하의의 색상이 같거나 유사한데, 한국 양장은 투피스개념으로 위 아래의 색을 달리하곤 한다. 녹의홍상(綠衣紅裳) 즉 위는 푸른 색 저고리, 아래는 빨간 치마로 입기 전통의 영향으로 보인다.

III. 주생활

1. 온돌 문화가 발달되었다. 현대에 와서의 돌침대 개발. 온돌보일러의 등장도 이와 관련이 있다. 미국으로 이민 간 한국인들의 카펫트 걷어 내기 현상도 마찬가지이다.
2. 좌식문화. 엘리자베스 여왕이 하회마을 충효당 들어설 때 하이힐 벗어야 했다. 구멍난 양말이 드러난다.
3. 흙으로 집을 짓는 일반적이었다(중국은 돌, 일본은 목재 많음).

IV. 신앙

1. 종교적 다양성을 보인다. 현세지향성 혹은 무속문화의 영향으로

보인다. 다신교적이다.

2. 새해 덕담을 할 때, 윗사람이 과거완료형으로 말하는 것이 원칙이었다.
3. 4를 싫어한다(4층을 없애거나 F층). 서양은 13을 싫어한다.
4. 3이나 7을 좋아한다. 중국에서는 8을 좋아한다.

V. 예절

1. 흰봉투에 돈 넣어서 준다. 홍콩의 경우, 흰색과 청색은 장례식 전용이다.
2. 큰아들이 부모님을 모시려는 경향이 강하다. 카자흐스탄은 막내와 함께 산다.
3. 인사법(친구끼리는 손흔들기, 어른에게는 고개 숙이기, 미국은 손 인사, 하이!) 프랑스는 악수를 하거나 가볍게 껴안고 볼을 댄다. 말레이시아는 양 어깨를 교대로 댄다. 티벳은 자신의 귀를 잡아당기며 혀를 내민다.
4. 인사말. 안녕하십니까? 식사하셨습니까? 안녕히 주무셨습니까?(의례적으로 그냥 하는 말임)
5. 인사말. 어디 가세요? 수고하세요.(그냥 하는 말임)
6. 압존법이 발달해 있다. "아버지, 형님이 그렇게 말씀하셨습니다", "우리 부인이 그랬습니다"는 잘못된 표현이다.
7. 윗사람과 악수할 때 두 손으로 감싸거나 한 손으로 받치면 하는 경향이 있다. 윗사람이 먼저 내민다.
8. 물건을 주고 받을 때, 손아랫사람은 두 손으로 받는다.
9. 담배 피울 때, 윗사람 앞에서는 숨어 피우거나, 맞담배질 안한다. 네팔은 온가족이 둘러앉아 피운다.
10. 초상 치른 후 1개월 내에는 남의 혼사에 가지 않는다(봉투만 전달).
11. 장례시 울고 곡하는 것을 좋게 여겨왔다(일본은 참음).

VI. 관습

1. 숫자세기할 때, 손가락을 굽혀간다. 서양은 펴간다. 하나부터 열까지(미국은 역순).
2. 물건 값을 깎기를 일쑤로 하고, 덤을 보통 요구하고 주기도 한다.
3. 생일날 미역국을 먹는 경향이 있다(시험치를 때는 엿 : 당분이 뇌기능 촉진).
4. 감옥에서 나오면 생두부를 먹인다.
5. 결혼식 알릴 때 다수에게 한다. 알리는 개념이다. 일본은 꼭 올 사람에게만 초청한다.
6. 추임새 문화(판소리, 탈춤). 개신교 목사의 설교 때 아멘과 할렐루야로 자주 반응하는 것, 가수들이 공연하면서 청중의 참여를 유도하기 일쑤인 것도 이 영향일 수 있다.
7. 시집간다, 장가간다는 말이 공존한다.
8. 차 속에서 남의 짐을 잘 들어준다.
9. 여자들이 자리에 앉을 때 오므리고 앉는다.
10. 다리 떨면 복 달아난다고 한다.
11. 이사간 집 찾아갈 때의 선물로, 두루마리 화장지나 가루세제를 좋아한다(과거에는 성냥).

VII. 문학

1. 시가의 율격

한국 시가는 정형시의 경우에도 한 음보를 이루는 음절수가 변할 수 있고, 음보 형성에 모음의 고저·장단·강약 같은 것들이 작용하지 않으며, 운(韻)이 발달되어 있지 않은 것을 특징으로 삼는다.

고저를 갖춘 한시, 장단을 갖춘 그리스어·라틴어 시, 강약을 갖춘 영어나 독일어 시에 비한다면 단조롭다고 느껴질 수 있다. 그러나 그러한 요건을 갖추지 않은 특질을 공유하고 있는 프랑스어 시나 일본어 시와는 다르게 음절수가 가변적일 수 있기 때문에 오히려 변화와 여유를 누린다.

가령, 시조가 대표적인 정형시라고 하지만, 시조의 율격은 네 음보씩 석 줄로 이루어져 있고, 마지막 줄의 앞부분은 특이한 규칙을 가져야 한다는 점만 정해져 있을 따름이다. 각 음보가 몇 음절씩으로 구성되는가는 경우에 따라서 달라진다.

그래서 작품마다 율격이 특이하게 이룩될 수 있는 진폭이 인정된다. 정형시로서의 규칙은 최소한의 것으로 한정되고, 가능한 대로 변이의 영역이 보장되어 있다. 뿐만 아니라, 그 범위를 확대해서 자유시에 근접하려는 시형이 일찍부터 여러 가지로 나타났다.

2. 이야기 문학의 '행복한 결말'

이야기 문학에서도 특징이 보인다. 이른바 '행복한 결말'이 그것이다. 비극적인 결말을 지닌 외국 작품을 들여와 번역하거나 개작할 경우 그 특징이 잘 드러난다.

'행복한 결말'을 선호하는 배경은 무엇일까? 아마도 뿌리 깊은 현세주의와 낙관주의가 아닌가 여겨진다.

VIII. 기타

1. 존대법이 발달해 있다. 미국 아이들은 할아버지에게도 이름을 부른다! 서열 없다. 친소 관계만 있다. 평등문화의 소산이다.
2. 주어 등 성분 생략, 목적어가 서술어보다 선행함. 서구에서도 영어의 아버지인 라틴어, 형님 뻘인 스페인어도 주어 생략 현상 있다. 영어에 와서 없어졌다. 문맥을 보면 아는 게 우리말이다. 상황과 맥락 중시, 눈치. 목적어 서술어보다 선행하여 속마

음 먼저 드러낸다. 성분을(특히 주어) 생략하지 않는 서구 언어는 형식성, 논리성을 중시하는 언어. 서술어 다음에 목적어가 와 다 들어봐야만 속마음 알 수 있다.

3. 우리말로 '나는'에 해당하는 말이 영어에는 없다. 영어에서는, '나는 이런데 너는 어떻다'라고 해서 보충하는 말이 들어가야 말이 된다. 조사 활용으로 '내가', '나는', '나만', '나도' 등 주체를 표현하는 방법이 20여 가지로 분화되어 있어, 어느 나라보다 심화된 사고를 할 수 있다고 최봉영 교수는 주장하고 있다.
4. '그녀, 그'라는 3인칭 대명사가 말에서는 없다. 글에서만 있는데 근대 들어 지식인들이 만든 말이다.
5. 서구에서는 여성 명사인지 남성 명사인지 모든 명사에 성을 부여하는데, 우리말에는 없다.
6. 우리말 '인간'이라는 말이 영어에는 없다. man 하나 가지고, 남자와 사람을 다 표현한다. 휴먼이나 mankind는 인류라 해서 거창하게 사용할 때도 동원한다.
7. 중국인에 비해 목욕을 자주 하는 편이다. 물이 흔해서 그렇다. 중국은 식수 부족으로 목욕 못한다. 몽골의 징기스칸은 상류층에게 목욕 금지령까지 내렸다. 서민이 식수도 모자라는데 목욕물로 낭비하는 안 된다는 게 그 이유다. 모든 문화에는 그럴 만한 이유가 있다.
8. 우리말은 특수한 언어 중의 하나다. 외국인이 배우기 어렵다. 말레이지아가 공용어 정할 때 복잡한 자바어를 포기한 일이 있는데, 우리말은 배우기 복잡한 편이다.
9. '우리 아내', '우리 집'처럼 우리라는 말을 즐겨 한다. 미국에는 없는 표현이라 한다. 집단주의(관계중심주의)와 개인주의의 차이에서 비롯된 결과라 하겠다.
10. 업어주기 문화. 서양은 안아주기만 있다.
11. 같은 나이나 한두 살 차이 날 때만 친구 삼는다. 미국은 말 자

체가 반말이라 누구와도 친구 가능하다. 우리 말에는 연장자에게는 경어법(존대법)에 따라 깍듯이 말을 바꾸어 써야 하기 때문에 친구로 지내기 어렵다.

12. '생각해 볼게요'는 긍정적인 대답이다. 서양의 경우는 거의 부정에 가깝다.
13. 아침 일찍 어느 가게에 가면 반드시 물건을 사 주어야지 안 사면 재수 없다고 욕한다.
14. 아침 일찍 여자가 남자 앞을 지나가면 재수 없다고 생각한다.
15. 명절이 되면 민족 대이동이 시작된다. 모두 효자 효녀라서 그럴까? 평소에 할 수는 없나?
16. 근면성과 빨리 빨리의 배경 : 모내기 때의 반복되는 가뭄 때문에, 잠깐 내리는 비를 활용하기 위해 근면할 수밖에 없으며, 빨리 빨리 서두를 수밖에 없었던 환경이었다. 기회 놓치면 폐농이었다.
17. 흙을 이용한 봉분형 무덤이 전통적이다. 시간이 흐르면 낮아지다 마침내 사라진다. 자연에 맡기고 순응하는 구조?
18. 종교 개종을 쉽게 한다. 다종교 사회로서 종교전쟁이 일어나지 않는다.
19. 좁은 나라이지만 지역에 따른 문화적 다양성을 보여준다. 100리마다 굿의 음악이 달라진다. 방언 차이, 여타 의식주, 장례 풍속이 다르다. "상은 형, 최 형"의 차이. 호남에서는 이름 대신 성을, 영남에서는 이름을 넣어 부르는 경향을 보인다.
20. 한국에서는 용(龍)을 신성시하지만 서구에서는 악마 즉 사탄이다.
21. 손짓의 양상이 다르다. 사람을 오라고 할 때는, 손등이 위로 향하게 하고 손가락 전체를 움직이고, 개를 부를 때는 손바닥을 위로 향하게 한다. 손가락 전체를 이용하지 않고 가운데 손가락만 까딱거리는 것은 매우 불손하거나 위협적인 자세이다. 서구와 반대이다.

22. 조선왕조부터 근친혼을 엄격히 금지하고 있다. 일본과 판이하다.
23. 죽는 것을 꺼린다. “결사투쟁”이란 말은 많이 하지만 실제로 죽는 일은 드물다. 할복자살 다반사인 일본과 다르다.
24. 판소리나 탈춤 감상할 때 추임새 문화가 발달되어 있다. 그 결과 설교 들을 때도 추임새를 기대하고 강요한다.
25. 서열문화가 발달되어 있다. 어떻게든 나이를 알고 싶어 한다. 일본이나 서양에서는 프라이버시 침해로 오해받는다.
26. 자원이 부족해서 그런지, 매우 부지런하며 신바람이 나면 더욱 더 일을 잘한다. 그래서 한강의 기적을 이루었다. 1950년대 전후 세계 2위의 빈곤국에서 현재 세계 11위의 경제대국으로 성장하였다. 당시에 대한민국은 필리핀을 선진국으로 치며 롤 모델로 잡고 성장하였으나, 지금은 필리핀의 10배이다. 이 한강의 기적을 라인강의 기적과 비교하는데, 질적으로 라인강의 기적과는 비교할 수가 없다. 독일은 세계대전을 두 번이나 일으킨 기술력을 가진 국가인 것에 비해, 대한민국은 아무것도 없는 밑바닥 그 자체에서 일어난 기적이기에 한 수 위로 쳐주고 있다. 그 결과, 원조 받던 나라에서 원조하는 나라로 유일한 나라이다. 선교사도 그렇다. 세계에서 둘째가라면 서러워할 정도로 많은 선교사가 나라가 있는 나라가 대한민국. 유태인보다 더 많은 지역에, 선교사와 실업인이 나가 있다.
27. 민주화가 최단 시일 안에 이루어져 있다. 뉴스나 인터넷, 방송 등에서 민주화의 침해다 뭐다 해서 민주화 후진국인 것처럼 보이나, 사실 전 세계적으로 보면 아주 민주화한 국가이며, 특히 50년 만에 민주화를 이뤄낸 국가로 세계 민주주의 국가의 모범사례로 꼽힌다. 민주화되지 않은 국가라 하는 이들도 많으나. 인터넷에 대통령을 욕하고 “개××, ×같은 국가” 등으로 올려도 처벌받지 않는 점, 공권력에 대해 저항하는 점 등을 보면 빠른 속도로 민주화한 국가라는 것은 맞는 말이다. 아테네 아

크로폴리스 이래 그런 민주주의가 실현된 것은 한국의 광화문 촛불 시위밖에 없다. 정권이 야당에서 여당으로, 여당에서 야당으로 바꿔어버리는 대한민국, 국민의 여론을 무섭게 알아 거짓말로라도 공약을 해야만 대통령이나 국회의원에 당선되는 나라가 대한민국이다. 일본에서는 꿈도 못 꾸는 일이 한국에서는 일어났고 일어나고 있다. 일본은 사실상 자민당 일당 독재 국가이다. 무라야마 정권 때만 한 번 야당으로 넘어갔을 따름이다. 무슨 잘못을 해도 정권이 바뀔 줄을 모른다.

민주화가 가능할 수 있었던 배경으로, 전통적인 신분제 및 신분의식이 육이오와 사일구혁명을 계기로 완전히 청산되었기 때문. 만약 인도의 카스트제도처럼 조선시대의 신분차별제도와 의식이 강고히 남아 있다면 절대로 지금의 민주화는 불가능했을 것. 이 점은 동학혁명 이래 여러 이유로 한반도를 떠나 사회주의권인 중국이나 쏘련(현 러시아)로 간 사람들 소위 조선족과 고려인들이 잘 증언하고 있는 사실. 남녀평등이 실현되었고, 신분제도가 타파되었으며, 시집살이 같은 것도 사라졌다고 하니까.

28. 새것에 민감하다. 그 결과 정보화를 이루었다. 유목민적인 기질이 유전된 때문인지도 모른다.
29. 밤 외출이 안전한 나라이다. 밤에 나다닐 수 있는 나라 가운데 하나이다.
30. 혼인 후에도 여성의 성이 유지된다. 다른 나라는 대부분 혼인하면 남편이 성을 따르는데, 우리는 그냥 가지고 있다. 여성이 혼인할 때 가져온 재산도 독립적으로 관리할 수 있게 한 것이 조선시대였으며, 곳간열쇠로 상징되듯 여성이 집안 살림의 주체였는바, 지금도 그 정신이 이어지고 있다고 할 수 있다. 이른바 통장으로 남편의 봉급이 들어가 여성이 주물러 남편은 용돈을 타다 쓰고 있는 게 현실이다. 여권이 상당한 편이다.

31. 한류를 이루었다. 외국 팝송을 소화해 재수출하기. 유망주를 발굴해 이를 키워낼 만한 경제적인 능력과 여유, 기술력, 콘텐츠 등 종합적인 역량을 갖춘 단계에 이르러야만 가능한 일이다. 동양의 유교적 가족주의(가족애)에 서구적인 문화·문명의 절묘한 조화가 새로운 대안으로 매력을 끌게 하는 것인지도 모른다.
32. 음악이 3박자 리듬이다. 2박자 일명 '뽕짝'으로 불리는 일본과 구별된다. 무속의 굿거리장단을 비롯하여 <황성옛터>, <칠갑산> 같은 노래에 잘 드러난다. 3박자는 동적이어서 춤추기에 적합한 리듬이다.